新闻评论
实战教程

米博华 著

人民日报出版社
北京

图书在版编目（CIP）数据

新闻评论实战教程 / 米博华著. — 北京：人民日报出版社，2021.6
ISBN 978-7-5115-7019-2

Ⅰ.①新… Ⅱ.①米… Ⅲ.①评论性新闻—教材 Ⅳ.①G210

中国版本图书馆CIP数据核字（2021）第079180号

书　　名：	新闻评论实战教程 XINWEN PINGLUN SHIZHAN JIAOCHENG
著　　者：	米博华
出 版 人：	刘华新
责任编辑：	林　薇　梁雪云
版式设计：	九章文化
出版发行：	人民日报出版社
社　　址：	北京金台西路2号
邮政编码：	100733
发行热线：	（010）65369509　65369527　65369846　65369512
邮购热线：	（010）65369530　65363527
编辑热线：	（010）65369526
网　　址：	www.peopledailypress.com
经　　销：	新华书店
印　　刷：	大厂回族自治县彩虹印刷有限公司
法律顾问：	北京科宇律师事务所　010-83622312
开　　本：	710mm×1000mm　1/16
字　　数：	252千字
印　　张：	19.25
版次印次：	2021年7月第1版　2025年10月第5次印刷
书　　号：	ISBN 978-7-5115-7019-2
定　　价：	59.00元

自　序

到复旦新闻学院工作后，我得以有暇认真回顾自己的评论生涯，整理新闻评论写作体会，并结合新闻教育实践研究评论教学这个课题。经过一年多补充、改写，这本《新闻评论实战教程》得以付梓出版。

据了解，国内这方面的图书不少，但大多重理论性阐发，侧重实务的不多。我认为，评论写作归根到底是一种实践，而我的工作就是在持续不断的写作实践中度过的。虽然"卑之无甚高论"，但至少可以当作"挂角一将"，这本书对读者和评论爱好者或许有点参考价值。

需要说明的是，本书撰写是我一个字一个字抠出来的，用的是笨功夫。引用的例文也是随机采撷，多从熟悉的报纸和熟悉的同事的作品中挑选，未必是代表性范文。只想通过这样的方式，让更多的人了解常年在幕后工作的那些同事，并向所有同行和同事致敬。

一、我的评论生涯

人生似乎是由许多偶然串起来的故事。如果问我，明天如何？答曰"未知"。人的职业和事业真的是"羚羊挂角，无迹可寻"；但梳理过往，又显现出清晰可见的足迹。

与所有同龄人一样，我成长的那个年代由于教育缺失，没有职业规划想法，但岗位定位乃至职业定型又似乎在青少年时期就显露出必然的萌芽。

1970年，我偶然看到恩格斯《费尔巴哈与德国古典哲学的终结》一书，立刻被这部天才的哲学著作吸引。虽然懵懵懂懂，但心折于逻辑的魅力和理论的力量。

批林批孔，得以接触到儒家代表作《论语》和法家代表作《韩非子》。峭刻的文字、犀利的观点，以及圆熟的人生经验，使我得以摆脱繁重的体力劳动而徜徉于思想海洋中。我书写的黑板报，被职工善意地称为工厂的《人民日报》社论。我依然专心于"高速冲床"的技改，但那时已经明确意识到，我的舞台可能不在这里。

20世纪70年代中期，发生了"四五运动"，开始关注国家与社会，关心真理和正义，感到必须有立场并参与其中，这使我的能量得到极大释放。

之后，被选调到机关为领导服务，但我并不安分，时常想干整理简报和为领导代笔的工作。一个偶然的机会，我考到刚刚复刊的中国青年报。

或许可以这样归结：当哲学与政治交汇在一起时，便产生了一种化学反应，那就是政论。

由于种种原因，我对新闻报道并不陌生，但觉得记录生活、转述事实并不能满足我日复一日发表意见的渴望。

我在中青报评报栏贴出一张评报，评述日本电影《望乡》，呼吁解放思想，以开放态度包容对待外来文化。领导认为很好，让我稍改后在报纸上公开发表。这是我第一次发表评论文章。我被正式调入新组建的评论部，不久被任命为副主任。

1988年的某一天，我被告知，人民日报评论部拟调我去工作。这使我既感到意外，也感到欣喜。意外的是事先毫不知情，欣喜的是可以从一个社论朗读者步入评论的殿堂，从一个行业报转进中国第一大报，从评论爱好者成为专职评论员，从一个人民日报投稿者变成评论编辑。是缘分还是运气，说不清。或许，爱之深切，终成正果；喜之痴迷，梦想成真。

此后很多年，我心无旁骛地专攻新闻评论：舞台是国家级宣传舆论平台，视野是目力所及的东西南北中，站位是党的理论、方针、政策，责任是准确传达党中央的声音。理论素养、业务能力、政策水平以及对国情的研究，得到全面提升。我体会到，国家队的训练水平和职业要求，与地方队、行业队是不一样的。有幸在中央宣传舆论机关的关键岗位上工作，如果不太驽钝，大体不会差到哪里去。

我经历了国家自20世纪90年代到21世纪最重要的历史事件。幸运的是，我以撰写新闻评论参与其中，为国家和社会服务。并不是有才能有本领的人都有这样的机会，而我有这样的幸运，一生又夫复何求？更重要的是，有机会受教于党报评论界的顶尖高手，包括几任人民日报社社长、总编辑、副总编辑，还有许许多多才华横溢的同事。我们一起研判形势，一起讨论选题，一起修改稿件，至今我仍保留着他们的许多手稿，留为珍藏。

这一时期工作极忙，写了多少评论也很难统计，感觉是"长长的格子怎么总也爬不到头"。正是这种被称为"魔鬼式的拉练"，使我对言论写作有了一点感觉，一点体悟，一点经验。

2005年，我担任副总编辑，分管评论部、记者部、出版发行部、出版社，同时上夜班。虽然还是分管评论，但很少动笔。没有机会再为党报写评论了，心里还感到有些失落。

2017年，我被聘到复旦大学新闻学院，从事新闻教育工作，有机会再续前缘。应《中国纪检监察报》之约，开言论专栏，每周一篇，整整三年。之所以今年停笔，是感到注意力已经转移到教书育人方面，精力有限，不容分散。偶尔为之，写些小文章，纯属有感而发。

播下的种子一定会发芽，但是不是能成长成材则取决于后来的努力。没有什么终南捷径，不外是从筚路蓝缕的摸索，到夯基垒石的积累，再到积厚成势的自由，哪一步都不能少。一个人一生只干一件事，经年累月，不歇不息，必然是瓜熟蒂落、水到渠成。

二、对评论工作的认识

从1988年到人民日报社工作直到退出领导岗位，大约二十五年，恰好是经历了从党的十五大到十八大的历史过程。特别是，21世纪的前二十年，是国家全面改革和迅速发展的一个时期，其间经历了1997年香港回归、1998年抗洪斗争、1999年我驻南联盟使馆被炸、2000年揭批"法轮功"，2001年之后是辛亥百年、建党八十周年、北京奥运等一系列重要历史事件。

回望来时路，深深感到离开了工作岗位，心里有一份真正的宁静；卸去了名缰利锁，获得一份归零后的沉思。这也使我有条件对评论工作有了更加深刻的体悟。

第一，坚守与改变。必须坦率地承认，波澜壮阔的四十年，自己的思想经过了几次重要的蜕变。年轻时，从怀疑和批判开始，也曾接受过类似西化的错误主张；人到中年，从更多了解中国的国情，到基于改革建设实际，思考国家现代化多元发展路径；直到今天，从比较和鉴别中更加确信，中国特色社会主义是中国实现民族复兴的必由之路。这样的认识不是一步到位的，而是经过漫长的人生体验和工作经历慢慢悟出的。换言之，自己的政治信念始终未变，而有些认识一直在变甚至是颠覆性变化。坚守该坚守的，改变该改变的。这或许也是一种成长。

年轻时曾以猛烈的火力批判现实，曾以偏激的情绪解析社会现象，曾以年少自负排拒不同意见。无论怀疑、迷茫和探索，自己始终未改热爱祖国的赤诚。怀疑也好，批判也好，其实都为了一个目的，指向一个方向，那就是盼望把自己的国家建设好，希望把党的事业发展好。这也正是流动在血液中的一份初心和毫不动摇的坚守。

这个世界唯一不变的就是变化。恩格斯曾多次谈到，青年马克思和晚年马克思思想的巨大变化，就是从一个革命的民主主义者转变为共产主义者，从一个唯心主义者转变为唯物主义者。其间，马克思总是在时事变迁中修正自己的观点，不断实现思想创造"卡夫丁峡谷"的跳跃。我认为，因时因事而变，是政论家最重要的品质。从这个意义上说，坚守自己的政治信念与不断与时俱进是不矛盾的，甚至可以说是成长成熟的必然规律。

思想蜕变不是一种基于个人利益的摇摆和迎合。在中国发生巨变的几十年中，思想理论界犹如大浪淘沙，几经聚合和分化，我们大致可以看到两种值得注意的倾向。

一种是沉溺在往日的历史悲情中总是向后看，忽视甚至无视时代的变迁。也就是，用改革开放之前或者改革开放之初的眼光解读当今中国，关注的热点依然是几十年前的问题，几十年前的恩怨，几十年前的坎坷，几十年前的教训。而看不到从拨乱反正到全面改革，党的思想理论的发展；看不到从全面发展到民族复兴，看不到国家日新月异的进步。一个人不能从"小我"走进国家发展的"大我"，很可能就会抱着"老皇历"，被历史所淘汰。

一种是继续受困于陈旧过时的教条式的思维束缚之中，总是试图从经典作家那里按图索骥，用这样的方法认识当今的中国和世界，不能把马克思主义同中国现代化建设结合起来，并做出时代化、中国化的探索。

这种僵化的思维与当今中国发展同样格格不入。

尽管大多数同事和朋友的出发点是好的，但人生道路曲曲折折，思想认识难有进步，原因就是"他们是活在上世纪八十年代的套中人"。

思想蜕变基于我们所面临的"社会存在"。进取和进步的朝向应该是在汲取前人经验和教训的基础上开辟出新的道路，过去的就让它过去，不再无休无止地纠缠，不再毫无意义地纠结。当下的问题和挑战必须正视，聚精会神研究，专心致志解决。以问题作为思想的导向，用实践检验真理，是认识国家和社会的正途。没有人能够是全知全能的预言家，没有人能够提出十全十美的解决方案。我们能够做的是立足现实，摸着石头过河，脚踏实前进。

或许可以概括为这样三句话——如果我们发现了毫无疑问的真理，还要什么批判和探索；如果我们自以为做到了尽善尽美，还要什么改进和创新；如果我们拒绝改变，怎样才能成长进步。真理的彼岸世界，不是什么终结的历史或历史的终结，真理的生命力就活在不断批判探索、改进创新的点点滴滴。

第二，政治与站位。评论工作就是政治工作，这丝毫不用闪烁其词、吞吞吐吐。一般来说，不论你对政治是否有兴趣，政治从未缺席我们的生活，政治关乎每一个人的切身利益。"其人存，则其政举；其人亡，则其政息。"（见《中庸》）战争与和平，黑暗与光明，进步与倒退，盖系于政治。

政治是经济的集中体现，其本质是以经济为基础的上层建筑，是以国家权力为核心展开的各种社会活动和社会关系的总和，是牵动社会全体成员的利益并支配其行为的社会力量。从这个意义上说，政治涵盖了社会生活的方方面面。

政治包含丰富内容，或可概括为两方面：一是政治学研究，涉及政治制度、国家法律、政治行为、政治决策、政治合法性、政治心理等方面；二是执政实践，包括制定政策策略、管理公共事务、了解社情民意、处理复杂关系、处置突发事件等。与政治学对应的是学者，而与执政实践对应的是领导干部。政治学和执政实践关系密切，但又有很大的区别：学者没有公共权力，也不行使管理职责；而领导干部则运用公共权力为社会服务，解决各种各样的问题。而从事评论工作的新闻工作者，则是联通学者和领导干部的一个桥梁。即，必须对政治理论有比较深刻的了解，同时对社会生活保持高度的政治敏感，并通过发表评论影响社会舆论。这一角色定位也决定了评论工作的性质和特点：没有政治导向的评论是不存在的，缺乏政治理论支撑的政治家是没有方向感的，仅仅懂得政治学理论也未必能够处理复杂、棘手、敏感的问题。

所谓站位，就是善于从政治角度观察和思考问题。评论当然要讨论经济问题，但不是就经济讲经济；当然要讨论文化现象，但不是分析某个专业问题；当然要讨论历史问题，但不是单纯的文献梳理；当然也要讨论产业政策、民生改善、群众利益等问题，但不是就具体问题说具体问题。我们不必将政治泛化，用政治理论代替所有问题的研究；而是说忽视政治方向、政治立场、政治观点、政治纪律、政治鉴别力、政治敏锐性，评论也就失去了其价值和意义。

站位高，不是口号堆砌、概念推演、情绪宣泄，而是从改革发展稳定大局中观察思考，从成败利钝掂量中择善而从，从利益和损益的比较中做出抉择，看大势，明事理，出高招。

第三，责任与担当。或许有人说，评论是一种表达言论的行为，怎样想就怎样写，难道还有什么疑问吗？这当然不算错。没有人妨碍你去写什么、怎么写，也没有必要强求每个人观点都一致。但同时也要说，无论发表言论或撰写文章，一旦公之于世，传播开去，就是一种舆论，必须为这种舆论的正效应或负效应负责任。基于这样一个公理，我们常识所见，即便是在日常生活中也不能想骂谁就骂谁，想批评谁就批评谁，更不能发表污损祖国、蔑视先烈的不当甚至错误言论。作为新闻媒体的工作者，当然要承担更大的责任，那就是不能违背国家利益，不能违背公序良俗，不能侵害他人合法权益。这也正是评论工作者必须扛起的责任。当然，这是底线，而底线是起码的要求。作为党报评论工作者必须有更大的担当、更高的要求，自觉为党和国家的事业，为社会进步发展，为老百姓的福祉倾注心力，做出贡献。

　　我从事党报评论工作多年，很多人问，除了阐发党的理论、路线、方针、政策，你个人有没有自己的看法？当个人意见与写社论不相吻合甚至矛盾的时候，你会怎么办？这样的情况极少出现，但也必须承认每个人对社会生活的看法肯定不尽一致，也肯定会有自己的想法。这用不着回避。但作为党的新闻工作者，基本的职业要求就是不能把个人意见和情绪作为"私货"夹杂到公共写作中去。也有人问，从事党报评论工作岂不是无法体现个人的价值？我想说的是，党和国家的理论、路线、方针、政策汇集了集体的智慧和全社会的共识，反映着人民的根本利益。况且我对改革开放的决策，对现代化建设的成就是高度认同的。个人想法、个人情绪、个人创作之于国家和人民的根本利益，是微不足道的，没有必要想得太多。能够在党报评论的岗位上为国家服务，本身就是最大的价值所在。

　　第四，事业与人生。古人有云：读书不为稻粱谋，但开风气不为师。作为知识分子当然有这样的情怀。特别是在实用主义哲学消解精神品质与责任感的当下，尤其应该保持精神品质的纯洁性，而不是助长随波逐流的功利主义。一方面，工作和职业当然要和自己的衣食住行联系起来；另一方面，把谋生与工作分隔开来并不是聪明的选择。这是因为，这种功利行为很难从工作中体会价值乃至乐趣，工作变成了一种迫不得已的苦熬。往深处说，它可能使人走向歧途，即通过对公共权力的攫取实现个人的私利。许多贪腐分子对职业和工作的错误认知，就是从这里开始的。

大家都知道"道不远人，人之为道而远人，不可以为道"（见《中庸》）这句名言，却未见得理解其中的含义。我在最初接触中国哲学典籍时，就深深为其中的道理所折服，也一直将其作为理解事业与人生的座右铭。

我理解，"道"就是事物运动的规律，而所谓规律从来就不是什么"绝对意志"，也没有远离人们的现实生活。正如马克思所指出："观念的东西不外是移入人的头脑并在人的头脑中改造过的物质的东西而已。"（见马克思《资本论》）评论工作无非是澄清是非，解疑释惑，但是非之辩、疑惑之解都必须解决一个问题，那就是真理不是自外于人们生活的某种东西，它就生长在现实生活当下。我想说，作为真理化身的"道"不应是故作高深而远离众人的道理，而是接地气、连人心的对美好生活的向往、追求。

我赞同"道"又是人生道路正途，而所谓正确的人生道路恰是"知行合一"。一个以引导舆论为职业的评论家，如果所讲的道理连自己都不相信，或者只是对别人的要求而不是对自己的约束，那么这样的"闻道"不是"真道"。有些人写文章照本宣科，而自己不过是一个"传声筒"；有些人道理讲得头头是道，而自己做的却截然相反。这也不是"闻道"。

作为一个评论工作者，工作和生活、事业和奋斗应该密不可分。我们的学习、我们的思考，其实是使自己的修为提升的过程，是心灵得到全面滋养的过程，也是我们取得一切成就的基础。探索中的失误应该引为激励自己前进的动力，曲折的人生教训应该引为正确选择的镜鉴，而一切被实践证明是正确的思想理论则应该内化为自己的思想财富。"朝闻道夕死可矣"说的正是这个意思。

评论就是我们的人生思考，人生思考就是一篇永远都在写着的评论。

三、关于这本书

本来没有写书计划。正如大家所看到的，本书结构是多篇体会性文章的合集。何以如此？

第一，最初的体会文章写于20世纪90年代中期，发表在人民日报内部刊物《采编业务》。当时并没有系统选题，工作之余，想到就写。由于编辑部同人鼓励，就开始标注"之一""之二"，一口气写了几十篇。人民日报出版社原社长董伟同志和编辑曼叶平同志跟我说，为何不出一本专著纳入我们的传媒书系呢？小曼还热情地帮我编订目次并提出修改意见。这时才发现，随手而写的体会其实有着内在联系，差不多涵盖了评论业务的关键环节，稍加补充就可以完成书稿。但在工作岗位时，哪里有时间整理，干脆作罢。

到复旦大学新闻学院工作后，我发现新闻评论类教材中，最缺的是评论实务，这就燃起了续写书稿的愿望。

真正动手时才感到，这件事并不容易。因为文章写于多年前，时移事易，时过境迁，特别是从铅印的报纸到全媒体，评论的形态已发生巨变。不补充新内容，书稿就是一部老皇历。

第二，基于此，我又补写了将近三分之一新内容，主要是以"作者按语"的方式补充于例文之后。一方面，是因为新闻评论基本理念是相对稳定的，不论什么年代，硬核还是对社会现象的认知和准确鲜明而又恰如其分的表达。另一方面，新媒体使新闻评论式样依然在嬗变之中，甚至已经成为普通老百姓发声的平台，涌现出大量优秀作品，必须关注并论述这种现象。

第三，一部完整的关于新闻评论的书稿，最核心的内容，是论述党报评论的性质、任务、作用以及党报评论工作者所应具备的政治素质。由于采编业务特殊需要，文章更多从专业方面展开。这不意味着忽略其重要性。这部分内容在收集的访谈中多有论列，比较充分地反映了我对党报评论工作的认识。

第四，为了让读者更多地了解人民日报评论，我选择了一些发表时间较早的、已公开见报的修改稿影印件作为插页附在书后。这既是重要的历史文物，同时也可以从领导同志的修改审定中，了解其深思熟虑的考量和严谨细致的作风。连贯起来可以从中看出从毛泽东时代就业已形成的宣传舆论工作的一贯传统，了解党报评论变迁的历程。

第五，本书附上若干本人参与写作的评论、社论，算不上精品，只是因为这些作品曾获得中国新闻奖一等奖和特别奖，留存聊以备忘。还有一些专访，作为一段史实以志纪念。

书稿写作得到了许多人的帮助。人民日报出版社刘华新社长和编辑部主任林薇同志及编辑梁雪云同志热情鼓励并认真编辑书稿令人感动。我还要感谢长期一起工作的助手陈跃权、姜赟同志和陪同我一起梳理文稿的韩韶君博士。

人生是一条单行道有去无回。回望往往意味着告别，不免使人元神散去，意气消融。我不希望这样，而是绝不回头，一直沿着单行路向前走，活到老学到老。也深知，个人的生命之于浩瀚宇宙不过是沧海微沤，对国家和社会能做的事情十分有限，但不能因其短暂和微小就放弃努力。

若要问我这一切的努力有什么意义？"知否，知否，应是绿肥红瘦。"生活本就是红绿相间的万花筒，充实的生活，达观的心态，忙碌的工作，就是意义。倘若能在工作岗位上，为国家发展尽一份责，为文明进步尽一份心，为评论研究和实践尽一份力，也算是问心无愧。

目 录
CONTENTS

导　论 / 001

第一讲　评论要素 / 005

　　第一节　见解：归根到底是观点的较量 / 007

　　第二节　立意：站得高才能看得远论得深 / 013

　　第三节　选题：没有动笔就开始的写作 / 021

　　第四节　结构：没构思连鸡窝也搭不成 / 028

　　第五节　情感：激情引领下的理性思考 / 034

　　第六节　表述：怎样说与说什么同样重要 / 039

　　第七节　节奏：在诵读中体会文字波澜 / 046

　　第八节　分总：分得清拆得开收得拢 / 052

　　第九节　材料：不是摆件而是待装配零件 / 058

　　第十节　用典：使文章醇厚鲜美的味精 / 063

　　第十一节　修改：精品是打磨出来的 / 068

第二讲　文体类型 / 073

　　第一节　社论：从文人议政到政策宣示 / 075

　　第二节　社论：反映政府立场的"重器" / 081

　　第三节　评论：一种有规格的"官方立场" / 087

第四节　时评："快、新、深、准"一个都不能少 / 094
第五节　"命题"：规定动作却并非应景 / 100
第六节　配写：把"魂"与"体"拧在一起 / 106
第七节　杂文：味道辛辣的另一类评论 / 111
第八节　杂文：政论主导下的文学表达 / 117
第九节　重磅："任仲平"是怎样磨炼成的 / 125

第三讲　基础训练 / 133

第一节　逻辑：用解题式方法还原思考 / 135
第二节　概括：梳理综合提升的"三件套" / 142
第三节　扣题：一个问题必须一论到底 / 148
第四节　语言：法度规范下的挥洒自如 / 154
第五节　论说：找到驾驭文字的感觉 / 160
第六节　角色：撰稿人与评论员有区别 / 165
第七节　角度：具体才能有的放矢 / 175
第八节　积累：读写并重方能厚积薄发 / 178
第九节　对象："对谁说""说什么"与"怎么说" / 184

第四讲　职业修养 / 189

第一节　文风：显而不浅才会深而不涩 / 191
第二节　简练：能写更要能删 / 196

第三节　思考：不分上下班的八小时内外 / 202

第四节　生动：深厚学养与生命张力 / 207

第五节　涵容：不讳言认识局限与偏差 / 216

第六节　精准：要害部位实施思想手术 / 222

第七节　切磋：与同事盘道找朋友聊天 / 228

第八节　删削：剔除令人厌恶的高级废话 / 234

第九节　脱水：挤压掉重复无用的信息 / 240

第十节　动笔："爬格子"是解决问题的起点 / 246

附　录 / 253

中华民族的百年盛事 / 255

祖国万岁 / 258

光荣属于中国共产党和中国人民 / 263

沿着党的十六大指引的方向奋勇前进 / 267

扎实　踏实　老实 / 272

就"评论工作"答《中国记者》杂志记者问 / 275

几十年专注一件事 / 281

导 论

新闻评论创作是复杂而艰苦的思想劳动,其中有些规律可以遵循,有些经验可以借鉴。这里结合工作实践对八个关键要素加以探讨。

从基本要求来看——

一、立场是根本。对新闻工作者来说,坚持正确的舆论导向始终是第一位的问题。面对错综复杂的国际、国内形势和各种社会现象、社会矛盾,舆论导向说到底是一个立场问题,赞成什么,反对什么,这是无法回避,也不能回避的。古今中外,那种绝对的"中立"和"客观"是不存在的,这一点必须毫不含糊。

立场又是具体的,在我看来以下几点很重要。

1.观点是否正确。应符合历史进步的方向,符合国家和人民的根本利益,符合党和政府的工作大局。2.倾向是否对头。肯定或者批评,出发点都应该具有建设性,目的是改进工作,有助世道人心,激发向上力量。3.情绪是否适度。应该有理性思考,而避免情绪化、偏执化表达,基调不应该是尖酸刻薄、冷嘲热讽、牢骚满腹。4.论点是否全面。绝对全面是很难做到的,但要特别注意一种倾向掩盖着另一种情况,不可以偏概全,而要坚持具体情况具体分析。5.分寸是否合适。无论批判或褒扬都要适度。6.时机是否有利。撰写和刊发评论应充分考虑特定环境,在合适的场合、合适的时候,说合适的话。

二、论者是主角。对报道而言，新闻事件和新闻人物是主角。没有新闻事件、新闻人物，报道是不存在的。对评论而言，论者是主角，只有新闻事件或新闻人物而没有作者的观点，就不能成其为评论。在评论中，新闻事件、新闻人物在大多数情况下是作为引发评论的由头和支持观点的论据。对读者而言，阅读评论的目的，主要是了解论者对发生的新闻事件有何看法。

三、见解是关键。评论要讲谋篇布局、修辞语言，但第一位的是提出见解。观点新颖，见解独特，有时修辞略显简陋，笔法略显稚嫩，仍是可观之作。只要持之有据，言之成理，就可以成其为评论。评论的认识价值应大于审美价值。

四、思考是基础。言论是"想"出来的。"写"不过是"想"的完成阶段。首先，评论是思考的外在表现形式，认识的深度决定评论的深度。其次，意在笔先。动笔之前，要在思考上再多下些功夫。再次，虚心求教。通过求教开阔视野，疏通思路，理清文脉。最后，写作无论怎样艰难，都要坚持写下去。困难是必要的历练，克服困难才能见长功力。

从写作环节来看——

一、选题环节。选题是言论创作的起点。为什么选这个题目而不选那个题目，包含了一系列复杂的思维活动。构思于前，疾书于后。既确定研究的方向，也确定下笔角度。写作，不过是把研究的心得和构思的意图用文字表述出来。选题的产生，主要来自交流、观察和思考。一般来说，好的选题应因事而作、有所创见、别有洞悉。也就是，具备新闻性、针对性、独创性和新颖性的特征。

二、结构环节。文章结构是对所要表达的内容的合理安排。概括地说，有这样几个要点：1.搭好架子。一般来说，评论结构大致都有三部分，即提出问题、分析问题、解决问题。也就是我们常说的绪论、本论、结论。2.排好顺序。问题从哪里提出，在哪里展开，心里要有明晰的考虑。3.合理推演。一个是形式逻辑，一个是辩证逻辑。形式逻辑要求对概念和判断，要排好队、定好位、归好类、论好辈。辩证逻辑则要按照唯物辩证法的方法，做更为复杂的推演。4.切好段落。在撰写一篇评论时，应对每一自然段要讲的意思十分明了。在表述中可以没有"1、2、3"，但一定要心中有"数"。动笔之前，准备写几段应预先想好。

三、表达环节。评论的表达有自己的特点。这可以概括为几个意思：1.角色到位。社论有社论的语言，署名评论有署名评论的语言。2.概括力强。报道的叙述和评论的叙述是不一样的。评论的叙述需要有概括力，实际上是在对事实进一步综合的基础上的表述。3.留有余地。评论是对事实做出判断，越是判断越要忌武断，不要把话说满，不要把理说绝。4.准确生动。准确是第一位的，不准确就会使评论力量减弱，有一是一，有二是二。多用生活语言，多用群众语言，多在可读性上下功夫，也是十分必要的。

四、修改环节。好文章是改出来的，至少要做到五分写五分改。不断地修改自己的文章是个好习惯。修改的过程是升华思想、修炼内功的过程。改得越苦，功力就越有长进。善于从别人对自己文章的修改中学习，同样是提高的途径。

第一讲

评论要素

第一节 见解：归根到底是观点的较量

有的言论写得很长，但通观全篇，却仿佛觉得没说什么甚至什么也没有说。有的言论写得很短，但读之满眼生辉，启人心智。好的评论，应该有一种让人豁然开朗的感觉，伟大的评论应该给人一种拨云见日的强烈感受。

文体应该有明确区分，读者也有不同需求。人们读小说，偏重看人物、情节；读诗和散文，注重情绪和感觉；读新闻报道，看重事件、人物的价值与意义。而读言论时，首先是看观点、看见解。观点、见解是第一位的。观点新颖、见解深邃，即使修辞略显简陋、笔法略显稚嫩，仍是可观的作品。做新闻评论工作，有时任务紧急，甚至不必过多在意修辞是否精致。只要表达准确，言之有物，持之有据，就好。从另一方面说，思想也是审美的对象。新颖的观点，独到的见解，切中肯綮的分析，丰满而扎实的论证，泛着智慧思想的光芒，也是极为动人心魄的。概言之，言论的优劣归根到底是观点的较量，是撰述者思想能力的较量。

见解和观点对读者的影响，可以概括为四方面：第一，对习惯了的事物有新的洞见；第二，对头绪复杂的现象理出认识和分析的线索；第三，使人们的思想方法、思维方式得到较大的矫正和调整；第四，可以使人们的立场有大部分或根本性的改变。

新闻评论关乎世道人心、国计民生、社会进步，所以它的社会价值大于艺术价值，认识价值大于欣赏价值。邓小平同志的讲话和文章往往很朴素，很少比喻、形容之类的修饰，但其深刻性足以廓清一个时代、改变历史进程。比如，大家所熟悉的"稳定压倒一切""资本主义有计划，社会主义有市场"。这些观点，具有拨乱反正的伟力，具有开创新局的启迪。前者指出了中国现代化进程至关重要的基础，后者对社会主义理论做了富有独创性的概括。这些观点可以全面提升我们对中国、对社会主义前途的认识水平。可谓："笔尖刷却世间尘，能使江山面目新。"（见华嵒《离垢集》）

思想的能力是评论作者最重要的能力。人终究要走向暮年，但是只要思想的能力尚未退化，即使暮年也能跟上时代前进的步伐。反之，一个人年富力强，思想枯萎退化了，就很难有所作为。这对评论创作来说，尤为重要。

有见解未必都善于表达，也未必能写成精彩的文章，但缺乏见解或见解浅薄、偏激，一定写不出精彩的文章。思想的能力之所以重要，是因为其能够在纷繁复杂的表象中把握事物的本质，能够在习焉不察的旧思维的范式中发现崭新的思想线索，能够在细微之处谛听时代的心音，能够在历史进程中做出富有远见的预测，能够在繁乱的声浪中表现出非凡的冷静，能够在欲决未决之际做出正确的选择和决定。深刻的观点和独到的见解应该也可以使人打开一个新的境界，视野为之一变，是非为之一新，由"顿悟"而"翻转"，达到思想认识上质的飞跃。

"云厚者，雨必猛；弓劲者，箭必远。"（见葛洪《抱朴子·喻蔽》）厚厚的云层、千钧的臂力是从哪里来的？有赖于长期积累。这不是短期学习就能速成的，也不是靠小聪明就可以应付的——虽然不能否定天分和学习的作用。

思想能力的提高是多方面努力的结果，至少有三点值得注意。

一、长期的不间断的理论建设。这是一个经常谈及却未必引起重视的话题。没有科学的世界观方法论武装，很难把世间万物联系起来，更难对变化的方向和趋势做出判断；甚至连精确定义概念都很难。往往是就事论事或者胡乱抬杠，沦为无聊的诡辩。

二、对现实生活尽可能保持最近的距离，以极大的热心和细心，观察和了解时代的变化。所谓"阳光之下无新事"，是片面、孤立的看法。事实上，今年的中国和去年的中国就有很大的不同。客观形势不同，社会热点不同，人们的心态也不同。只有了解这种不同，研究这种不同，才能和时代的脉搏一起跳动，也才能切中时弊，搔在痒处。

三、养成好学深思的习惯，多方面汲取知识和信息。对评论工作者来说，尤其重要的是要通过笔耕来磨砺思想。创作本身就包含着学习和积累。写作常常是激活思想最有效的催化剂。新颖和独到的观点与见解，正是长时间思想劳动的果实。

例文

定见（节选）

约翰·奈斯比特

观点1：变化——媒体大肆宣扬的主题

2006年8月8日，亚马逊图书网列出的所有书目中，有56170本图书的名字都与变化有关，其中11195本与商业变化有关，2404本与全球变化有关。不计其数的报纸、杂志和24小时电视新闻频道更是如此，它们都在宣扬一切事物都在变化之中。那么，在这个世界上谁又能跟得上变化的潮流呢？没有人可以。但是不要担心。考虑一下这个事实吧：大部分企业都处于稳定状态，日复一日、年复一年都是如此。的确，产品和市场已经发生了改变，绝大多数是得到了改善，而且我们使用的工具也已经改变。尽管商业图书如雪崩般大量出现，但是商业操作，也就是买卖的基本要素以及为了生存的赢利目的,在我所观察的40年里却没有多大变化。

观点2:内容与方式的区别

你曾经罗列过已经发生的变化和未来的变化趋势吗?请注意,我说的不是我们做事情的方式的变化,而是事情本身的变化。让我们再次回到农场的例子上,发生变化的只是耕作的方式,耕作本身并没有消失。农民适应新技术和顾客不断变化的需要的能力决定了他们是否能够取得进步。尽管他们耕作的方式发生了变化,但他们还是农民,这一点并没有变。有些人适应了时常不断变化的需求,比如Chino's,他们精美的有机蔬菜和水果被许多著名大厨,比如旧金山的沃尔夫冈·帕克(Wolfgang Puck)所选中,成为烹饪美味佳肴的上品。还有一些人,因为各种各样的原因,没能成功,已经放弃了耕种。很多情况下,发生变化的并不是事物本身,而且我们做事的方式。不管别人的宣扬是如何的铺天盖地,只要我们能够分辨出常量与变化,我们就能够有效地应对新的市场,并且从变化中获利。

观点3:太阳底下都是新鲜事

我们中的大部分人都不是在猎取新闻和变革,而是想探寻未来的方向,想在一个纷繁复杂的世界中擦亮自己的眼睛。在这一过程中,重要的不是信息的数量而是质量。不管我们接触到什么样的信息,都应该区分表面变化和实际变化,本质变化和一时的风尚,我们应该时刻记住,在世界历史上,大部分事物都是稳定的。

作者按语

奈斯比特因《大趋势》一书而赢得极高声誉。《定见》是他推出的另一本具有全球性影响的未来学专著,这本书在中国发行量极高。初次看这本书的时候,被奈斯比特极富远见的观点所折服。人们可以赞成或不赞成他的观点,却不能不佩服他对已成之见的质疑,更赞叹其对历史、现实、未来的独特观察和远见卓识。

在这个充满变化、变革、变动的时代,人们极容易被趋时的观点和故作惊人的见解所迷惑,以至对变化的本质、变动的原因以及变革的走向产生误判。大家熟知,所罗门国王曾经写下这样的名句:"已有之事,后必再有;已行之事,后必再行;日光之下,并无新事。"这与中国的一句名言"阳光之下无新事"庶几近之。事实上,许多所谓"新事"以前曾有,以后也会再发生。但此"新"已非彼"新",没有一件"新事"是完全相同的。

奈斯比特的过人之处,是对变化、变革、变动做出更为全面的分析和准确的判断,上述观点使人们在目不暇接、眼花缭乱的种种变化中豁然开朗,即把要素与修饰、规则与技巧、趋势与时尚、突破与改进区分开来——改变的是包装还是产品本身?是跑道材料还是比赛规则?是一时出现的花样还是审美价值的彻底颠覆?是一种完善性修复还是推倒重来?

对新闻评论而言,提出观点是立论基石,提出新观点是其核心价值所在。中国加入世界贸易组织(WTO)有利还是有弊?是利大于弊还是弊大于利?这样的讨论肯定是各执一词,重要的是能够从更高层面、更宽视野,做出考察提出见解,这才是评论的魅力所在。

表面看,全球化可能对发展中国家市场产生碾压式冲击,甚至有人惊呼这是对民族工业的毁灭性打击。中国加入WTO近二十年的经历,恰颠覆了人们对全球化的定见。中国首先从低端制造业开始,逐步实现产业结构调整,再由产业结构调整实现产业升级,直至在高新科技领域实现突破。这样一个发展逻辑是美国等西方发达国家始料未及的,同时也证明了中国政府当年做出重大决策的高瞻远瞩。

从这里可以看到，提供一种视角，提出一种见解，对于经济社会发展具有多么重要的意义。一切错误始于思考的偏差和浅薄，一切成功始于高出一筹的见解。

读这本书第一章之后，我写下了这样一段话：第一，我们的生活时时都在改进，但并非所有的改进都可以称为"突破"。我们也没有必要追求无休止的"突破"。突破是一种颠覆，而在大多数情况下"突破"，不过是一种似乎很像颠覆的改进。第二，不是任何一种改进和突破都具有正面意义或者可以带来好处。当我们在追求突破和改进的时候，应该充分考虑这样做究竟使我们的生活变得更好，抑或变得更糟？第三，社会运动中除了有变动因素，还有稳定因素，变动和稳定都是社会运动的一种形态，这也就是我们常说的处理变与不变的关系。

这里之所以引用较长的篇幅反复申说，意在强调评论写作优劣的较量，最终取决于思想观点的较量。

第二节　立意：站得高才能看得远论得深

评论难在立意，而立意贵在"站得高"。

"站得高"不是居高临下的训导，不是大而无当的空论，而是一种拨雾见天的透彻，一种准确清醒的判断，一种峰回路转的开悟，一种高屋建瓴的预言。诸葛亮的《隆中对》对魏蜀吴三国的力量消长以及历史演变进程，看得了了分明。

自董卓以来，豪杰并起，跨州连郡者不可胜数。曹操比于袁绍，则名微而众寡，然操遂能克绍，以弱为强者，非惟天时，抑亦人谋也。今操已拥百万之众，挟天子而令诸侯，此诚不可与争锋。孙权据有江东，已历三世，国险而民附，贤能为之用，此可以为援而不可图也。荆州北据汉、沔，利尽南海，东连吴会，西通巴、蜀，此用武之国，而其主不能守，此殆天所以资将军，将军岂有意乎？益州险塞，沃野千里，天府之土，高祖因之以成帝业。刘璋暗弱，张鲁在北，民殷国富而不知存恤，智能之士思得明君。将军既帝室之胄，信义著于四海，总揽英雄，思贤如渴，若跨有荆、益，保其岩阻，西和诸戎，南抚夷越，外结好孙权，内修政理；天下有变，则命一上将将荆州之军以向宛、洛，将军身率益州之众出于秦川，百姓孰敢不箪食壶浆以迎将军者乎？诚如是，则霸业可成，汉室可兴矣。

在对形势做出正确分析的基础上，他制定了建立根据地，联吴抗曹的战略，挽救了刘备集团。这段史话，这篇短评，可为"站得高"的一个佳证。

人们向往"登高望远"，因为很多复杂的事情并不是一下子就能看清楚的，因而人们总是在努力突破某种局限性，使自己的认识符合客观现实，以便做出正确的抉择。辛弃疾说："臣抑闻古之善觇国者，如良医之切脉，知其受病之处，而逆其必殒之期，初不为肥瘠而易其志。"（见辛弃疾《审势》）觇国，就是观察和分析社会运动的规律。"知其受病"，"逆其必殒"，要做到这一点，就必须站得高，看得远，想得深。

评论未必一定都要"觇国"，但无论题目大小，恐怕都需要站得高一点。这并不是要求所有文章能够见人所未见，识人所未识，论人所未论，但至少说明，观察和分析问题没有高度，就很难给人以有益的思想启发。

例文1

外媒可以无良，我们不能无脑

樊征远

昆明出了惨案。29条鲜活的生命，在瞬间以最残忍的方式被剥夺。143名伤者在血泊中挣扎。他们的身后，是痛不欲生的亲人和一个个支离破碎的家庭。今天在新闻上看到，震惊之至，痛心之至。

查了下美国几大媒体对此的报道。很暧昧。我对他们的评价两个字：无良。

《纽约时报》和《华尔街日报》对惨案本身的描述并不多，相当大的篇幅用来有意无意地影射中国所谓的内部矛盾。恐怖主义一词，每次出现，一定要指明是新华社如此定性。CNN甚至给恐怖主义一词加了引号。

一年前在波士顿马拉松案的报道中，对死者的哀悼，对伤者的生命关怀，对家属的慰问，对行凶者的谴责，此刻所剩无几。

所以波士顿的枪击中死了无辜平民，叫恐怖袭击；昆明死了无辜的平民，定性为恐怖袭击还要如此语焉不详？

意料之中。但我依然很愤怒。

美国政府与主流媒体终日高举人权与民主的大旗，而真正制定国家战略与政策时，何时不是以国家利益为先？在美国的近三年时间让我逐渐明白了，美国的政府与主流媒体批评你，有可能说得对，有可能说得不对，但他们绝不是为了你好。你可以认同他们的某些观点，但你首先必须明白他们的出发点。

在"中国威胁论"大行其道、零和博弈心态泛滥的今天，美国媒体摆出这样暧昧不清的姿态，我不意外；但当我看到某些中国人也以和美媒类似的口气，大谈特谈所谓"真相"、所谓"原因"和所谓"宽恕"时，我很震惊。震惊之余是痛心。

不知是中了圈套，还是别有用心。

此事的性质再清楚不过：恐怖活动永远是恐怖活动。人人得而诛之。残害无辜找不到任何借口。

有人也许会很委屈：我并没有故意为恐怖活动洗白啊。我只是在独立思考中提示大家深入分析。而且，我至少有表达自己观点的权利。

不错。但是，言论自由不是颠倒黑白，原则问题不能混淆是非。理性的思考，必须建立在是非分明的价值判断的基础上。深入的分析，不能模糊对灭绝人伦的暴徒最明确的批判。个人认为，现在是应该众志成城、旗帜鲜明地谴责恐怖行径的时候了。

——摘自人人网 2014 年 3 月 2 日

作者按语

这是一篇网络评论,主要是揭露西方媒体的虚伪和阴险。此类题材的评论不少,但此篇在立意上高人一等。

第一层,外媒无良。作者抓住美国主要媒体对昆明暴恐惨案的歪曲报道,指明美国媒体故意把暴恐性质的问题处理成民族纠纷,其不良居心,显而易见。

第二层,不能无脑。这是最点睛之笔。西方媒体用报道挖坑,诱骗人们往舆论的火坑里跳。作者直言道出,西方媒体貌似客观,实则蓄意挑动,我们必须警惕。

从评论的立意上说,人们会想到第一层意思,写出来也不难,而真正有价值的其实是第二层意思,此篇要义恰在于此。

一语点醒梦中人!

"站得高",从客观上说,与我们所处的位置有关。在京城京广中心上俯瞰和在胡同里溜达,我们对北京的感觉是很不相同的。正如在人民日报工作,因为关注和研究的通常是全局性和战略性问题,中央的精神知道得较快较准较全,自然应该在观察问题方面有某种优势。但这也不是绝对的。现在信息发达,上天入地,无远弗届,仅仅靠位置高度是不够的。"站得高"至少需要三个支点,曰历史眼光,曰广阔视野,曰辩证思维。

古人说,"以史为镜","以史为师"。史之所以为镜为师,是因为回望百年,思接千载,我们真正感兴趣的是历史所揭示的规律,而这正是把握今天、规划未来的重要依据。往小处说,阅历是一笔十分宝贵的财富。一个涉世未深的青年遇到小小的挫折也许就会绝望,但对一个有经验的长者来说则可以泰然处之。"曾经沧海难为水,除却巫山不是云",他懂得挫折是再平常不过的事情。对一个国家来说,历史是一部资政通鉴。管仲谈乱说治，有云："君子安而不忘危，存而不忘亡，治而不忘乱，是以身安而国家可保也。"（见《易经》）汉武帝谈兴说亡，有云："国虽大，好战必亡，天下虽平，忘战而危。"（见《司马法·仁本》）这些俯拾即是的精辟之见都是历史经验。

"站得高"是一种历史意识，懂得把问题放到一定的历史条件下考察，从正反两方面的经验中得出正确的结论。这不是说评论作者必须是历史学家，而是说观察和分析问题有无历史的纵深度，分量是不一样的。

"站得高"还有个空间概念。"读万卷书，行万里路，笔下始有奇气。"所奇者，用今天的话说，就是见多识广，目光开阔。见得多，听得多，读得多，就能够建立起比较宏大比较科学的评价体系，考虑问题就能比较周全，洞悉本质，抓住要害。有些事情从一个局部来看，可能不无道理，但放到全局来看，也许另有一番道理。所谓"谋大局而无偏端"就是这个意思。

所有的信息和材料需借助于科学的方法加以处理才能变成有价值的思想。"站得高"就是能够掌握和运用科学方法，对事实和思想材料进行去粗取精、去伪存真的处理。

能够直观而准确地描述客观世界是一重境界，而能看到客观世界的变化并对发展趋势做出正确的分析又是一重境界。大与小、强与弱、短与长、治与乱、战与和、胜与败等，本来就处于不断变化的过程中，没有不可逾越的界限。问题在于，我们必须明乎盛衰之道，通乎成败之数，审乎治乱之势，达乎去就之理。而要做到这一点非"站得高"而不能。

许多年前，和一位长者讨论国家兴衰问题时，他说过一句话："钟鼓楼的家雀，见过大动静！"话俗理不糙，细想实在高。

所谓文章立意，大约也是如此。

例文2

"埃及之春"为何成"埃及之冬"

张维为

2011年3月,埃及出现了大规模的反政府示威,穆巴拉克总统黯然下台。三个月后,我和美籍日裔学者、《历史的终结》作者福山先生在上海就中国模式有过一场辩论。他提到了中国也可能爆发类似的革命,我说不会。我当时说:"至于中东最近出现的动乱体现出的,好像是人们要自由,而我觉得最关键的问题是那个地方的经济出现了大问题。我去过开罗4次,20年前它跟上海的差距大概是5年,现在比上海落后40年,一半的年轻人失业,能不造反吗?我的结论是:西方千万不要太高兴,这会给美国的利益带来很多问题。现在叫'中东之春',我看不久就要变成'中东之冬'。"三年过去了,我当时的预测是准确的:"埃及之春"已变成"埃及之冬","阿拉伯之春"也变成了"阿拉伯之冬"。

从20世纪80年代中期开始,我4次访问了埃及。如果要让我用一个词来形容访问埃及的印象,这个词就是"爆炸",特别是开罗,给人感觉是嘈杂(世界上分贝最高的城市)、拥挤(到处车挨车人挤人)、脏乱(城市一半的地方似乎从来没人打扫过)。近十年来,各种社会矛盾日益尖锐并政治化,整个社会就像铺满了干柴,只等着一点火星便会燃烧爆炸。突尼斯的动乱成了这颗火星,引发了这场革命。

从我自己的实地考察来看,阿拉伯国家,只要真正搞普选,上台的一定是伊斯兰势力,而不是亲西方的自由派势力。果然,2012年5月的大选,穆斯林兄弟会的穆尔西上台。随之,埃及就陷入伊斯兰派与世俗派的持续抗争。2013年7月,军队罢免了民选的穆尔西总统,这又导致了大规模的流血冲突和持续动荡。埃及似乎已经陷入了发展中国家植入西方民主模式后的那种典型的恶性循环：普选产生了民粹主义领袖，他们搞不好经济，然后军队就发动政变，但军队也改善不了民生，人民就再一次地要求民主化，民选政府上台后，这个循环又重新开始。

埃及的危机说明了什么？首先，国家是一个包括了政治、经济和社会三个层面的有机体，西方民主模式最多只是改变了这个有机体的政治表象，另外两个层面根本改变不了，特别是社会层面的变化非常之难、也非常之慢，这种水土不服的"西方民主陷阱"只能以失败而告终。其次，埃及的问题不是西方说的"民主与专制"的问题，而是"国家治理好坏"的问题。对于埃及面临的棘手问题，如人口爆炸、贫困问题、经济结构问题等，西方民主模式一个也解决不了，而只会使问题恶化，导致国家和社会的失序甚至崩溃。最后，它说明在一个经济落后的国家，如果不能凝聚社会共识于发展经济和改善民生，并在这个基础上推动符合本国民情国情的政治变革，而是把解决各种问题的希望一揽子寄托于西方民主模式，其成功的概率几乎为零。

——摘自《环球时报》2014年2月20日

作者按语

这篇节选的评论，既有预言性，又有现实依据，揭示了西方在阿拉伯地区鼓动"革命"，给这一地区带来的灾难性后果，可谓"站得高、看得远"一例。这也许正是西方想做的事情，抑或是连西方也想不到的结局。这一切，是为了什么？可悲也夫，可痛也夫！

作者之所以对埃及乱局有深刻分析，可能有三个原因：第一，四次到埃及的经历；第二，有一定的年龄，经历了比较多的事情；第三，由此而积累的巨量的比较和鉴别参数。

　　当然，最重要的是，作者能够切埃及动乱之脉，断西方颠覆战略之因，明中国稳步发展之理。精明老到，是谓"觇国"之策论也。

第三节　选题：没有动笔就开始的写作

说到言论创作，首先要讨论选题。这个问题看似很容易，其实颇不简单。容易，是说凡作文都要有题目；不简单，是说倘没有一番艰苦的思想劳动，选题特别是高质量的选题，绝不会自然而然地跳到眼前。

一般认为，选题是言论创作的起点。有题目，而后有写作有文章，从程序上看是这样的。问题是，题目从哪儿来，为什么选这个题目而不选那个题目？这里包含一系列复杂的思维活动。从某种意义上说，选题也可以看成是一篇文章的终点。构思于前，疾书于后。一题之选，既确定了研究问题的方向，也确定了下笔的角度。写作，不过是把研究的心得和构思的意图用文字表述出来。

一个人的创作才能，首先体现在选题环节上。能不能优质高产地创作言论，取决于作者能不能发现大量的选题，特别是高质量选题。"十月怀胎，一朝分娩。"虽然作者的写作习惯不同，但有一点是共同的，就是没有孕育过程，就不会获得源源不断的创作灵感。

有时，题目确是在闪念中产生，但闪念正是孕育的结晶。我们的眼睛总是处于搜索状态，大脑总是处于对各种信息加工处理的工作状态，"闪念"就会不期而至。一些作者通常习惯随手记下一些感想、观点、新闻由头，有时这种未经加工处理的材料多达十几个。搜集这些思想碎片，是因为感觉到的东西未必能立即深刻地理解它。抓住这些转瞬即逝的一毫之光，而后细细地消化、思考；一旦酝酿成熟，就可以援笔成文。写掉一批题目就像是割掉一茬韭菜，割掉旧的，新的又长出来。这是一个连续不断的创作过程。

选题和写作两个阶段密不可分。在大多数情况下，选题可以被看成是不动笔的写作，而写作则是对选题的深加工。

选题的产生，主要来自交流、观察和思考。把交流所得、观察所见进行综合归纳，最终以题目形式显示出来。这个途径就是思考。交流的方式可以有多种，如与专业人士交谈、阅读报刊图书、听取会议报告和发言等。通过交流获得知识的好处是不言而喻的，但更重要的是，它可以产生摩擦和碰撞，激发某些思想灵感或唤起某些可能还沉睡的思维。有人说，一篇作品的产生，有时仅仅需要一个小小的提示。可能是几句话，也可能是几个字，犹如"棒喝"。观察，则是长时间地研究某一现象而有所发现。但观察必须辅之以思考，懒得动脑子的观察，只能算是"看热闹"；浮光掠影的观察，则可能流于肤浅的感觉。

题目之所以要选，其实包含了一个十分明确的意思，就是择优汰劣。这是言论创作的核心所在，难度所在。所谓优劣，当然是比较而言，难有统一标准，但一般认为应注意三个问题。

一是因事而作。一个人很饥饿，而另一个热心人建议："请允许我弹一支曲子助兴"，那一定是很扫兴的。选题首先要明确这些话要讲给谁听，他们需要什么。有时即使文章写得不算太好，只要是选题应时而生、因事而作、有针对性，也是上佳之选。正如一个人饥饿的时候，你应该及时送去面包，而不是充满华丽音符的空气。

二是有所创见。比如，我们说"储蓄并非一成不变的可喜"，这样的选题总比重复那些人所共知的老生常谈要好。一篇言论，很难有"突破性发现"，但是要力求在某一点上有些新的独到的见解。自然，我们应该了解在某一课题上别人已做过什么，现在正做什么，达到何种水平，有何成果。总之，有独创性的选题亦为上佳之选。

三是别有洞悉。一样的答案有不同的解法，一样的疾病有不同的治法，一样的山水有不同的看法。有些选题恐怕是永恒的，变动的只是认识的角度或探索的路径。平中见奇，旧中见新，更是上佳之选，这方面论列甚多，不必重复。

针对性、独创性和新颖性，三个因素同时包含在一个选题中最好，但仅有其中的一个因素也好，同样算优质选题。

案例

中国纪检监察报《博论》选题（2019年6月至8月）

1. 对"四风"隐形变异新动向要时刻防范。
2. 何为隐形，怎样变异？
3. 监督在日常，整治在身边。
4. 向群众身边不正之风和腐败问题亮剑。
5. 在实践中拓展整治群众身边腐败和作风问题工作。
6. 从具体人、具体事着手，将问题一个一个解决。
7. 警惕"拉大旗，作虎皮"的骗子：对来自中央领导同志家属、子女、身边工作人员和其他特定关系人的违规干预、捞取好处等行为，对自称同中央领导同志有特殊关系的人提出的要求，必须坚决抵制。
8. 在真学真信中坚定理想信念；在学思践悟中牢记初心使命；在细照笃行中不断修炼自我；在知行合一中主动担当作为。
9. 干部的党性修养、道德水平，不会随着党龄工龄的增长而自然提高，也不会随着职务的升迁而自然提高，必须强化自我修炼、自我约束、自我改造。

10.习近平新时代中国特色社会主义思想，不仅包含着党治国理政的重要思想，也贯穿着中国共产党人的政治品格、价值追求、精神境界、作风操守的要求。

11.要涵养政治定力，练就政治慧眼，恪守政治规矩，自觉做政治上的明白人、老实人。

12.人格是一个人精神修养的集中体现。光明磊落、坦荡无私，是共产党人的光辉品格，也是干部应该锤炼的品质修养。

13.要坚守精神追求，见贤思齐，见不贤而内自省，处理好公和私、义和利、是和非、正和邪、苦和乐的关系。

14.看淡个人进退得失，心无旁骛努力工作，为党和人民做事。

15.干部要想行得端、走得正，就必须涵养道德操守，明礼诚信，怀德自重，保持严肃的生活作风、培养健康的生活情趣，特别是要增强自制力，做到慎独慎微。

16.一个人廉洁自律不过关，做人就没有骨气。

17.要牢记清廉是福、贪欲是祸的道理，树立正确的权力观、地位观、利益观，任何时候都要稳得住心神、管得住行为、守得住清白。

18.干部干事创业要树立正确政绩观，有功成不必在我的精神境界、功成必定有我的历史担当。

19.面对大是大非敢于亮剑，面对矛盾敢于迎难而上，面对危机敢于挺身而出，面对失误敢于承担责任，面对歪风邪气敢于坚决斗争，做疾风劲草、当烈火真金。

20.干部成长无捷径可走，经风雨、见世面才能壮筋骨、长才干。要做起而行之的行动者、不做坐而论道的清谈客，当攻坚克难的奋斗者、不当怕见风雨的泥菩萨，在摸爬滚打中增长才干，在层层历练中积累经验。

作者按语

　　这是一个我自己写作的选题计划。正如大家所知,开固定专栏需要源源不断的选题。如果没有一个选题的蓄水池,很难抓到有价值的选题。

　　上面的20个选题是我在手机上随手记下的,实际写作未必按照序号推进,而是感到哪些题目想得比较清楚了就着手写作。写完一篇就消掉一个序号,同时选题的"蓄水池"也在随时增加新的选题。有的选题写得很顺利,一气呵成;有的选题写了一半感到思路欠通,就再想一想。而有的已经写好,但感到不甚满意,还可以放一放,等到精力弥满、思维活跃时再改一遍。

　　上述有关选题体会写于20多年前,我整理时发现,尽管媒体形态发生很大变化,但言论创作要求几乎没有任何变化。地上写字,石上刻字,纸上印字与屏幕上显示字,都是字;只要是评论,都需要有价值的话题。

　　什么是有价值?一个重要考量因素是:给谁写,写给谁?不同的媒体需求是不一样的。娱乐类媒体需要趣味话题,时事类媒体需要政论话题……同样地,网民、听众、读者,以及老的、小的、男的、女的、干部、学生等要求也不一样。总之,选题的方向必须与媒体需求相适应。

　　当然,这还是笼而统之的原则。在实际操作中,选题特别是选有质量的好题,很不容易。

　　2016年,应《中国纪检监察报》之约,我在"反腐观察"版写专栏,每周一篇,主要是就党风廉政建设和反腐败问题发表评论,目前已经写了三年,约150余篇。

　　梳理了一下,选题来自四个方面。

第一类，接受报社之约，配合性评论。有些重要纪念日或节日，媒体通常要做出反应。例如，《育人三题》，配合教师节；《共产党人的赤子之心》，纪念中国共产党成立95周年；《廉，是最好的祝福》，元旦献词。

这类选题，对选择角度是很大的考验。纪念日或节日，年年"花相似"，但岁岁"人不同"，每年都有每年的特点。关键是，能不能切准时代脉搏、抓住现实焦点，并对纪念日和节日的特殊意义加以阐述。

第二类，贯彻领导讲话的解读性评论。如《去庸俗、去随意、去平淡》《"变贪腐横"集于一身说明什么》《让咬耳、扯袖、红脸、出汗成为常态》《何谓"聪""明""强"》等，这些都是根据习近平总书记在中纪委全会重要讲话精神中挑出来的题目。解读领导重要讲话，无疑是主流媒体一项重要工作。领导讲话，往往透出重要信息，也是最权威的政策论述。当然，也必须为评论家所关注。

这类选题，对完成"规定动作"能力是一个考验。难度在于，有些讲话很长，内容很多，从中挑出核心观点和最有看点的话题，并不容易。比如，在学习习近平总书记讲话时，我用红笔画出的文字有三十多行，感到可以立即着手准备的选题有十几个。当然，不是任何讲话都有如此多的选题空间，这既取决于作者的选题能力，更取决于讲话本身是否有思想、观点、政策的含量。

第三类，读书看报有感，联想性评论。如《别拿纪律不当回事》《欠的账，赖不掉躲不过》《天有眼，勿"侥幸"》《信任不能代替监督，执纪没有例外》等选题，大多是读书看报时，突然和平时思考的某些问题产生共鸣，或者有些未解问题瞬间豁然开朗，再或者发现了新的论述角度。

这类选题应该占较大比例，最考验作者的基本功。如果一个作者可以完成别人交办的选题，虽然难能可贵，但还不是最佳。最佳职业素养应该是，主动选择热点话题。会选题、能选题的作者，往往显示出更加积极的工作、生活、学习态度。

第四类，平日观察所见，随感性评论。《亲情的陷阱》《辨析功、过、罪》《早发现问题，大病可逆重病可缓》《何为动，为何谷？》等。这类选题更像是灵光乍现，唾手而得，而且往往角度新颖、论述独特。因为，这不是到想写文章时才思考的选题。当然，也不是无缘无故的偶然现象。而是靠平素观察和积累，在特定情形下擦出的火花。

第四节　结构：没构思连鸡窝也搭不成

写文章总要讨论结构。不论是鸿篇巨制，还是即兴小品，都必须"有想法"。所谓"想法"，无非是遵循文章构思的一些基本原则。犹如构建宫室，由厅而堂而楼，或三进或五进或七进，总归要有一个草图。正像老百姓所说，没有个想法连个鸡窝也搭不好。

有人说"怎么想的就怎么说"或"想怎么说就怎么说"，据说这是大作家写作的秘诀。这恐怕是个误解。大作家可以这么说，因为他写文章时随心所欲，游刃有余，提炼、剪裁，了然于胸，当然可以做到笔到意到。但既是如此，也还是要"有想法"。

构思的自觉，是由业余到专业的必经之途，是必然到自由的质的飞跃。坦率地说，再短的文章也要构思，再小的题目也要经营，如果把帽子套在脚上，或把门开得过大，窗凿得太小，都会觉得很别扭。事实上，看上去流畅、清通、圆润的文章都是精思妙构的结果。良好的阅读体验，是作者文思的妙运；而文章的至境，正是无斧凿之痕，浑然天成。当你认为事实提供的依据恰好可以得出某种结论时，作者说出来了，那是一种满足；当你看到同样的事实，由于不同作者的分析得出新颖的结论，那是一种意外的惊喜。言论的意义就在于释惑解困，在杂芜的表象中理出头绪，指出"所以然"。

当然，实践起来却又因人因文而异，不可强求，也没必要整齐划一。规则就是怎样使读者看得更明白、更轻松、更有兴味，似乎一切都是瓜熟蒂落，水到渠成。

而要做到这一点，我们就要付出极大的努力。像好的烹饪师那样，出锅的菜肴总是那样色香味俱佳。就是那些作料，先放什么，后放什么，放多少，火候如何，做出来的东西也绝不相同，大有讲究。

例文

中华民族的百年盛事
——热烈庆祝香港回归祖国

一九九七年七月一日零点，全世界都在谛听从东方响起的庄严钟声。它响彻寰宇，向五洲四海郑重宣告：中华人民共和国政府恢复对香港行使主权的时刻到来了！中华民族洗雪百年耻辱、扬眉吐气的时刻到来了！

以中英两国政府完成交接仪式，香港特别行政区宣布成立为标志，圆了中华民族期盼了一个多世纪的香港回归梦，实现了几代人的夙愿。这一天，举世瞩目，永载史册。

香港回归，百年盛事，普天同庆，举国欢腾。在九百六十万平方公里国土上，热血沸腾的中国人民，以千歌万曲、千言万语表达着自己欢乐、自豪、振奋的感情。

在欢庆香港回归的时候，我们决不能忘记，为了这一天，中国人民走过的不平凡的道路：

——为了这一天，无数中华民族的英雄儿女御外侮、争主权，前赴后继，同殖民统治进行不屈不挠的斗争，充分显示了维护民族尊严和国家主权不可动摇的信念，表现出崇高的爱国主义情怀。但是，由于当时的祖国积弱积贫，由于当时的政府腐败无能，斗争是壮烈的，结局是悲哀的。一代又一代仁人志士壮志难酬。

——为了这一天，新中国成立后，我国政府多次庄严申明，香港自古以来是中国领土不可分割的一部分，不承认英帝国主义强加给中国的三个不平等条约；对于这一历史遗留问题，将在条件成熟的时候通过和平谈判解决；未解决之前维持现状。新中国第一代领导人毛泽东、周恩来等，十分关心香港的前途，关怀香港同胞。在新中国成立前后，毛泽东同志先后提出了"暂不收回香港""长期打算、充分利用"和"一九九七年平稳交接"等一系列解决香港问题的战略决策，为保持和促进香港的繁荣稳定，为香港回归祖国奠定了坚实的基础。党的十一届三中全会以后，我国进入改革开放和社会主义现代化建设新的历史时期，社会生产力蓬勃发展，综合国力显著增强，国际地位日益提高。中国作为一个最具发展活力的国家，巍然屹立在世界的东方，为香港的顺利回归创造了决定性条件。

——为了这一天，中国政府以统一祖国的大局为重，以保持香港繁荣稳定的大局为重，按照"一国两制"的构想，为解决香港、澳门、台湾问题，最终实现祖国的完全统一，提供了一条现实可行的途径。实践表明，"一国两制"、"港人治港"、高度自治的基本方针，符合香港的利益，符合全民族的根本利益，得到了广大香港同胞和全国各族人民的拥护，也得到了国际社会的赞同。这是一个高瞻远瞩的伟大创造，是人类文明进步史上的一个创举。

在欢庆香港回归的时候，我们深切怀念敬爱的邓小平同志。他作为一个伟大的革命者、爱国者和中国改革开放的总设计师，毕生以祖国的解放、振兴、统一为己任。他作为第二代中央领导集体的核心，以罕见的政治勇气、恢宏气度、高超智慧，创造性地提出了"一国两制"的伟大构想，为香港顺利回归祖国起到了巨大作用。"一国两制"构想将作为他对中华民族的伟大贡献而功垂青史、光照中华。

在欢庆香港回归的时候，我们更加深刻地体会到，没有中国共产党的领导，没有祖国的日益强盛，没有改革开放的伟大成就，没有新中国三代领导人的不懈努力，特别是没有邓小平建设有中国特色社会主义理论的指引，就不可能有今天的香港回归。这就是一百多年历史写下的庄重结论。

香港回归，是落实"一国两制"方针的第一步。更重要的，是确保香港长期繁荣和稳定。《中华人民共和国香港特别行政区基本法》是根据"一国两制"的构想而制定的一部全国性法律，是今后香港特别行政区一切运作的法制基础，更是香港长期繁荣稳定的根本保证。香港回归祖国以后，《基本法》即开始实施，从中央到地方，广大干部和群众都要认真学习、严格遵守《基本法》。香港特区政府和广大港人也会认真贯彻、执行《基本法》，以主人翁的责任感，肩负起"港人治港"的重任，把香港管理好、建设好。

现在，在党的基本理论和基本路线指引下，在以江泽民同志为核心的党中央的坚强领导下，我们国家政治稳定，经济发展，民族团结，社会进步。世界将看到，中国的明天会更好，具有五千年文明史的中华民族在新世纪的征途上，将向着现代化的宏伟目标昂首阔步前进，中国的完全统一、中华民族的全面振兴，将成为辉煌灿烂的现实。

——摘自《人民日报》1997年7月1日

作者按语

这是人民日报为1997年香港回归祖国而发表的社论。因事件极为重要，故起草和修改花了很大工夫。

社论约1700字，比原先起草的几稿都短得多。考虑到这是百年一遇的重要历史事件，要回顾百年历程，总结丰富经验，表达复杂感情，传达政策信息，写5000字不为多，写一万字也未必长。之所以定稿时只有1700字，不仅出于写短文的考虑，更重要的是，在文章结构上颇费思量。

经过几次讨论，大家一致认为，尽管要说的话很多，但最重要的就是三个部分。1.叙述新闻事件，表达欣喜感情；2.回顾艰辛历程，概述历史经验；3.宣示政策和展望未来。为此，设计了11个自然段。

第一部分，四个自然段。起势，总领全篇——宣布香港回归大业完成——举国欢腾——过渡段。

第二部分，五个自然段。分别用三个"为了这一天"领题，对应香港回归的三个历史阶段：近一百年来——新中国成立以来——改革开放以来特别是中英谈判以来。远处略写，近处详论。与此密切相关的：毛泽东、邓小平等老一辈革命家历史性贡献——共产党领导社会主义制度的决定性作用。

第三部分，两个自然段。"一国两制"构想的正确性和坚持基本法的坚定性——香港回归与民族振兴的必然联系。

其实，原稿也都有这些内容；但比较麻烦的是，史实、经验、政策、情感等要素交织在一起，比较乱。结构设计上的突破，是用三个"为了这一天"，把香港回归百年全部装进去。因为，这既符合历史分期，也更清楚标注出中华民族由衰而兴的发展曲线。

原先这一部分用了很长的文字，既涉及清政府的软弱腐败，又涉及近代中国无数国内纷争和战争，还涉及我们与港英政府的矛盾和斗争，线索杂乱，头绪纷繁，写多了，反而冲淡主题。因此，对显而易见的史实不再追述，对复杂政治议题不再纠缠（比如中英关系）。从政治上考虑，香港回归已经成为事实，牵涉太多既不必也无益。

用紧接的后面两段论述，处理好了叙述和论述的关系。

压缩文字其实是对主题的进一步提炼和概括。其中，最重要的是，读者应注意对自然段的划分，绝对是提炼和概括的硬功夫。

言论自然段首句为"领题"，绝不可以随意。段落划分，是结构设计的最重要的工作。

第五节　情感：激情引领下的理性思考

为什么要说话，为什么说而犹觉不足竟形之于文字，刊之于报端？这也许肇始于一个简单的动机，就是需要倾诉或评说。有时，这是一种不吐不快的压抑；有时，这是一种手舞足蹈的欢欣。对错误认识和丑恶现象，我们渴望痛击之；对真实、善良和优美，我们情不自禁地讴歌之。虽然痛击之或讴歌之未必就一定能够代表正义和真理，但那种渴望与情不自禁，却正是我们所说的激情、兴会和神采。

产生一篇文章的缘由可能有多种，但是一闪而过的激情或持续不断的心潮起伏，也许是使我们拿起笔来的重要契机。总之，激情之于文章尤其是评论十分重要。

杜甫诗云："感时花溅泪，恨别鸟惊心。"对花而垂泪，听鸟而心碎，诗人这种奇异的心情寄寓着对山河破碎的忧思，也说明执笔为文必有一种特别的敏感、特别的敏锐。

敏感，是因为对客观世界细微的变化都能够强烈地感知。当看到"华人与狗不准入内"的牌子的时候，不是麻木地耸耸肩拂袖而去，而是被一种屈辱感彻夜煎熬，必须做出反应。

敏锐，是因为对社会生活中任何细微变化的方向都有深切体悟，一叶知秋，见微知著。在有的人看来，是非曲直不是无所谓的，他们希望从混沌中理出事物的端绪，从复杂多变中把握本质。他们喜欢清晰。

这两种品质对于新闻评论作者至为重要。因而他们的生命状态总是处于一种流动起伏之中。他们有时喃喃自语，大脑像开了锅的水，咕咚咕咚在冒热气；他们有时沉思默想，四肢沁出冷汗，仿佛在一弯冷月下发抖。这是一种能量的蓄积，只待"砰"的一声，压力被释放出来。于是我们不难从鲁迅《论人言可畏》中体会到逼人的剑气，不难从李大钊《庶民的胜利》中体会到郁结的风雷，不难从梁启超《少年中国说》中感受到热力的烘烤……我们眼前看到的不仅仅是字和句，而是壮丽的日出、拍岸的潮头，我们被充沛的激情所感染、所笼罩、所席卷，并为之同笑同哭。

笔尖常带感情是一种由内而外的宣示。一个人情感单调、干枯，笔尖一定是呆滞的。而有血有肉、有声有色的文字与其说是闭门造车"码"出来的，毋宁说它是心灵的诉说。

心灵和情感应该深深地卷入评论的对象之中。无论论述一个事件或一个人物，均能沉浸其中，思考其意义，理解其价值。虽然我们应避免以个人是非为是非，但是绝不能隔岸观火。我们和事件与人物发展进程融为一个整体，就不再是一个无动于衷的看客。

我们和体育健儿一样，看到五星红旗冉冉升起而泪洒衣襟，那么我们笔下的文字一定会充满炽热的爱国主义豪情；如果我们深切地关注国运的艰难、百姓的贫寒，我们笔下的文字一定是十分沉重的；如果我们发自内心地为国家昌盛、民族振兴而欢欣鼓舞，我们笔下的文字一定是扬眉吐气的。

这也许是一条公认的经验：只有被某种力量所感染、所触动、所激发，才会迸发出表达的渴望；而表达过程伴随着"怦怦"的心跳，不能自持，则在读者那里一定有会心的回应。我们经常会看到燃烧的文字或体会到浓得化不开的感情。必须承认，这些文字教育了、感染了、打动了、征服了我们。

当然，说激情的重要，绝不意味着激情甚至是情绪亢奋就可以写好言论。事实上评论还要诉诸钢铁般缜密的逻辑。情感和理智都很重要。

例文

7月26日,王毅外长出席中国—东盟(10+1)会议,针对美日澳就南海仲裁发表声明,立即在当天的会上做出有力回应。

和平维护者还是搅局者

昨天召开的会议十分融洽和谐,会后11位外长共同发表全面有效落实《南海各方行为宣言》(DOC)的联合声明。DOC是中国和东盟国家一致同意遵守的地区规则。各方通过声明承诺回到由直接当事方协商解决具体争议的正确轨道,对外发出了中国东盟共同维护南海稳定的积极信息。但遗憾的是,昨天深夜,美日澳三方发表了另一个声明。这个声明继续炒作南海问题,渲染地区紧张,实际上把矛头指向中国。鉴于该声明已经造成影响,中方必须做出必要反应。

从昨天到现在,我们看到的景象是,一方面本地区国家决心加强深化合作,期待南海局势降温,另一方面这个三方声明却还在煽动升温;一方面本地区国家都不愿在仲裁案上选边站队,认为这是中菲的双边问题,另一方面这个三方声明仍一口咬定充满争议的所谓裁决具有法律约束力;一方面世界上70多个国家以不同方式表达理解和支持中国的正当立场,另一方面这个三方声明仍在明里暗里指责中国。这个声明的发表很不合时宜,与形势的发展极不和谐。这个声明与本地区国家正在维护南海稳定的努力不相符合,与本地区人民希望南海局势降温的愿望不相符合,与域外国家应发挥建设性作用不相符合。

如果你们三方真的希望南海稳定的话,就应支持中国和东盟落实好DOC,支持直接当事国通过对话协商解决争议。现在,是检验你们是和平维护者还是搅局者的时候了。

作者按语

抄下这篇例文时，先说一下若干年前对于情感和理智的感受。评论创作，情感和理智都很重要，相比而言，理性、理智更重要；正像文字和观点都很重要，相比而言，观点更为重要。对我来说，这是颠覆性改变：从注重修饰到修炼内功，从自我欣赏到服务读者，从抒发感慨到投身实务，从文人议政到参与实际工作……这些体会，都是生活与工作的馈赠。

上面的例文是王毅外长在国际会议上的即兴发言，堪称一篇战斗檄文，也是一篇评论佳作。

该文的主旨，是揭露"美日澳"假仲裁之手在南海搅局的险恶用心。通篇充满激愤但又入情入理，靠事实说话，靠逻辑析理，说服力感染力极强，完全占据了论辩的制高点。

发言共三段：入题、主论、结论。

第一，入题明快。包括当事国在内的十一国外长通过友好协商，一致同意由当事国谈判解决问题，但与此毫不相干的美国、日本和澳大利亚就像搅屎棍子，把南海搅浑，从中谋求好处，达到遏制中国的目的。这篇发言，一上来就点出问题的实质。

第二，观点犀利。三个"一方面""另一方面"，既是事实的直接陈述，也是支持主论点"搅局"的有力论据，形成强烈的推理效应，使人清楚地看到反常现象背后包藏的阴谋。三个"不相符合"是上述推理自然而然的展开，分毫不差地对应了三个"一方面"的质疑，使得"美日澳"搅局"黑"中国的阴谋，在事实面前昭然若揭。三个"一方面"是典型的夹叙夹议，不仅语气有力，而且效率极高。

第三，结论扎实。"美日澳"借题发挥，无非是把"无视国际规则"

的"屎盆子"扣在中国头上。王毅洞若观火,绝不上当,巧妙地把"屎盆子"扔了回去——"如果你们三方真的希望南海稳定的话,就应支持中国和东盟落实好DOC,支持直接当事国通过对话协商解决争议"。

王毅明明知道这是"美日澳"最不愿看到的情形,却直戳要害,逼着"美日澳"在众目睽睽之下,面对无解的问题表态。三方不敢"接招"无法表态,使得我们在这场舆论战中占据优势。

上面这个案例说明,主流媒体的政论,主要任务是舆论引导,主要责任是舆论导向,其政治性、政策性、策略性是首先要考虑的。也正因如此,新闻评论说服力、感染力,是理性、客观、公平,是把道理说清楚、讲透彻,而非在情绪渲染上、辞藻修饰上、文字张扬上,过分追求。诗人也许应该"语不惊人死不休",政论家是不是也要以此为最上法门呢?恐怕不能一概而论。

评论重在分析、说理,而在激动、激愤的情况下,未必是分析、说理的最佳时机。如果时间允许,写好评论后沉淀几日,再做些修改,论述肯定会丰满许多。如果是急就章,那只能把起伏的心潮平复一下,然后动笔。

第六节　表述：怎样说与说什么同样重要

说什么，关乎文章主题，很重要；怎样说，关乎文章表达，同样重要。

有人说，抓住高质量选题就成功了一半，不错。但另一半是，未必好题目就能做出好文章。

生活中常有这样的事：有人做报告，题目不错，但想听的没有，不想听的说起来没完。

老百姓告状，明明有理，东拉西扯，越说越乱，反而把自己搅糊涂了。

有的电视剧，打个哈欠演半天，全是没用的镜头。需要仔细交代和刻画的地方，又一笔带过，语焉不详。有事说不清，有理说不明。

不作为文章发表倒还好。东一榔头西一棒槌，照着半天说，还能听出个来龙去脉。写成文章就难了。总不能让读者跟着倒腾线头，倘如此，扔了，索性不看了。

关于文章的谋篇、布局、结构，古人今人论述很多，有些教科书也可以参阅。归根到底，这个问题落到纸面上，还是个"怎样说"的问题。

其要旨也许可以概括为三句话。

其一，"从何说起，就何而言"。要把一个比较复杂的意思表达清楚，"从何说起"颇费周章，而起句和第一段又尤为重要。有人说，它是一首曲子的第一串音符，全曲基调由此而生发、展开。有人说，它是衣裳的第一粒扣子，位置扣错了，下摆就对不齐。也有"凤头"的说法，意谓开头就要提神、漂亮、抓人。这些意思都对。

无论出之以闲笔、侃侃而谈，还是开门见山、立即拎出论题，其核心还是找到入题的门径。即使是卷帙浩繁的编年史尚且苦于"从何说起"，一篇短文不可能也不必要面面俱到。这就要求我们选择一个视点观察，找准一个角度切入。这不言而喻。

难点是，我们必须尽可能找到观察某一现象的最佳位置，也就是说，在很少有人涉足的地方观察，在利于看全貌、观纵深的地方瞭望。

也许可以这样说，文章应该"起极高耸，落定有力"。首先是眼明，其次才是手辣，这是"从何说起"的关键。

入题可快可慢，但找不到新颖的角度，文章很难做好。此之谓，见宝山不得其门而入。

所谓"就何而言"，乃是要有清晰的边界意识。讨论任何问题都是有条件的，正如真理总是相对的。不对命题范围有所界定，就不可能对问题进行准确定位，也必然沦为毫无意义的抬杠。明确定义，有时就像统一比赛规则，不如此就没法进行真正科学意义上的研究。

言论创作中经常会出现跑题的毛病，通常是，把两个或者更多个不同性质的问题绞在一块儿说，往往是不说倒清楚，越说越糊涂。

其二，"先说什么，后说什么"。先后概念是逻辑思维的基本特征之一。先穿袜子后穿鞋子，而不能相反。

叙事要讲先后安排，才能把复杂情节及其前因后果清晰地展现出来。评论更有讲究"先说什么，后说什么"。它是对现象进行分析，道出事情的性质，找出事情发生、发展的原因，指出解决问题的途径。这就需要有步骤。正像我们去看病，主诉、检查、化验、确诊、开药、打针……这套程序是逻辑思维的展开。

同理，一篇眉目清晰的论文也必须有层有次。比如，我们开出一系列反腐药方时，要首先说清楚发生了什么问题，是什么性质的问题，不解决这些问题所带来的危害。当然，一篇短文的论述程序不可能也不必要完全套用看病、吃药、打针之类的程序。在很多情况下，分析问题的过程也就是解决问题的过程。这里的要义是，先后的层次不清，这样的文章看上去就像是让人先吃药后诊病；或者本来应该结束，却又拎出一个开头。

其三，"主要说什么，主要删什么"。有"主要"，似乎也应该有"次要"。实际上，在一篇短文里，次要部分几乎可以悉数删除，所以与其说"次要说什么"，倒不如直接表述为"主要删什么"。

先说"主要说什么"。有的文章似乎是该说的话都说了，但读者仍觉得没说透、没说清。什么原因？

一是散，就像是排炮轰击，打的是一片而不是一点，精度不够。就像一块糖放到一池水里，淡而无味，浓度不够。在一堆不咸不淡的文字里，即使有好的立意、好的句子也会湮没无闻。记住，一篇短文最好只讲一个问题，波浪可以无穷，光彩必须有主。

二是乱，评论就其本质来说是对评论对象展开分析，故而要有明确的分类意识。哪些是同一性质的问题？同一类问题中哪些是主要的哪些是次要的？这些要细加梳理。不能把袜子装在文件柜里，而把书籍和酱油瓶子摆在一块。这种例子听起来可笑，但类似的情况确实在一些稿子里不同程度地存在。

次说"主要删什么"。这是对上述毛病的处置。写完文章后，从头到尾看一遍，常常发现，没必要说的话说得太多，而该展开说的却没有展开。这就需要做手术。凡与主题无涉或所涉不多的，痛删之。删除废话未必能够提高论述水平，但至少可以使主题更明快一些。

一篇文章中不可能每句话都那么鲜活、明亮，但有时一篇文章就需要那么一两句启人心智的话。择其精者，要言必详；至约之中，至博存焉。

例文

让我们比嫦娥飞得更远

杨　健

当越来越多的孩子将"实惠"当作职业方向，越来越多的纳税人认为太空探索是用钱打水漂，当投入产出比的概念开始在科学的花园里生根，科学会不会在中国"未富先老"？

冬夜，月光如水。但看月亮的人，肯定没有看微信的人多。

恐怕不能说，是对现代科技的兴趣，盖过了仰望星空的人文情怀。因为此刻，农历癸巳年十一月望日将近，嫦娥三号正带着玉兔飞临月宫；中国航天这一里程碑式的跨越，在工程科学上的意义，绝不比移动通信3G向4G的升级逊色。

"月球离我们太远，而微信离我们很近。"也许网友的这句跟帖，才是真正原因所在。

科普是需要近的。抽象的科学，常常以贴近生活的意象入手，激发我们对遥远意义的热情。科学的动力，正在这由近及远的追溯之中。

当一生穷困的开普勒追随老师进行天文观测时，行星三定律与他的距离，比皇家天文学家的荣光更远。当年轻的牛顿坐在树下冥思苦想，他琢磨的也不是如何摘到头顶那又红又大的苹果。铁匠的儿子法拉第边卖报边研究电学，为当上戴维的实验助手又不想因低微的出身损及老师的贵族身份，他对外称是戴维的仆人。玻尔兹曼走得更远，由于无法接受自己的发现——分子运动的混乱程度永远有增无减,即所谓"熵增",他最后选择自杀来结束难以忍受的痛苦。

正是这些远行者,以朝圣般的热情一往无前,开创了科学的大时代,筑建起现代科学金碧辉煌的殿堂,把"千里江陵一日还""巡天遥看一千河"的梦境带进后人的现实。

中国人对科学技术不能说没有热情。从洋务运动到"科学的春天",从"师夷长技以制夷"到"学好数理化,走遍天下都不怕",我们对科学的崇敬堪称无以复加。及至今日,"科学技术是第一生产力"的理念早已深入人心。中国培养的理工科学生和工程师,多年来始终高居全球之首。

然而细想起来,不少人对科学的感情,似乎都带着那么些"奥数竞赛"的色彩。科学是就业的阶梯,科学是金牌的赛场,科学是孕育丰收的化肥,科学是组装时尚生活的流水线……这理解错了吗?不能说全错。但这样的描述里,总感到缺了点什么。

我们也曾有过全民钻研"哥德巴赫猜想"的激情似火,有过"科学有险阻,苦战能过关"的雄心万丈。只是渐渐地,投入产出比的概念开始在科学的花园里生根,我们学会用分数、用金钱、用诺贝尔奖、用论文发表数、用可能永远都没人用的专利申请数,来衡量自己的成功。以这样的标准评价技术产业,无可厚非;但如果用它来标定科学精神和信仰,则和见庙就拜、见菩萨就求的迷信没什么不同,连宗教的水平都达不到。

这样的评价,也许是苛求。事实上,在世界范围,人们对科学的热度都在下降。越来越多的孩子选择律师、投资银行家等更"实惠"的行业作为职业方向。越来越多的纳税人认为探索太空是用钱打水漂。在法国、英国、希腊,我们曾拜访过好多家科技期刊,他们都表示受众不断减少、举步维艰度日如年……但不要忘记,这是在欧洲,经历了文艺复兴以来几个世纪科学辉煌、至今仍然领先世界的近代科学摇篮。正是在这几个世纪里，我们由"科学万元户"一步步跌落到囊中羞涩，靠祖先留下的遗产支撑门面。富人们愿意安享晚年，那是他们的资格，而我们，难道也要赶这个时髦，享受一下"未富先老"的感觉？

当几千万孩子为太空课堂的授课兴奋得跳脚，当高三学生为了研发新型浏览器不惜放弃高考，当成千上万的年轻人甘愿默默无闻为嫦娥飞天、蛟龙入海开路搭桥，我们在感动之余，有更多欣慰。中国并不缺少热爱科学的种子，我们要做的，是改革我们的教育、完善我们的科技体制，呵护这可贵的兴趣和冲动，而不是引导他们从小就羡慕无知无畏的土豪、敢用科研经费吃吃喝喝，或者变成"教授诚可贵，处长价更高"的官迷。

科学的大门，从来不会向短视的人敞开。对于一个还在奋力追赶的民族，在创新的天空中，我们应该比嫦娥飞得更远。

——摘自《人民日报》2013年12月13日

作者按语

作者是人民日报评论部原主任，也是我多年的同事。杨健毕业于清华大学，学的是理工科，但写得一手好文章。从这篇文章里可以看到他理工科思维缜密的功底，其特点是常常在表述方面有出人意料之处。

这个话题并不艰深，很容易流于一般化论述。作者通过富有个性的表达，使整个文章显得生动丰满。

文章是对当下教育的某些偏失提出批评，通常的写法往往是从抽象概念入手，从概念到概念，从理论到理论。此文的特点，在于选择了一系列非常贴近生活的表达,如"'实惠'当作职业方向","用钱打水漂","科学会不会在中国'未富先老'"等。这里,没有我们所说的学究冬烘之气,没有板起面孔训人的口吻。同时,又将要论述的主旨阐述得很清楚。

文章重视用事实说话,如开普勒天文观测与行星三定律、牛顿冥想与万有引力、玻尔兹曼与分子运动……这些富有知识性的论据有力地支撑了这样一个观点,即教育工作应该为年轻人打开想象的翅膀,鼓励科学探索,崇尚科学精神,而不能把学习变成搵食的手段,把教育变成追逐名利的工具。

还应该注意到,这篇文章打破了评论陈旧枯燥的叙述方式,使说理文变成一种有趣味、有情感,类似散文的文学型评论。题目含蓄而有张力,用词儒雅而富有知性,表述飞动而不失法度,这正是我们经常所说的,是人在驾驭文字,而不是被一堆冰冷的概念和刻板的叙述所绑架。

第七节　节奏：在诵读中体会文字波澜

画面、声音、文字——举凡进入艺术层面的作品，都有近似的特点，就是要有波澜起伏。同一首歌由不同的人唱，因节奏的快与慢、重与轻不同，味道大不同。

对比度是一种力道，同样的音符可以有不同的韵味；好的评论作品所产生的冲击力，除了立意高远和论述精辟之外，还要有一种波澜起伏的节奏。

波澜是一种比喻。评论不是声音、图像，何以能波澜起伏，似乎难以言诠。但仔细体会，它的魔力可以被清晰地感觉到。

托尔斯泰的《战争与和平》，结构宏大，线索复杂，人物众多。他的叙述通常像翻滚大潮：先是由远端奔腾而来，却又戛然而止；接着，又一巨潮发自远端，呼啸而来……一浪接一浪，一潮跟一潮。故事中的人物都栩栩如生，活蹦乱跳，有声音，有光泽，听得到，看得见。

评论当然不是写小说，但创作的法门却并无不同。有的评论难以卒读，硬着头皮看也不断走神，千把字的文章读起来就像是万里长征。而有的文章很长，但不觉其长；电闪雷鸣，酣畅淋漓，写得潇洒，读得愉快。

这里说的波澜起伏，或可概括为三层意思。

其一，叫精力弥满，万象在前。心不动情不动，文章像是一个商品说明书，淡如白水，了无情趣。情动于中，然后发而为文，才能活起来：这是一种聚集了很大能量而在瞬间释放的感觉，由内向外"扑"。

陆机在《文赋》中说，两汉文章，"颂优游以彬蔚，论精微而朗畅。

奏平彻以闲雅，说炜晔而谲诳"。（见陆机《文赋》）"谲诳"两字道出了论说文的精、气、神。

苏轼深得议论文的真谛，《留侯论》开篇就是凌空一笔："……匹夫见辱，拔剑而起，挺身而斗，此不足为勇也。天下有大勇者，卒然临之而不惊，无故加之而不怒，此其所挟持者甚大，而其志甚远也。"（见苏轼《留侯论》）把张良为圯上老人纳履的故事论得有声有色，万千气象展现眼前。或许是苏轼正值盛年，或许他的处境极为艰难，总之他是运足了一口气，落笔处仿佛"砰"的一声响，读之顿觉山河色变。

评论不可滥情，不可煽乎。析理要精，行文要稳，求证要实，表达要准，这没有疑问。但不论写什么还是怎么写，起码自己要有感悟，有感动，不要堆字。堆字，是字写人而不是人写字。"堆"得很累，读得更累。

其二，叫笔锋一转，烽烟四起。好的讲演家非常注意观察听众的情绪，只要有听众打哈欠，伸懒腰，再旺的谈兴也要立即打住，马上翻篇。听众对一个话题的关注，是有时间限制的。不要让人感到厌烦才打住。

用书面语来说，就是段落、层次之间的笔锋一转。问题点到了，读者明白了，立止。就像是一个人刚有睡意，又来了一通锣鼓，撩起再看一眼的兴致。笔锋一转，回到原来的起点上不行，所以要燃起烽烟。烽烟一说，像是打仗，意思是说，必须找到新的论辩对象，或找到分析评说工作面。

毛泽东的政论不仅有一种势不可犯的气魄，而且笔锋转折处常常挟风带雨，一波未平一波又起。西汉贾谊写的《过秦论》是一篇公认的论理精深且波澜起伏的雄文——或展开，或收拢，或转折；或历史，或现实，或后世，层层叠叠，出人意表。一段秦朝兴亡，论得千姿百态。

其三，叫长短快慢，变化不定。句子是文章的基本元素，风格多半靠句子体现。南宋沈约创"四声八病"之说，云："若前有浮声，则后须切响。一简之内，音韵尽殊；两句之中，轻重悉异，妙达此旨，始可言文。"（见沈约《宋书·谢灵运传论》）这里讲的"浮声""切响""轻""重"，大约就是平声仄声。文有音韵声律，无非是说造句忌平。几百字千把字的文章光是一个节奏、一种句式，读起来很闷。郭兰英唱的《我的祖国》，前半截是独唱，很舒缓；后半截变合唱，很雄壮。两种不同的曲式在一部作品里交响，反差强烈。

文章行文也应有变化，长句和短句参差不齐，娓娓道来与滔滔雄辩交相辉映。1970年人民日报元旦社论观点不足为训，但确有些好句子。如写苏联一段，云："特务密探横行无忌，反动法令层出不穷。革命有罪，冤狱遍于国中，反革命有赏，叛徒弹冠相庆……"（见1970年《人民日报》元旦社论）几十年过去了，这些句子还能背下来，可见印象之深。

评论以立意为主帅，辞采、节奏等当以兵卫视之。从这个意义上说，上面所说乃是创作技术和形式问题。当然，兵强士壮，可以更好地为阐发主题服务，同样不可小觑。

概括起来，不外乎是三句话：第一，思想和情感运于中，扑于"外"；第二，行文不可枯滞，发于当发止于当止，不断开辟新境；第三，文气、句式务求多变，不要总是一种口气、一样句子、一个调式。

例文

安　详

王　蒙

我很喜欢、很向往的一种状态，叫作安详。

活着是件麻烦的事情，焦灼、急躁、愤愤不平的时候多，而安宁、平静、沉着有定的时候少。

常常抱怨旁人不理解自己的人糊涂了。人人都渴望理解，这正说明理解并不容易，被理解就更难。用无止无休的抱怨、辩论、大喊大叫去求得理解，更是只会把人吓跑。

不理解本身应该是可以理解的。理解"不理解"，这是理解的初步，也是寻求理解的前提。你连别人为什么不理解你都理解不了，又怎么能理解别人？一个不理解别人的人，又怎么要求旁人的理解呢？

不要过分地依赖语言。不要总是企图在语言上占上风。语言解不开的，事实可以解开。语言解开了而事实没有解开的话，语言就会失去价值，甚至只能添乱。动辄想到让事实说话的人比起动不动就想说倒一大片的人更安详。

不要以为有了这个就会有那个。不要以为有了名声就有了信誉。不要以为有了成就就有了幸福。不要以为有了权力就有了威望。不要以为这件事做好了下一件事也一定做得好。

有人崇拜名牌，有人更喜欢挑剔名牌。有人承认成就，更有人因为旁人的成就而虎视眈眈。有人渴望权力，也有无数双眼睛盯着你对权力的运用。一个成功可以带来一连串成功，也可以因为你的狂妄恣肆而大败特败。没有这一面的道理，只有那一面的道理，就没有戏看了。

安详属于强者，骄躁流露幼稚。安详属于智者，气急败坏显得可笑。安详属于有信心者，大吵大闹暴露了他其实没有多少底气。

安详也有被破坏的时候，喜怒哀乐都是人之常情。问题是，喜完了怒完了哀完了乐完了能不能及时回到安详的状态上来，如果动不动就闹腾，动不动就要拽住每一个人，论述自己的正确，如果要求自己的配偶自己的孩子自己的下属无休止地夸赞是多么多么的好，如果看到花没有按自己的意愿开、果没有按自己要求的尺寸长就伤心顿足，您应该寻求心理医生的帮助。

安详方能静观。观察方能判断。明断方能行动。有条有理，不慌不乱，如烹小鲜，庶几可以谈学问矣。

童年常听到一句俗话，形容一个人气急败坏为"急得抓蝎子"。如果您对，急什么？如果您差劲，越急越没有用。动不动就摆出一副抓蝎子的样子，以为这种样子可以动人唬人，实属可叹可恶。《红楼梦》里的赵姨娘就是个动辄"抓蝎子"的人，我要以她为戒。一个人的能力有大小，至少不必自己活得那么痛苦，也给旁人带来那么多不快。

作者按语

整理这段文字时，苦于找不到好的例文，不由得想起很多年前电台曾播出的一段配乐朗诵。至今还记得，短文的题目是《安详》。网上一搜，居然还可以找到，可见很多人都喜欢著名作家王蒙的这篇文艺性政论。

这篇文章有900多字，从评论角度看，已经不算短，但阅读上却有"一气呵成"之感。不用换气，一分钟读完。何以如此？除了立意新颖外，奥妙是节奏明快，波澜起伏。

大量使用排比句，是王蒙议论文的一大特色，也是"王蒙式聪慧"的生动表现。排句，读来舒服写来艰难，特别是连续使用比喻生发联想，需要"才气"支撑。

此文以短句为主。短句的好处是易读，不用大喘气，一望就知，一听就懂。这是一种轻松愉快的阅读感受。当然，也不是说，凡短句就一定好，还是要具体分析。有些政治文件或者外交文书，必须死抠定义，推敲概念，绕来绕去，不如此就会跑风漏气。

古今中外对文章都有一个基本要求，是好文必能诵读。不必说汉赋、唐诗、宋词、元曲、清文，即使今天的新闻评论、网络文章，也依然把易于诵读作为审美的重要标准。从这个意义上说，应该养成一个好习惯，文章写好后，自己一定要朗诵几遍，体会什么叫如泣如诉，什么叫慷慨陈词，什么叫娓娓道来……

相信这样做，既可以减少文字的错误，还可以顺着一口气，添加或删改，使文章更丰满、更生动、更可爱。

第八节　分总：分得清拆得开收得拢

评论，是运用科学思维对新闻现象加以剖析，因而写作与思考具有高度同一性：脑中所思，皆在笔下。

关于思维活动，有两个重要范畴：分析与综合。很自然，评论写作的基本要素也无一例外地"有分有总"。

分，可以理解为分类。生活经验告诉我们，分类是人的基本能力。如果对事物缺乏必要的分类能力，就很难真正进入思维层面。比如"人"，按性别分，有男有女；按年龄分，有长有幼；按国家分，有中有外；按身份范围分，有干部有工人；按劳动方式分，有脑力有体力；等等。这样分类，对于研究人这个对象具有十分重要的意义。可以说，分类活动几乎可以推及生活各个方面。没有清晰的分类，极有可能出现"关公战秦琼"之类的笑话。

不要以为这是不可能出现的笑话。在评论写作中，把不同性质的问题混为一谈是经常出现的问题。当我们动手写一篇评论时，会遇到一个接一个的概念。我们要不断地"排好辈，归好堆，分好类，站好队"，确定它们的外延和内涵。否则，探讨就会偏离方向甚至陷入诡辩泥沼。

分，还可以理解为分析。评说事理有时就像医生诊病。一个人肚子痛，仅仅道出"你有病"，那是正确的废话。肚子痛有若干原因，不仅要检查肝、脾、胃、胆、肾等，看究竟是哪个器官出了毛病；还要进一步探察是神经性的还是感染性的，抑或发生恶性病变。细分水平越高，排除因素越多，就越接近找到痛因，治疗针对性就越强。我们常要做出这样或那样的判断：什么是主要矛盾，什么是次要矛盾；什么是矛盾的主要方面，什么是矛盾的次要方面；什么是局部问题，什么是全局问题；什么是标，什么是本；等等。分析，就是要把事物的本质揭示出来。

总，可以理解为联系和综合。康德说，分析之后要综合，这是第二部分，是整个科学中的最高级的部分。没有一种现象是孤立存在的，所有现象都是在相互作用中而演变的。静止地看一粒种子和一颗果实，似乎毫不相干，而事实上它们有着直接的关系，把这种因果联系起来的链条还包括土壤、肥料、水分和阳光，等等。联系起来，整体考察，没有"总括"的本领是不行的。"总"的任务是综合，从感性认识上升到理性认识，从对现象的描述上升到对规律性的把握。当我们面对一大堆看似不相干的、有些扑朔迷离的现象时，常常很茫然。我们渴望得到一个结论。没有结论的讨论是没有意义的，正像没有结论的评论也是难以理解的。

不能把分和总割裂开来。事物往往是分中有总，总中有分。分和总只是思维路向的一种粗糙的描述。

同时不能把分和总归为低级部分和高级部分。分有分的精彩，总有总的魅力；分有分的作用，总有总的意义。

但有一点是可以肯定的，就是在评论写作中建立明确的分和总的意识，并熟练地运用分和总的方法，是非常必要的。

一般来说，一篇文章的题目就是总论，围绕总论展开的论述就是分论。不论短文或长文，也无论怎样表述，实际上所有分论都是指向总论。

有人说，我有好多话说，但落到纸上却觉得没什么好说，或者总是说不好。问题可能是，想"展"，打不开；想"总"，归不拢。

这里可以分两层意思说。

分，要分得开。假定我们论述"竞争好处多"，至少要从几个方面展开。比如，有利于奖优汰劣，有利于实现公平，有利于调动积极性，有利于人才培养。这样，大概就可以稍微展开一些论述。进一步说，这四条中的每一条还可以再分，展开得更大一些。当然，分，不是乱分，同一性质和同一量级的问题要归为一堆。爷爷、儿子、孙子、重孙，各归其位，这样才能把问题说清楚。分得开，最重要的环节就是在落笔之前就已经对问题的方方面面有明确的安排，这样就不容易打架。

总，要总得拢。搞年终总结，要拉一个清单，说今年做了些什么，这是一种总；从这份清单中得出几条经验和几条教训，这是一种总；从经验和教训中得到规律性的认识，也是总；由此推及世间万物的至理更是总。总的一个基本特征，是理性认识的渐次提升，是时间和空间运动形式更大范围的归结。当然，总，也同样不是瞎总，而是按照事物内在逻辑来总。总得拢，是说这种提升和归结，必须是对现象的准确概括。不能包容全部现象，或者表述不够准确，就是所谓"拢不住"。"拢"的要领是扎实可靠，恰如其分。从这个意义上说，"总"是思维活动的高级部分，这个说法有一定道理。这通常是对人的知识、经验、能力的全面检验和锻炼。知识少了，总不了；经验缺了，总不好；能力差了，总不成。善于总，能够总，总得好，是一个作者走向成熟的重要标志。

评论可以有各种式样，不必有统一的模式。评论写得像开中药铺那样，丸散膏丹，样样清爽，实用却未必好看。多一点趣味，多一点文采，多一点情感，有声有光，有情有理，有色有味，那才叫写文章。

评论作为一种逻辑思维活动，分和总的条理还是要贯穿其间。好文章应该是掰开了揉碎了，经过整合之后艺术地表现出来。但万变不离其宗，条理必须是清楚的。或许可以这样说，经得起推敲的评论是可以拆解的。一篇之中有分有总，一章之中有分有总，一节之中有分有总，甚至一段之内有分有总，写评论犹如解数学习题。

> 例文

习近平总书记在纪念红军长征80周年纪念大会上的讲话
（第二部分节选）

（论题）长征在我们党、国家、军队发展史上具有十分伟大的意义，对中华民族历史进程具有十分深远的影响。

（一级分论点A）长征是一次理想信念的伟大远征。

（二级分论点A1）长征的胜利，是中国共产党人理想的胜利，是中国共产党人信念的胜利。

（二级分论点A2）长征的胜利，靠的是红军将士压倒一切敌人而不被任何敌人所压倒、征服一切困难而不被任何困难所征服的英雄气概和革命精神。

（一级分论点B）长征是一次检验真理的伟大远征。

（二级分论点B1）长征的胜利，使我们党进一步认识到，只有把马克思列宁主义基本原理同中国革命具体实际结合起来，独立自主解决中国革命的重大问题，才能把革命事业引向胜利。

（二级分论点B2）长征的胜利，实现了在追求真理、坚持真理的基础上全党的空前团结、红军的空前团结。

（一级分论点C）长征是一次唤醒民众的伟大远征。

（二级分论点C1）长征的胜利，宣传了我们党的主张，播撒下革命的火种，扩大了党和红军的影响，巩固了党同人民群众的血肉联系，使党牢牢扎根在人民之中。

（一级分论点D）长征是一次开创新局的伟大远征。

（二级分论点D1）长征的胜利，不仅保存了革命力量，而且使我们党找到了中国革命力量生存发展新的落脚点，找到了中国革命事业胜利前进新的出发点。

（二级分论点D2）长征的胜利，使我们党以陕甘宁革命根据地为中心，推动一大批革命根据地如雨后春笋般建立和发展起来，革命的火种在神州大地渐成燎原之势，有力推动了新的革命高潮到来。

（总论）红军将士上演了世界军事史上威武雄壮的战争活剧，创造了气吞山河的人间奇迹。长征迸发出的激荡人心的强大力量，跨越时空，跨越民族，是人类为追求真理和光明而不懈努力的伟大史诗。长征这一人类历史上的伟大壮举，留给我们最可宝贵的精神财富，就是中国共产党人和红军将士用生命和热血铸就的伟大长征精神。伟大长征精神，作为中国共产党人红色基因和精神族谱的重要组成部分，已经深深融入中华民族的血脉和灵魂，成为社会主义核心价值观的丰富滋养，成为鼓舞和激励中国人民不断攻坚克难、从胜利走向胜利的强大精神动力。

作者按语

"文无定法"的说法没有错，但作文必须遵循思维的一般规律。有人说，西方媒体的言论好像写得很随意、很自由，不像我们的评论连分段都那么呆板。其实，这只是一种行文习惯，不意味着写作可以随随便便。不论古今中外，论说的逻辑思维都应该是清晰的。从这个意义上说，有总括，有分论；按层阐述，给出结论——这是评论最一般的特征，是必须掌握的基本方法。

上面这篇例文，是习近平总书记在纪念红军长征80周年纪念大会上的讲话。这里是第二部分按自然段还原的提纲。透过这个提纲，可以清楚地看到一篇大型政论结构设计的思路，其中分层分级以及由此而形成的段落划分，是非常严谨的。可以说，越是重要文献，越要交代清楚。

一般来说，较大规模的评论比如社论，还是要事先有周密的思考和设计。无论展开的次序，还是归纳的方向，都要心中有数，不可能想到哪里就写到哪里。当然，几百字的短评或者千把字的时评，是不是也要设计那么复杂的提纲，是不是也要用格式整齐划一的领句，那倒不必强求。总之，只要讲得有条理、合逻辑，各种事件的评论完全可以有自己的特色和风格。

第九节　材料：不是摆件而是待装配零件

材料之于写文章的重要性不言而喻，其同指挥兵马作战或资源调度配置有相似之处。没有兵马，无以言指挥；资源匮乏，肯定捉襟见肘。但有兵马、有资源，能不能调度好、配置好，这又是一码事。

材料处理讲究效率。有的人调度乏力，往往十不抵一；有的人知识、信息同样多，但善于调度，能够以一当十。换言之，在同等条件下，有人可以使一分知识释放出十分能量，有人坐拥书城、博闻强记，却很难转化成文化生产力。这也是才能的一大差异。

之所以强调调度，是因为查阅和使用材料，总是围绕着具体的研究和写作课题展开。对于有心的研究者、创作者来说，材料不应该是躺在图书馆里的玩物，而是摆在车间里随时等候装配的零件。这未必是唯一值得推荐的学习方法，但对评论撰写者来说，确是学用结合、以用为主的有效办法。

有人说，怎么可以在很短的时间内，把古今中外的各种材料汇聚到笔下。如果每天转换一个写作题目（这在评论创作中是常见的），需要多么大的知识量。就算有很大的知识信息量，又怎能一网下去就捞着那些急用的材料。这的确是难题。

这里面既有笨功夫，也有巧办法。

所谓"笨功夫"，就是平时大量储备增加知识、信息存量。七分读三分写或六分读四分写，都行。评论作者必须进行读书读报的基本建设。这没的说。

所谓"巧办法",就是要把汲取知识同写作劳动结合起来。这样,我们的眼前就没有闲书,即使听相声段子或看电视剧也不是一种纯粹的文化消费。这样,我们的大脑就处于全天候接收状态,处于随时对知识和信息加工处理状态。这样,当我们接受写作指令时就可以像一艘快艇,随时驶向思想的海洋。当然,即使如此,也很难做到对材料"如数家珍",但至少,我们知道从哪里抄近路迅速地找到它们。

加工处理是更为重要的环节。当我们找到那些材料时,它们只是一堆静止的和互不联系的零件。我们必须根据自己的施工蓝图把它们结构起来,为文章主题服务。写新闻评论与写学术论文的最大不同,就是评论对材料的处理不需要进行考证学意义上的梳理,而后者则需要进行这方面的工作。千把字的评论只需要翔实可靠的、能够证明观点的材料,就足够了。这很像是厨子做饭,选那些最新鲜的肉,一刀割下就是。

加工处理还有另一层意思。没有一个文化的零件是可以拿来就恰到好处组装的。也可以硬装,但那通常会影响整篇文章的和谐。就像是一只"义眼",虽也是眼睛,但终究不会传神。还可以多取胜,明知臃肿,但觉得没准儿哪一个碰巧合适,也不错。这办法费力不讨好。所谓加工处理,就是要对材料进行再创造。除非特别必要,一般对古典今事不宜原文照搬,而是要概括提炼,使之变成自己的东西。

材料贵在活用。去冗存简谓之活,去粗取精谓之活,推陈出新谓之活,搬来挪去谓之活,联想生发谓之活……当然,那种不负责任地滥用材料、曲解材料的做法也是不值得提倡的。

虽然我们查阅和使用材料是围绕写作课题进行的,但实际上它又是个知识增值乃至裂变的过程。这仿佛是我们去拾麦穗,不经意间又发现了一棵灵芝。于是,为这篇文章而查阅材料,竟又成了另一个研究课题或文章的起点。这不仅完全可能,且常常就是如此——论据引出了观点,观点又激活了论据，材料就是这样一生二、二生四、四生八地扩展开去。材料变成了一池活水，变成了一株大树，每一个枝丫都有延伸的可能，正像每一个材料都可以在更多的地方派上用场。

例文

七 发

枚 乘

楚太子有疾，而吴客往问之曰："伏闻太子玉体不安，亦少间乎？"太子曰："惫！谨谢客。"客因称曰："今时天下安宁，四宇和平，太子方富于年。意者久耽安乐，日夜无极，邪气袭逆，中若节转。纷屯澹淡，嘘唏烦酲，惕惕怵怵，卧不得瞑。虚中重听，恶闻人声，精神越渫，百病咸生。聪明眩曜，悦怒不平。久执不废，大命乃倾。太子岂有是乎？"太子曰："谨谢客。赖君之力，时时有之，然未至于是也。"客曰："今夫贵人之子，必宫居而闺处，内有保母，外有傅父，欲交无所。饮食则温淳甘脆，脭醲肥厚；衣裳则杂遝曼煖，燂烁热暑。虽有金石之坚，犹将销铄而挺解也，况其在筋骨之间乎哉？故曰：纵耳目之欲，恣支体之安者，伤血脉之和。且夫出舆入辇，命曰蹶痿之机；洞房清宫，命曰寒热之媒；皓齿蛾眉，命曰伐性之斧；甘脆肥脓，命曰腐肠之药。今太子肤色靡曼，四支委随，筋骨挺解，血脉淫濯，手足堕窳；越女侍前，齐姬奉后；往来游宴，纵恣于曲房隐间之中。此甘餐毒药，戏猛兽之爪牙也。所从来者至深远，淹滞永久而不废，虽令扁鹊治内，巫咸治外，尚何及哉！今如太子之病者，独宜世之君子，博见强识，承间语事，变度易意，常无离侧，以为羽翼。淹沉之乐，浩唐之心，遁佚之志，其奚由至哉！"

太子曰:"诺。病已,请事此言。"

客曰:"今太子之病,可无药石针刺灸疗而已,可以要言妙道说而去之,不欲闻之乎?"

太子曰:"仆愿闻之。"

……

作者按语

我在很年轻的时候,偶然的机会看到了此文。惊叹,天下能有如此妙文!可以说,正是通过对中国古典文学典籍的阅读,使我对议论文的魅力有了更直接的体悟,也是我选择新闻评论作为专业志向的一个导引。

这里节选了《七发》第一部分,不是为了赏析文本,而是期望通过介绍这篇不朽佳作,使爱好者更多地了解评论写作中材料的重要性,以及调动和使用材料的特殊才能。

故事非常简单——假设楚太子有病,吴客前去探望,通过互答,解除楚太子由心里之病而导致的躯体痛苦。《七发》从七个方面解答楚太子疑惑之问。这种解答不是刻板的说教、空洞的议论,而是运用大量形象具体可感的材料构成论述主体。

为了阅读方便,这里把七个方面的首句加以呈现,供大家观摩学习。

——客曰:龙门之桐,高百尺而无枝。中郁结之轮菌,根扶疏以分离。

——客曰:犓牛之腴,菜以笋蒲。肥狗之和,冒以山肤。

——客曰:钟、岱之牡,齿至之车;前似飞鸟,后类距虚,穱麦服处,躁中烦外。

——客曰:既登景夷之台,南望荆山,北望汝海,左江右湖,其乐无有。

——客曰：将为太子驯骐骥之马，驾飞軨之舆，乘牡骏之乘。

——客曰：未既。于是榛林深泽，烟云闇莫，兕虎并作。

——客曰：将以八月之望，与诸侯远方交游兄弟，并往观涛乎广陵之曲江。至则未见涛之形也，徒观水力之所到，则恤然足以骇矣。

——客曰：将为太子奏方术之士有资略者，若庄周、魏牟、杨朱、墨翟、便蜎、詹何之伦，使之论天下之精微，理万物之是非；孔、老览观，孟子持筹而算之，万不失一。

在这里大家看到的极为密集的知识点："龙门之桐""犓牛之腴""钟、岱之牡""景夷之台""骐骥之马""庄周、魏牟、杨朱、墨翟、便蜎、詹何之伦""孔、老览观"……《七发》的整个论述几乎是用知识和故事串联起来，用以提醒太子要与有识之士论天下之精微，理万物之是非，不断丰富知识，提高修养和境界，这样才能治好楚太子的无病之病。

有人说："七发者，启发也。"意谓，新闻评论写作应通过使用材料在"发"字上做文章，使论述更具发散性、拓展性、放射性，达到以一当十、举一反三的效果。

《七发》标志着汉代散体大赋的正式形成，也成为历代文人竞相效仿的一种论文范式，如傅毅《七激》、张衡《七辩》、王粲《七释》、曹植《七启》、陆机《七徵》、张协《七命》等。以至，使"七"成为一种专体。

更重要的是，《七发》这一文体以其丰赡的文采、渊博的知识、飞动的笔触，为后世的"中式"议论文写作提供了范本。

第十节　用典：使文章醇厚鲜美的味精

报纸评论不属于文学范畴，也没有必要刻意当作文学作品来经营。即使杂文，被认为是文学性的政论，政论仍是其主体。因此，以观点为主帅，以辞采兵卫之，这个主次关系是对的。但这不是说，报纸评论就一定要排斥文学要素。无论阐述政策、评议时事还是针砭时弊，都应该讲究文章的知识性、可读性。这便引出许多话题，其中之一是用典。

旁征博引是好文章的一个因素。毛泽东、陈独秀、李大钊等马克思主义宣传家们的时评作品，也很有文史含量，他们的不少作品都堪称这方面的杰作。

报纸评论要不要用典，就像我们烧菜要不要加酱油一样，不能简单而论。说到底，评论还是要通过析事明白其中道理，这是评论的本分。所以可以直接阐明观点，就不必绕弯子，请出"子曰""诗云"。倘若需要，像毛主席那样请出智叟和愚公那段故事，使观点得到有力支持，也堪称匠心独运。

论今必说古，把"三坟五典"、秦砖汉瓦塞进文章，有时是画蛇添足；而文章写得像清汤挂面，少盐寡味，亦未必值得称道。才、学、识这三个因素在言论创作中恐怕是必不可少的。

用典特别是用古代典故，至少有两个好处。其一，报纸毕竟是读物，言论毕竟是文章，有的奇思妙典放在文章里，就好像添了些许味精、胡椒，顿觉味道鲜美。就算它是一个小小的道具，摆放得体，有些变化，也能增添些许阅读情趣。其二，典是文化历史的组成部分，无论写什么文章，都应该尽可能多地熟悉文化、熟悉历史。评论写作这种职业，文学和历史方面的建设不可缺少。博大与精深，两个概念通常连用，是有道理的，没有博大很难精深。正如观察现实生活没有历史背景衬托，就很难获得纵深视野，很难深刻认识现实。

我们通常用信手拈来形容使用材料的从容。信手就是调度材料的功力。言论创作也不例外。

当然，用典不宜滥，看到有些文章东摘西引，甚是丰满，于是也不考虑需要不需要，凡写言论特别是杂文就一定要塞进一些典故，这种多余的包装只能使文章显得更加臃肿。即使用得比较贴切，也不宜太多，多了反而让人感到太腻。倘需要用典，点到为止，能够用一事一典，就不必啰唆；必须多事多典，最好用较为概括的语言带过。

用典不可太生硬。有些人为用典而用典，所以通常用"成语典故"之类的词典应付之，或东抄西抄格言警句，结果常常是胶柱鼓瑟，显得很隔膜。与其这样，还不如不用。用典有时当然要依靠工具书，但是归根到底它应该是平时积累，有感而发，文到事到，自然天成，这样才能使材料观点融为一体。

融才能通。所谓通，就是今事和古典被自然而然地对接在一起。这中间当然要有一些详略的考虑和过渡的思谋，但是总的来说，是作者知道什么时候和怎么样使用处理材料。驾驭材料，为我所用，而不是被材料所役使，是其中的要义。

在对材料进行充分消化后恰当用典，使之融化在自己的文思里，读之没有学究气，却又不失浓烈文化韵味——这应该是用典的佳境。

例文

少年中国说（节选）

梁启超

"……伤哉，老大也！浔阳江头琵琶妇，当明月绕船，枫叶瑟瑟，衾寒于铁，似梦非梦之时，追想洛阳尘中春花秋月之佳趣。西宫南内，白发宫娥，一灯如穗，三五对坐，谈开元、天宝间遗事，谱《霓裳羽衣曲》。青门种瓜人，左对孺人，顾弄孺子，忆侯门似海珠履杂遝之盛事。拿破仑之流于厄蔑，阿剌飞之幽于锡兰，与三两监守吏，或过访之好事者，道当年短刀匹马驰骋中原，席卷欧洲，血战海楼，一声叱咤，万国震恐之丰功伟烈，初而拍案，继而抚髀，终而揽镜。呜呼，面皱齿尽，白发盈把，颓然老矣！若是者，舍幽郁之外无心事，舍悲惨之外无天地，舍颓唐之外无日月，舍叹息之外无音声，舍待死之外无事业。美人豪杰且然，而况寻常碌碌者耶？生平亲友，皆在墟墓；起居饮食，待命于人。今日且过，遑知他日？今年且过，遑恤明年？普天下灰心短气之事，未有甚于老大者。于此人也，而欲望以擎云之手段，回天之事功，挟山超海之意气，能乎不能？

作者按语

多年以来，文科教学中都要讲到的范文就是《报任安书》，特别是其中的这样一段：

"盖文王拘而演《周易》；仲尼厄而作《春秋》；屈原放逐，乃赋《离骚》；左丘失明，厥有《国语》；孙子膑脚，《兵法》修列；不韦迁蜀，世传《吕览》；韩非囚秦，《说难》《孤愤》；《诗》三百篇，大抵圣贤发愤之所为作也……"

今天讲评论，仍然绕不过这一段例文。立意、结构、用典等，都很难找到这么好的范文。

三十多年前，曾经读到王力先生的《龙虫并雕斋琐语》，对先生用典的渊博钦佩不已，感到"掉书袋"居然也有妙不可言的魅力。与王力先生并称的还有梁实秋、钱锺书，被誉为20世纪40年代"战时学者散文三大家"。他们的作品借助当时的杂志和报纸传播，有些时评的意味，但又不是时评；说是文史小品，又联系当时实际；看似风月文章，却不失直率真诚。也许正因为并不是应景应时之作，他们的著作直到今天依然是畅销书。

这里要讲的意思是，中国论说文的"道统"，是必须有文史的支撑；近现代报纸出现时评这个文体，也依然继承着这个传统。"文人议政"时代，尤其强调文史养料，也推崇"用典"。上面例文是梁启超《少年中国说》中的一段。文字不长，粗略算了一下，用典十二处。正是丰富的文史和丰满的造句，支持了少年中国的观点，读之不禁热血沸腾。

若干年前，新闻界有人曾提出通讯"散文化"、评论"杂文化"主张，用意可能是增加新闻报道与评论可读性、感染力。所以，在一段时间里，记者朝着作家方向努力，而好评论家多半也是杂文、随笔的写手。

这种情况到了21世纪之后悄悄发生变化。一方面，传统媒体和新媒体同时爆炸式增长，造纸技术、印刷技术、传输技术空前发达，以致必须用大量文字填充页面、版面、时段，所以写稿、发稿不再被认为是什么"盛事"，人们不耐烦也不可能用更多的时间去推敲修改文章。另一方面，人们的阅读习惯偏向于"即时化"，有话直说、有话快说，不喜欢"绕梁三日"，咿咿呀呀。因此直白、直率的时评渐渐成为媒体的新宠。

我个人的看法也发生很大变化——几十年前认为，缺少文史典故的评论，不够档次；缺乏文史方面积累的作者，难成专家。现在看，这有片面性。

正确的态度是，应该正视时代的变化，研究读者的阅读体验；同时，又不能简单跟风趋时，丢掉论说文"道统"和精髓。从用典的角度说，应该把新闻评论类时评与文学类杂文、随笔区别开来。新闻版发的评论应该是时评，就新闻事件发表意见，明白晓畅、直截了当；在报纸、网络类似副刊的地方发杂文、随笔，引经据典，含蓄优雅，文采斐然。这方面《人民日报》的做法可以借鉴，言论栏目很多，但各有特性：评论版"人民时评"侧重新闻性，理论版"理论纵横"侧重思想性，文艺版"大地随笔"侧重文学性。时评类评论，主要侧重立场、观点的阐述，不必刻意强调文学性；杂文、随笔侧重文史知识含量和文字表述风格，追求赏心悦目的美文阅读效果，不必刻意强调论说文的新闻性。

第十一节　修改：精品是打磨出来的

讨论和修改是言论创作的两个重要环节，各有其功用。放到一块说，是因为这两个环节往往很难截然分开。有时讨论过程就是修正思路的过程，有时文字修改也需要讨论。

这，可以引出一段佳话。

新闻工作者大概都知道李普曼和雷斯顿这两位美国报界的大牌主笔。李普曼被公认为是新闻评论大师，写作本领高强，被邀为《纽约论坛报》主笔，60年写了数千篇评论，著作等身。雷斯顿是与李普曼齐名的俊秀，在《纽约时报》主笔社论数十年，被称为是代无二人的评论天才。

或许有人想，像李普曼和雷斯顿这样的超级"大腕"一定是"下笔千言，倚马可待"，而且大约没有人敢修改他们的稿子；其实不是那么回事。

在《李普曼传》中，我们看到他们多半也是"集体创作"。两位评论家旗下各有一个创作班子。美国人管这些班子成员叫助理。当然这些助理绝不是等闲之辈，但论资望、年龄都应该说是小字辈的。这些助理主要干两件事。一是收集并提供有关资料，发表对某一问题的看法供主笔参考。二是修改主笔稿件，检查其观点是否偏颇，资料是否准确，并提出是否刊用的意见。李普曼有个习惯，经常把稿件念给自己的助手听，征询他们的意见；如果助手们不表欣赏，他经常弃而不用。雷斯顿说："对所写的东西没有经人读过而发表出来，是一件危险的事。"

言论创作需要反复讨论和修改，这在中外报界断无例外。一个人学识再渊博，也不可能对所有论题都那么内行；再有本领，也不可能对所有问题的认识都那么全面。"仁者见仁，智者见智"，说明认识既是多样的，也是有局限的。评论是一种文体，评论作者应是文体专家，这没有疑问；但评论的本质是提供新的知识与新颖观点。正如，我之所以敢写《论评论》，是因为自己多少知道一点这方面的情况；而不大敢写《论足球》，是因为对此知之甚少。评论作者不是对什么都可以大发议论的。

当然，这绝不是无所作为。一个好的评论作者应该也可以驾驭各种题目，文化、经济、科技、军事等问题都可以收入视野，用评论家的眼光加以剖析。前提是必须勤于学习，虚心讨教，对论题有比较深入的研究。讨论正是这样一个相互学习的过程，是创作的必要准备。有的人拿到题目闷头便写，既不向专家讨教，也不和同行切磋，这很难写出好稿。我认为，即使是自己比较熟悉的题目，在写作之前和别人讨论一番也会有很大帮助。

如果可能，成稿之后再征求专家和同行的意见就更好。讨论可以是开小会，也可以与领导和同事念叨念叨，无论采取何种方式，交流总是有好处的。这不存在向别人请教就矮一截的问题，年龄、职务、资历不应该成为讨论的障碍。在某一特定问题上，资历深、年龄大的人有时未必见识高。当然，年轻人更有个虚心学习的问题。向别人讨教不丢人。择善而从，观点才能臻于完善。

修改有时比写作更重要。"一笔准"，落笔字字珠玑，谁也吹不起这个牛。鲁迅手稿看上去文不加点，但不少手稿是改抄后的文本；托尔斯泰也常常把整段整章的文字撕掉，一遍遍重新写过。这样的例子不胜枚举。一个作者不断地修改自己的文章是个好习惯，说明他有求深求准求新求美的追求。修改的过程是升华思想、修炼内功的过程。改得越苦，功力越有长进。思路欠通要改，表达不准要改，文字啰唆要改，句子太长要改。改而后读，读之不上口还要改。越改越好，那是一定的。

有句话说"医不自治"，再高明的医生得了病也要找别的医生看。从某种意义上说，别人的修改比自己的修改更重要。像《人民日报》"今日谈"这样三五百字的短论，有时要改掉一半，这不稀奇。当然如果时间允许，给作者提意见，请他自己改更好。如何既保持作者原意，又符合发表要求，把握好修改的度同样重要。

文坛上有"改我一字，男盗女娼"的说法。这种态度未必明智。还有一种顾虑是，好像稿子被别人修改，就显得自己水平低。这大可不必。一字不改或改动不大，未必证明作者水平高。修改稿子的原因是多种多样的，领导有领导的考虑，专家有专家的角度，报纸有报纸的要求。

我有一个体会，年轻时怕别人删改稿子，因为还不大懂得写作的艰辛；岁数大些了反而愿意别人帮助修改稿子，因为懂得写好稿子的不易；稿子原文照发，倒觉得忐忑不安。请领导和同事把关、润色，心里踏实。别人修改的稿子不管改动大小，悉心琢磨总会有所收获。善于从别人对自己文章的修改中学习，这才叫聪明，也是做人和作文的更高境界。一个作者，不讲别的，如果缺乏容人容言的雅量和谦虚好学的品格，是很难进步的。

作者按语

不少新闻界同行，有感于《人民日报》署名"任仲平"文章的高质量，问道："可有金针度与人？"我说，没有什么"金针"，但确有一套讨论和修改文章的工作机制。时任社长的张研农同志对这种机制，概括为三句话："七八条枪、七上八下、七嘴八舌。"时任评论部主任的卢新宁同志做了这样的解释——

"七八条枪",指的是一种组织架构。"任仲平"成员来自全报社,有社领导,有部主任,有资深记者、编辑,也有入社不久的年轻人。大家各有专长,平时各忙各的,任务一召唤,便跨部门选人组合,项目负责制,任务完了就散。所以"任仲平"从来就不是一个人的产物,而是集体智慧的结晶。像获得胡锦涛同志批示的《筑起我们新的长城》一稿,有来自6个部门的9位同志参加。《论三贴近》有7个部门的13位同志参加。

"七上八下",指的是一种工作标准。大家精心、精致、精当,一稿、二稿、三稿,最终定稿,其间必经若干反复,以至推倒重来,直到所有人都觉得"还行"。成稿时,往往已脱胎换骨。比如,《筑起我们新的长城》,改了9稿,结构多次调整,段落再三修改,文字反复斟酌,题目是倒数第二稿才改定的。2008年获得中国新闻奖的《走好全国一盘棋》,写了近两年,初稿4万多字,改了14稿。2007年获中国新闻奖的《长征,迎着民族复兴的曙光》,改了11稿。

"七嘴八舌",指的是一种民主风气。在"任仲平"写作小组内部,即便对社长、总编辑发表的意见,无论职务高低、资历深浅,谁都可以表示不同看法。这样做,有时是为了文章框架,有时是为了主要观点,有时只是为了一个字词或标点的用法,实在统一不了,甚至会通过"票决"的方法来定夺。

未经历"任仲平"创作过程的,可能觉得一个稿子写上两年,改个十来遍,是不是太夸张了?还真不是。一位年轻同志开玩笑说,这种写法像是"魔鬼式拉练"。

当然,不是每天都磨稿子,也不是每个稿子都这样磨。有的课题,起草的时候主旨和重点并不清晰,需要调整;有的课题,写着写着认识发生较大改变,得重新梳理。这也是常有的事。特别是主题重大、结构复杂、文字较长的大型政论,确需要反复斟酌。

这种写作机制，与我们所了解的传统的"主笔制"很不一样，更多的是借鉴了文件起草的工作方式。其最大好处，是便于吸收各方面意见，便于集中各方面智慧，对于以宣传方针政策为主要任务的主流媒体，不仅是适用的，有时甚至是必须的。

不是所有评论起草修改都应该都需要这种方式。观点见仁见智、文风有个性有风格的署名文章，如时评、随感、杂文等，应该更加多样化。评论的编者和终审领导也应该有更大的包容性，尊重作者的创作劳动，不要轻率地大删大改别人的稿子，更不要只按自己的想法强求作者改稿子，或者自己动手代别人写稿子。

我当编辑的体会是，坚持把关原则，尊重作者个性。如果两者无法调和，就与作者直言提出建议：要么改稿子，要么另投他处。没有大缺陷，只做技术性处理，可改可不改的不改。拿起笔就从头到尾删改稿子的做法未必可取，有时甚至可憎。作者和编辑最好的合作方式，是充分交流和互相尊重。

第二讲

文体类型

第一节　社论：从文人议政到政策宣示

议论文在中国有悠久历史，与我们今天所说的言论既有联系、有传承，也有区别、有发展。粗粗梳理一下，从古代议论文到现代意义的言论经历了多次演变过程。

中国人长于议论。先秦两汉时期，议论文鼎盛一时，有"处士横议，百家争鸣"之说。墨子、孟子、荀子、韩非子和李斯、贾谊、晁错等都是极富才华的政论家。东汉至魏晋，唐朝到宋代，政论文代代相传，政论家层出不穷，许多名篇佳作至今依然是我们学习议论文的范文。中国近现代政论家及其作品无不有深深的历史烙印。比如，那种"究天人之际，通古今之变"的胸襟，那种"铁肩担道义，妙手著文章"的气度，那种"引物连类，设喻说理"的手法，就是中国风格和气派。

有报就有论。社评这种文体是和新闻报纸的出现联系在一起的，当时被称为时务文体。1874年在香港发行的《循环日报》的主编王韬就是政论作家。其后，梁启超主编的《时务报》也以政论见长，影响也最大。那时的政论多属文人议政，用梁启超的话说，就是"纵笔所至，略不检束""平易畅达，时杂以俚语、韵语及外国语法""条理清晰，笔锋常带感情"。虽然那时的政论文风格多种多样，但已具备了报纸评论的基本要素，就是多以时事展开议论而不是泛论。进入20世纪后，报纸大量出现，政论家更是一个又一个走上前台。

党报评论趋于成形是在延安的《解放日报》和重庆的《新华日报》时期。此前，中国共产党的早期领导人陈独秀、李大钊、瞿秋白等都是极有社会影响力的政论作家,他们的政论传播马克思主义,宣传革命主张,唤起人民群众,其革命活动通常是和办报办刊联系在一起的。《解放日报》和《新华日报》是新民主主义革命时期我们党创办并领导的连续出版时间最长、影响最大的大型日报。特别是1942年《解放日报》改版之后,明确提出使报纸成为"真正战斗的党的机关报",评论作为报纸的旗帜得到大大加强。毛泽东、刘少奇、周恩来、朱德、任弼时都为《解放日报》撰写社论、代论和文章。《解放日报》还成立了社论委员会,成员有谢觉哉、叶剑英、王稼祥、任弼时、胡乔木、陆定一、彭真等。《解放日报》社论对于指导当时的革命斗争影响巨大,其所形成的丰富经验堪称党报评论工作的基石,至今仍具有重要指导意义。

从战争年代到和平建设时期、改革开放时期,从为夺取政权而奋斗到长期执政,我们党走过了一条光荣而曲折的道路。其中教训最为深刻的是"文革"10年。那时,社论已变成"大批判"文章的同义语,令人生厌、令人生畏,败坏了党报社论的声誉。在拨乱反正和全面改革时期,党的解放思想、实事求是的思想路线得到恢复和发扬,党报和党报社论随着形势变化而变化,又有了新的进步。今天我们看到的社论特别是《人民日报》社论具有鲜明的时代特征。这一特征的核心是把宣传党的主张和反映人民心声统一起来,全面准确地反映党的理论、路线、方针、政策。社论的主要任务是就党和国家的中心工作加以阐述,对重要工作做出部署和指导。因而,国内外读者始终把《人民日报》社论看作反映中央的观点和立场的最具权威性的声音。虽然社论总是由某个人执笔,但整个写作依据党的方针政策,依靠集体的智慧,通过多个环节合作完成。从这个意义上说,社论不是个人创作,自然也非个人专属。

当然，与快速发展的形势和读者日益提高的阅读水平相比，报纸言论的感染力、说服力、亲和力还有很大的改进空间。提高舆论引导能力的一大课题，就是坚持"三贴近"，使报纸言论全面准确的同时，更加鲜明生动，入情入理，入脑入心。

例文

坚定不移地走向世界

本报评论员

蒙特卡洛传来消息，国际奥委会第101次会议通过投票表决：澳大利亚的悉尼主办第27届夏季奥运会。

我们尊重国际奥委会的选择，祝贺悉尼申办成功。同时对国际奥委会对中国申办工作的支持，一如既往充满感激之情，对全世界也一如既往充满友好之情。今后中国将更加敞开胸怀，欢迎四海宾客，广交五洲朋友，坚定不移地走向世界。开放的中国盼奥运，开放的中国完全能够办好奥运。办奥运，不论是今天还是以后，都是中国人民的强烈愿望。

翻翻奥运会的史册，许多主办国都是经过多次申办才最后成功的，澳大利亚也经过了三次申办。在奥运会的百年史中，旧中国留下的是"零"的记录，蒙受的是"东亚病夫"的屈辱。改革开放使我们有了申办的勇气和条件，北京在1991年12月，向国际奥委会正式提出申请。北京能够提出申办奥运会，本身就证明了中国改革开放以来，经济繁荣，政治稳定，社会祥和，人民安居乐业，综合国力大大增强。为申办奥运会，我国政府、人民和奥申委做了不懈的努力，海外侨胞、台港澳同胞和外国许多友好人士给予很大的支持。但申办城市有好几个，举办机会独一无二，北京失去了这次机会，原因是多方面的、复杂的，我们既不怨天尤人，也不自暴自弃。今后，中国将一如既往地维护奥林匹克的宗旨和原则，凡是有利于发展奥林匹克运动的活动，中国仍将采取积极支持的态度。

奥运重在参与。申办的过程就是一个参与的过程，是个推动我国社会主义物质文明和精神文明建设，振奋民族精神，增强民族凝聚力的过程。从这个意义上看，无论申办成功与否，都具有重大的意义。我们要深刻地认识到，要想办成一两件大事，要想在世界上被人了解和信任，最重要的是自己要有志气，首先把国内的事情办好。全党和全国各族人民要更加坚定不移地贯彻执行党的"一个中心、两个基本点"的基本路线，努力建设有中国特色社会主义，集中精力把经济搞上去。国力增强了，面貌一新了，无论什么大事也就好办了。

得而不骄，失而不馁，这是中国人民应有的气度和风范。"风物长宜放眼量"，来日方长，后会有期。我们相信，在这个占有世界1/5人口，有960万平方公里国土和5000多年文明史的东方国家，奥运会五环旗高高飘起的日子，不会是很遥远的。同胞们，让我们为迎接这一天的到来继续努力！

——摘自《人民日报》1993年9月24日

作者按语

写了多少命题作文，自己也说不清。可以说的是，个人这点能量全部贡献给了党报评论工作。同时，也感到评论工作的价值和意义。很多人，即使想也没有机会在这个很特殊的岗位上为国家服务；而我在这个岗位上工作了几十年。

如上所说，"命题""应景"，有时就是意识形态工作的一部分：正像有些"握手"并非友好，但礼貌是必需的；有些妥协未必是出于本意，但必须顾全各方；有些赞扬可能有些夸张，但激励的积极效果不错——古今中外，这种情况恐怕都难以避免。为什么？你懂的，不说了。

重要媒体的重要评论撰写与刊播，往往包含复杂而敏感的因素。

20世纪90年代早期，我国首次申奥举国瞩目。中国老百姓对申奥期望值甚高，对国际社会又了解不多，认为世界第一人口大国办奥运，理由十分充分，甚至感到稳操胜券。鉴于当时申奥的复杂情况，中央领导要求人民日报准备两篇言论，一篇是为申奥成功而庆祝，一篇是为申奥不成功的引导。

非常遗憾，中国首次申奥蒙受挫折。这对于改革开放初期的中国、心气极高的老百姓是个不小的打击。在首都一些高校，失望的学生把准备庆祝的啤酒扔到窗外，把写好的横幅点燃丢进操场……更麻烦的是，有些成员国投的票与事先承诺背道而驰，各种小道消息不胫而走，引爆了愤怒情绪。疏导情绪刻不容缓，引导舆论不容松懈。

正在此时，当时影响巨大的中央人民广播电台晚间新闻节目"各地人民广播电台联播"，发出一条重要消息："各位听众，现在广播明天出版的《人民日报》发表的评论员文章——《坚定不移地走向世界》……"

一晃，很多年过去了，播音员的声音犹在耳畔，老百姓认真倾听广播的情形历历在目，特别是自那之后，中央广播电台和电视台增加了一种"明天出版……"的新闻类型，也就是报纸还没有出版，新闻已经播发。这也许是适应新媒体（当时是电视）时代到来的最早的创新。更重要的是，新闻时效性在很多时候具有意想不到的意义——如果当时不及时刊播这篇疏导情绪的评论，当天晚上会发生什么事情，谁也说不好。

用今天的话说，这是典型的中国政治和中国表达——从容大度而又绵里藏针，风度依旧而骨气十足，"祝贺"中有不悦之意；承认失之交臂，又告知这事没完，"申奥，我们还会再来的"。

这篇评论之所以写得成功，最重要的是适度适时，体现了泱泱大国的风度，冷静理智又不乏奋发向上的力量。该评论获得当年中国新闻奖一等奖（作者李德民）。

第二节　社论：反映政府立场的"重器"

有人问，你从事评论工作多年，哪一种式样的言论难写？我几乎不假思索地说："社论难写！"也许在有的人看来，这个说法有些言不由衷，因为许多人认为，社论好像没什么奥妙：文字直白，道理朴素，一看就懂，并无妙招。但多年从事文字工作的同志试写社论之后，才能体会到"社论难写"不是虚言。

何谓社论？辞书有不同的说法。这里所说的社论，主要是党报社论，比如《人民日报》社论，是由评论部撰写的直接传达中央声音的重要文章。地方党报的社论也是传达地方党委和政府的声音。

党报社论的基本要求是，准确、鲜明和生动。准确是前提，是基础。又准确又生动最好，生动却不准确，是不行的，而做到准确非常不易。

也有人问我，什么文章好写？我同样不假思索地说："第一是日记，第二是书信。"日记是个人写作，写什么、怎么写是自己的事。书信是写给特定的人，一般不苛求十分准确，意思说明白就行。而社论必须每句话都说得准确，每个字眼都很有分寸。社论反映党和政府立场，承担宣示政策任务。人们多半不认为"法条"和"辞条"是美妙的文字，但都承认是最准确的表述。社论不是"法条"和"辞条"，但就其准确性而言，是毫不例外的。

准确是抓住要义。比如，每年的中央经济工作会议，《人民日报》为此发表社论，阐述中央对当年经济和社会发展工作的思路和部署。会议的主题是什么，提出的任务是什么？这些都应该解读得准确，表述得规范，不能凭着个人的感觉率性而写。

准确的另一个含义是，论述要尽可能比较全面。认识要全面，阐述要全面：既讲成绩也讲不足，既讲主观原因也讲客观条件，既讲有利因素也讲面临的困难……总之，不可以畸重畸轻甚至以偏概全。写个人署名文章多是一家之言，或可见仁见智，但对社论的要求不能如此。

准确，还要求行文有分寸。话说到什么火候，表述的重点放在哪里，都很有讲究。赞扬要赞扬得恰如其分，过了就成了虚夸吹牛；批评要批评得有理有据，过了就变成嘲弄谩骂。这样的文字都不符合党报社论的身份，也往往给实际工作带来消极影响。我们常说，社论要"抠"。抠，就是要找到准确的表述，不可"不及"，不可"过之"。社论是要经得起实际检验、经得住读者推敲的。

或许有人说，照这么说，社论岂不是四平八稳、面面俱到。这里要说，认识问题要尽可能全面，讲的是世界观、方法论；而不是说社论没有重点、平摆浮搁。社论毕竟是文章，主题鲜明，重点突出，这些要素应该具备。事实上，大多数社论还是写得观点精当、文字简洁，很有文采。不能把准确全面与四平八稳、面面俱到看成是一回事。

社论难写，难就难在社论并不是一个写作问题。从某种意义上说，它是思考能力和思考水平的反映。即，对中央精神的准确阐述，来自对党的方针政策的长期研究；对论述问题的准确把握，来自对现实生活的深入思考。扎实的理论功底、敏锐的政治嗅觉、丰富的实践经验和娴熟的驾驭文字能力，这些素质同时具备，才能胸中有全局，笔下有准头，行文有章法。

在其位谋其政。时代赋予社论特定的任务，这决定了社论特有的面貌。不是任何报刊的社论都必须照搬《人民日报》社论的模式，同样，《人民日报》社论如果写得像文学作品或学术论文，也是不妥当的，很难被读者认可。当然，评论工作应与时俱进，社论写作也要不断创新。求准确还要求生动，求全面还要求深刻，求稳健还要求锐利，求平实还要求韵味。坚持正面宣传为主的方针，同时又不失战斗锋芒；坚持正确导向，同时又使文章有感染力、亲和力。我们应朝着这个方向努力。

社论的文风应更加清新，对这个问题各方面都有共识。问题是要写出思想性、艺术性俱佳，工作性、可读性兼有的优秀作品，不完全取决于个人愿望，更重要的是提高自身能力。

例文

凝聚和平与正义的磅礴力量（节选）

（**第三自然段**）铿锵的步履、雄壮的乐曲，将人们的思绪拉回到那段家国破碎、山河喋血的岁月。6年局部抗战、8年全面抗战，神州大地烽火连绵，中国共产党如砥柱中流，支撑起全民族救亡图存的希望，引领着夺取战争胜利的正确方向。由中国共产党领导开辟的敌后战场和国民党组织的正面战场协力合作，形成了共同抗击日本侵略者的悲壮局面。在中国共产党倡导和推动建立的抗日民族统一战线旗帜下，千千万万中华儿女共御外侮，用鲜血和生命争取民族独立与世界和平，以"誓与山河共存亡"的坚定决心、"愿拼热血卫吾华"的不屈意志、"一寸河山一寸血"的巨大牺牲，将一次伟大胜利永远地写入中华民族的史册、人类和平的史册。

（**第四自然段**）历史应该铭记，中华民族由衰弱走向复兴的转折点由此开启。日本军国主义的铁蹄未能摧毁薪火相传的中华文明，却激发出这个古老民族前所未有的觉醒与奋进。地无分南北，人无分老幼，亿万人民同仇敌忾，奏响了气壮山河的英雄壮歌，书写下可歌可泣的精神史诗，凝聚成坚如磐石的钢铁长城，让半殖民地半封建的中国社会激荡起救亡图存、奋勇自强的洪流巨浪，一个渡尽劫波的国度踏上了凤凰涅槃、浴火重生的新征程。

（第五自然段）历史应该铭记，中国在现代世界的大国地位由此确立。中国人民抗日战争开辟了世界反法西斯战争的东方主战场，从一开始就具有拯救人类文明、保卫世界和平的重大意义。中国的不屈抵抗，率先顶住了法西斯势力猖狂的势头；中国的持久抗战，有力粉碎了法西斯势力合流的图谋。无论是世界反法西斯联盟的组建与巩固，还是以联合国为基础的国际秩序的设计与实现，中国始终是积极的参与者、构建者、维护者。中国人民赢得了世界爱好和平人民的尊敬，赢得了崇高的民族声誉，中国以负责任大国的形象登上了世界舞台。

（第六自然段）"历史是最好的教科书，也是最好的清醒剂。"战争的苦难惨绝人寰，战争的记忆刻骨铭心，珍爱和平、维护和平，成为人类文明的最大公约数。然而，70年过去了，仍然有少数人无视历史事实，一再否认甚至美化侵略历史。忘记历史就意味着背叛，否认罪责就可能重蹈覆辙，这些倒行逆施不仅是对历史的公然藐视，是对国际秩序的公然破坏，更是对和平潮流的公然挑衅。

——摘自《人民日报》2015年9月2日

作者按语

这是纪念抗日战争胜利70周年的一篇纪念性社论。与以往社论不同的是，社论包含着敏感而复杂的信息，是思想性、理论性、政策性俱佳的好作品。社论的背景是中日因钓鱼岛问题摩擦不断，日本右翼思潮死灰复燃，在错误的历史观导引下越走越远。因此，如何评价抗日战争和世界反法西斯战争的重大意义，国际社会高度关注。同时，台湾地区执政的中国国民党认同"九二共识"，两岸关系有所缓和，交流呈现积极态势，这也是必须考虑的因素。还有，中美俄英法"五常"都是"二战"的参战国，亟须在总结历史经验、维护世界和平方面增进共识。社论负载着多方面重要使命。

社论的第一个着力点，是如何评价国民党在全面抗战方面发挥的作用。社论说："6年局部抗战、8年全面抗战，神州大地烽火连绵，中国共产党如砥柱中流，支撑起全民族救亡图存的希望，引领着夺取战争胜利的正确方向。由中国共产党领导开辟的敌后战场和国民党组织的正面战场协力合作，形成了共同抗击日本侵略者的悲壮局面。"社论首先正面肯定了"九一八"事变后在东北地区的抗战，把6年局部抗战写入中国的抗战史，这是对历史事实的尊重。同时，又指出"由中国共产党领导开辟的敌后战场和国民党组织的正面战场协力合作，形成了共同抗击日本侵略者的悲壮局面"，这是对抗战中，国共两党建立统一战线给予充分肯定。很多人可能并未留意表述发生的变化，特别是包含的政治考量和传达的积极信号。社论在台湾地区产生较大影响，很多媒体都注意到这样一个表述并给予积极评价。

这篇社论的另一个着力点，是敲打日本右翼势力改变"二战"以后所形成的国际秩序的企图。社论说："忘记历史就意味着背叛，否认罪责就可能重蹈覆辙，这些倒行逆施不仅是对历史的公然藐视，是对国际秩序的公然破坏，更是对和平潮流的公然挑衅"，这些论断分量很重，对于遏制日本右翼势力复活军国主义的种种苗头，起到敲山震虎的作用。

上述解读是想说明社论作为舆论重器，不会轻易使用，但在关乎国家利益的根本问题上，祭出重器方可正本清源。也正因为如此，社论的表达需要十分严谨、准确。

　　社论的另一大特色是，准确鲜明中又透出强烈的情感色彩，论说的逻辑力量在高质量的造句中得以体现。"铿锵的步履、雄壮的乐曲，将人们的思绪拉回到那段家国破碎、山河喋血的岁月。""千千万万中华儿女共御外侮，用鲜血和生命争取民族独立与世界和平，以'誓与山河共存亡'的坚定决心、'愿拼热血卫吾华'的不屈意志、'一寸河山一寸血'的巨大牺牲，将一次伟大胜利永远地写入中华民族的史册、人类和平的史册。"大家可以从这些有声有光的铿锵文字中体会到，撰稿者需要有丰富的历史知识和较深的文学素养。同时，又能够在浓烈的感情表达中体现思想的张力。

第三节　评论：一种有规格的"官方立场"

党报评论是社论、本报评论员文章、短评及编者按、专栏评论的总称。就权威性而言，社论和评论员文章居于前位。社论最重要，往往直接传达党中央和中国政府声音；评论员文章也很重要，通常是阐述本报编辑部观点。两者没有本质区别，之所以分为社论和评论员文章，在多数情况下主要是考虑"格"。重大主题、重大活动、重要工作，一般用社论方式刊出以示郑重。比较重要主题或某一方面重要工作，一般用评论员文章方式刊出。当然，这也不是绝对的。有的评论员文章同样十分重要，用评论员文章刊出，主要是出于宣传效果等政治方面的考虑。

"本报评论员"是一种文体概念，而不是指特定的人。在新闻专业技术职务系列里没有评论员。20世纪80年代有人提议，专业评论人员也应署真名，如"本报评论员×××"，以示对其劳动成果的尊重。也确有几家媒体做过尝试，但未能坚持下来，主要原因是角色比较模糊：署名评论员文章是提出个人主张呢，还是代表官方立场，这很难界定。至少，以个人名义宣示政策、指导工作有些不妥。

有人把党报评论做了多种分类，比如阐述型、解读型、辩论型、研究型、褒扬型、批评型、纪念型、建议型、劝导型、启发型，等等。实际上，一篇言论里常包含多种要素，很难说清楚"解读"和"启发"有什么区别，"辩论"和"研究"有什么不同。

这里为了表述方便，我认为就作用和功能而言，评论员文章或许可分为四类。

一种是纪念类。每年的元旦、五一、七一、十一,《人民日报》都要发社论,遇有逢"五"逢"十"的重大纪念日,比如五四运动、辛亥革命等,更要发重要社论。本报评论员也有相当数量的纪念类文章。和社论略有不同的是,多属某一领域的活动,如教师节、戒烟日、艾滋病宣传日、世界水日等。一般来说,纪念类评论通常少不了这样几个要素:第一,对历史事件做出评价。不同时代的人对历史上的重要事件有着不同的解读,随着时间的推移我们应该对历史事件的意义和影响有新的认识。第二,结合今天的实际阐发思想。不是为回顾而回顾,为纪念而纪念。而是通过回顾、纪念吸取经验教训,使人得到启迪和激励。两个要素中,后者是着力点,是重点展开的部分,通常占三分之二篇幅。

一种是工作类。指导工作是党报评论的一大任务。比如,《人民日报》通常要围绕宏观调控问题、"三农"问题、扩大就业再就业问题、建设节约型社会问题、环境保护问题等发表大量评论。评论依据党的方针政策,直接就经济社会发展的问题提出指导性意见。一般来说也应具备两个要素:第一,强调现实针对性,主题应与当前改革发展的新情况、新问题密切相关。第二,提出解决矛盾和问题的办法和要求。和一般意义的研究性论文不同的是,工作性评论不宜用商榷和讨论的口吻,应该简洁明确,不可模棱两可,以免生出歧义。

一种是思想类。广义上说,所有评论都以阐述思想为主要特征。工作中有观点,纪念中有思想,没有思想支配的工作,是不可想象的。之所以在评论员文章中单列思想类,是从其作用上考虑的。比如,2018年,《人民日报》连续发表系列评论员文章,从多方面阐述经济工作的指导思想、总体要求和主要任务。这是一组比较典型的工作类评论,侧重稳中求进总方针,提出经济发展的新常态以及供给侧改革的政策思路。思想类评论的特点是:第一,就某一种思想倾向或社会现象发表意见,而不是讨论某一项工作。第二，侧重提高认识、澄清思想，在提出政策要求的时候摆事实，讲道理，多用讨论的口吻。

一种是配写类。这是最常见的一种评论形式，是新闻报道的延伸部分。本书将在其他章节专门探讨配写评论，这里要介绍的是近期一篇影响很大的《人民日报》评论员文章。

例文

坚决反对外部势力干预香港事务

本报评论员

香港是中国的一个特别行政区，香港事务纯属中国内政。全国人大依照宪法和香港基本法规定，就建立健全香港特别行政区维护国家安全的法律制度和执行机制做出决定，这是天经地义之举。然而一些别有用心的外部势力却对此如坐针毡，一会儿发表所谓"涉港声明"，一会儿扬言进行"强力回应"，一会儿四处游说"立即关注"……这种妄图干预香港事务、粗暴干涉中国内政的霸权主义行径，吓不倒中国人民，也注定不会得逞。

香港成为中国国家安全的一个突出风险点，与外部势力的插手和干涉密不可分。从2014年非法"占中"到2019年"修例风波"，外部势力从幕后走向前台，频繁就香港事务指手画脚、煽风点火，公然向中国政府和香港特别行政区政府施压，为反对派撑腰打气。特别是，他们利用香港在国家安全领域的"不设防"，与香港反中乱港势力狼狈为奸、沆瀣一气，公然鼓吹"港独""自决""公投"等主张，大肆鼓动毫无底线的社会揽炒、经济揽炒、政治揽炒，企图绑架香港前途、毁掉"一国两制"，把香港变成反中"桥头堡"、暴乱"大本营"、"颜色革命"输出地，为牵制和遏制中国提供新筹码。这一点，世人都看得很清楚。

有人说得好，谁最看不得别人家装防盗门？肯定是盗贼自己。如今，眼看香港维护国家安全的法律制度和执行机制要建立健全，眼看干预香港事务和对中国进行分裂、颠覆、破坏、渗透的空间越来越小，心怀叵测的外部势力立刻坐不住了，气急败坏溢于言表，威胁恐吓频频祭出。当然，冠冕堂皇的幌子还是要打的，那就继续把无法无天的凶残暴徒美化成"民主斗士"，把恪尽职守的警队执法污蔑为"暴力镇压"，把践踏法律的暴力行径吹捧为"自由抗争"……这种包藏祸心的双重标准，只能让人进一步看清他们"人权""民主""自由"脂粉下的丑陋嘴脸，认清他们伪善面目下搞乱香港以遏制中国发展的险恶用心。如今，他们越跳得高，就越说明他们被打中了"七寸"；他们越反对，就越暴露了他们反中乱港的真面目。

香港是中国的香港，没有人比中央政府更珍爱香港，没有人比中央政府更关心香港的繁荣稳定和香港居民的福祉，没有人比中央政府更真心实意贯彻落实"一国两制"方针和基本法。近代以来，中国人民经历了太多太多的磨难，付出了太多太多的牺牲，对积贫积弱、四分五裂的悲惨历史有着刻骨铭心的记忆，对民族复兴、国家统一的光明前景有着孜孜不倦的追求。新中国成立以后，我们就豪迈地宣示："帝国主义在东方架起几门大炮就可以征服一个国家、一个民族的历史一去不复返了！"香港回归前夕，我们就坚定地声明："主权问题是不能谈判的。"在中华民族走向伟大复兴的新时代，倘若还有人认为通过恐吓要挟，就能迫使中国在主权、安全等核心利益上让步，那只能是痴心妄想、白日做梦！

"两岸猿声啼不住，轻舟已过万重山。"5月28日，当《全国人民代表大会关于建立健全香港特别行政区维护国家安全的法律制度和执行机制的决定》高票通过时，人民大会堂里响起了经久不息的热烈掌声。坚决维护国家主权、安全、发展利益，坚决贯彻"一国两制"方针，坚决反对任何外部势力干涉香港事务，这就是全体中国人民的坚定决心，这就是我们这个国家的坚强意志！我们正告那些反中乱港的外部势力，不要与浩荡向前的历史潮流作对，不要与英勇无畏的14亿中国人民作对，不要与世界公义、国际法和国际关系基本准则作对，否则，迎接你们的必将是坚决的反制，等待你们的只能是可耻的失败！

——摘自《人民日报》2020年5月30日

作者按语

在我的评论工作中，像《坚决反对外部势力干预香港事务》这样分量超重、影响极大的评论并不多见。当年《反国家分裂法》出台，我曾参与评论员文章写作。香港问题关系国家主权，香港稳定关乎国家根本利益。对于从2019年开始的愈演愈烈的"修例风波"，全国人民揪心焦心。人们期待中央政府采取坚决果断措施止暴制乱，迅速恢复香港正常秩序。

从"修例风波"开始，香港乱象丛生，暴徒施暴达到疯狂程度。美国等西方敌对势力策划煽动，暗中支持，制造麻烦，以达到遏制中国发展目的。对此，以《人民日报》为代表的主流媒体和民间自媒体都发表了大量评论，揭露险恶用心，澄清事实真相，评价是非曲直，已经做了大量的舆论准备工作。

对于香港出现的骚乱，这笔账如何清算，止暴制乱如何有效展开，为"一国两制"提供法治保障，中国老百姓关心，国际社会关注。

全国两会出台国安法,给予美西敌对势力和香港分裂势力猝不及防迎头一击。从维护国家安全方面解决香港长治久安问题,于法有据,于情合理,无懈可击,完全打乱了美西敌对势力如意算盘,击碎了港独势力分裂中国图谋,这是关乎香港命运的决定性一招。

对于这样一个重要历史事件,国际社会当然要倾听中国的主张,中国老百姓当然要听到中央政府的声音,立法在前,舆论跟上,这是《人民日报》作为党中央机关报责任所在。

评论员文章分五个段落,论述香港骚乱的由来,阐发中国政府应对香港骚乱所做出的决策部署。在这里,评论员文章就是中国政府的权威声音。

第一段,鲜明提出香港问题是中国内政不容干涉。这本来是一个具有国际惯例的常识性问题,但美国等西方敌对势力出于遏制中国的目的,屡屡在香港问题上插手干涉。直到今天,这种插手和干涉也没有停止。因此,开宗明义提出香港问题是中国内政,立论上就占据了法理制高点。

第二段,明确指出香港骚乱的主因是美国等西方敌对势力的插手。文章说"利用香港在国家安全领域的'不设防',与香港反中乱港势力狼狈为奸、沆瀣一气,公然鼓吹'港独''自决''公投'等主张……"这一段的中心意思是对国安立法的必要性、重要性和紧迫性做出全面阐述。

第三段,是对一些典型的歪理邪说予以抨击和驳斥。在这篇评论员文章中,"驳论"是最精彩的部分。文章说:"谁最看不得别人家装防盗门?肯定是盗贼自己",一语道破了谁是盗贼,谁在破坏香港稳定。文章说:"把无法无天的凶残暴徒美化成'民主斗士',把恪尽职守的警队执法污蔑为'暴力镇压',把践踏法律的暴力行径吹捧为'自由抗争'。"简洁而有力的驳斥,使是非黑白了了分明。文章还说:"他们越跳得高,就越说明他们被打中了'七寸'。"这句非常有力的论断说明了,国安法对敌对势力是致命的一击。越是反对国安法，我们就越要运用好国安法止暴制乱，维护"一国两制"。

第四段，主要是面对香港市民而做的阐释。其中，"没有人比中央政府更珍爱香港，没有人比中央政府更关心香港的繁荣稳定和香港居民的福祉，没有人比中央政府更真心实意贯彻落实'一国两制'方针和基本法"等论述，对于敌对势力散布的"中央政府干预香港事务""改变'港人治港、高度自治'基本政策"，是一个基于历史事实和现实状况的有力澄清。

第五段，表达了包括香港人民在内的所有中国人民的坚定意志。有几句话分量很重："正告那些反中乱港的外部势力，不要与浩荡向前的历史潮流作对，不要与英勇无畏的14亿中国人民作对，不要与世界公义、国际法和国际关系基本准则作对，否则，迎接你们的必将是坚决的反制，等待你们的只能是可耻的失败！"这个警告表明，不论发生什么样的情况，也不论敌对势力如何嚣张，中国人民在维护国家主权的根本问题上，不会做出任何让步和妥协。

这是一篇政策宣示，在所有基本政策的表述上都十分准确规范；也是一篇战斗檄文，揭露敌对势力险恶用心没有丝毫含糊。做到了传达信息准确无误，阐述观点有理有据，文字表述一针见血，贯穿着"沛然莫之能御"的正气和不畏艰险、无所畏惧的底气。

第四节　时评:"快、新、深、准"一个都不能少

每年全国两会,我都被抽调去当言论编辑,感触颇多。其一,记者和编辑写作热情很高,稿源充裕,无少粮之虞。其二,从来稿质量看,人才不少,实力不俗。其三,虽然采用率高达90%,但毕竟有遗珠之憾,有删削之惜,但记者、编辑们服从大局,谦虚敬业,文德甚佳。

编辑也是学习的机会。在处理稿件中多有心得,概括为四个字:快、新、深、准。

快——新闻时效性至关重要。两会是动态过程,每天都有新的信息传来。编辑工作的一个重要原则就是,先到的稿子先编先用。有的稿子未能采用或者长稿短用,大多是因为稿子来得晚了半天或一天。有些稿子可以拉个提纲慢慢写慢慢改,但新闻时评还是要尽可能写得快。在多数情况下,时间就是效应,反应迟了,新闻价值大减。有时,快速反应本身比内容如何更重要。读者关心的事,打开报纸一看,没有就很扫兴。过了几天,即使精雕细琢写一篇影响也不大,因为热点话题早已转移。该快速反应的还是要快,不该快的也不必抢,两方面都需要注意。有的同志从构思到成稿一两小时,而且质量不低,说明快不一定糙。快,首先表现为反应机敏,迅速捕捉到好的选题;还表现为准备充分,平时就很注意研究问题积累知识;更多体现的是勤奋,看准了、想好了,就立刻写出来,绝不拖延。这三条,缺一而不能快。

新——"英雄所见略同",这在新闻评论写作中是常有的现象,却又是很遗憾的"撞车"。比如,评说"两会新气象",有六篇稿子谈到采

用新技术减少交通堵塞，可惜这样的材料不能反复使用，只能大段删去，只取稍新一点的由头。选题也有类似情况，登什么内容的稿子就来什么内容的稿子，想紧跟反而总是慢了一拍。有的记者很有经验，不扎堆，不趋热，而是在众人不经意的地方动脑子，有出人意料的新发现。这就是因思路不同而翻出的新意。新，首先是善于换一个角度想问题，热中看冷，喜中看忧，直中看曲，洼中见平。还表现为悉心发现事物的差异性、特殊性，不是一般化讲道理，而是从具体入手分析问题。同时也意味着要比别人付出更多辛苦。正如有的摄影记者所说，不登梯爬高、上山下水，很难拍出好照片。

深——深最难。如果未对某一问题进行过比较系统和深入的研究，走马观花，浮光掠影，下笔难，写好更难。有些题目看似平常，如"'三农'问题""扩大内需"等，人人皆说，却未必了然。"三农"为什么重要，有什么问题，解决好"三农"问题的思路和相关政策是什么？缺乏研究，往往不得要领。"两会"时评发表的一篇关于"三农"的文章就显示了作者长期深入研究的功力。情况、问题、对策、切中要点，一目了然。不到一千字的短文，交代得很清楚，真理是朴素的也是简洁的。朴素是说，不论多么复杂的现象，倘若抓住了事物的本质，就能纲举目张。简洁是说，有透彻的认识才可能有清晰的表达，才敢于和善于"一言以蔽之"。或许可以说，深，首先依赖于大量占有材料，长时间研究某一方面课题，务求精专。还表现为可以自由地驾驭材料，并善于在理论层面上进行概括。总之不是专业的艰深、术语的艰深，而是见识的深刻。

准——"两会漫笔"和"两会感言"都属于有感而发的微型言论。能"漫"能收，有"感"有论，并不容易。这两个小栏目多有佳作，成功之处不在话多而在说得恰到好处。绝大多数同志捕捉题目，选择素材，叙述事实，都不成问题。但又有不少同志反映，最吃力的还是百八十字的议论部分。这种感觉恰恰道出了评论创作的核心问题。阐发意义,解析矛盾,揭示关系,探究本质,无论正面论还是反面说,难在准确到位。不是好话说得越大越好,不是批评的火力越猛越好。事物的性质决定了事物的意义,而不是相反。增之一分则长,减之一分则短。长短之间,不失毫厘,就能漫而不散、感而不惑,此可谓评论的佳构。

例文

"华南虎照"事件,迟到的公正也是进步

卢新宁

自陕西省答应"给个说法"之后,人们对"华南虎照"事件的等待一直耐心而坚韧。

这种坚韧,出于对真相的渴望,更出于人们的信念——坚信正义一定会被兑现,相信事情必将水落石出。

因此,当6月29日上午,陕西省政府新闻办通报"华南虎照片"事件调查处理情况,宣布所谓"华南虎照片"系假照片、"拍照人"周正龙因涉嫌诈骗罪被逮捕时,人们的第一反应是"欣慰"。

人们欣慰,是因为"华南虎照"事件的核心,早已不只是照片的是否造假,甚至也不在于个别官员是否参与造假,而是在于面对这一事件,网民有锲而不舍的追问,舆论有铺天盖地的质疑,政府和公权究竟应当如何处置。

在长达8个多月的时间里,从最初坚决否认,到后来的躲闪回避;从部门出面厘清责任,到法律介入拿出结论,人们看到了面对公共事件有关方面的迟疑和犹豫,也看到了其中的变化与成长。当"华南虎"跃出

镇坪镇，成为政府公信力的一种符号和象征；当无数人在漫长的等待中产生疑惑感到失望，陕西省政府迟到的"正本清源"，让人们重拾信心——世界上没有一个政府能永不犯错，重要的是面对错误，能够有勇气纠正，有责任担当。

人们欣慰，还因为一波三折的"华南虎照"事件能有今天的结局，不仅显现了网络的力量，更见证着中国社会的文明进步。

华南虎事件中，被人们反复提及的，是网友们的理性和成熟。正是他们严谨的追寻和持续关注，华南虎的真伪才浮出了水面，华南虎的真相才大白于天下。当网络民意推动"华南虎照"事件从科学问题走向公共事件，跌宕起伏的"真假之辨"，终于发展成政府与民意的互动过程。虽然这种互动起初非常艰难，此后也时有脱节，但在峰回路转的每个瞬间，我们都能体味互联网上"听取民意、汇聚民智"的时代要求，也能看到保障人民群众表达权、监督权的艰辛努力——这让这场举国皆知的全民关注，不仅只是信息时代的"集体打假"，更是文明社会的自我提升。

人们欣慰，更因为旷日持久的华南虎事件修成正果，让人看到了公民有序政治参与的现实意义。

"华南虎照"事件让我们看到，在一个以人为本渐为主流价值观的时代，我们的社会正在积攒一种令人震撼的力量。这种力量源于公民意识的逐渐觉醒，更源于执政党"从各个层次、各个领域扩大公民有序政治参与"的坚定决心。在时代召唤下，当广大民众以前所未有的热情，推动社会诚信建设，推动社会文明进步，我们有理由相信，普通人的努力和信心，正使我们脚下的大地更加坚实。

法谚云：迟到的正义不是正义。尽管我们也期望公正能立即兑现，但在社会发展中，迟到的公正也是一种进步。从民主管理国家、民主监督政务的角度讲，各级政府以积极的态度对待公众质疑，以明确的行动维护社会正义，是民主政治建设的必然要求。因此，"华南虎照"事件迟到的公正，依然值得喝彩。

当然，我们还不能就此止步。"华南虎照"事件的影响之大，波及面之广，决定了并非戳穿一只"周老虎"就能"真相大白"，需要追问的问题仍然不少，需要深思的地方自然更多。

从这个意义上讲，人们期望迟到的公正是全面的公正，否则我们将无法面对已经走过的艰难曲折，无法面对"立党为公，执政为民"的执政理念。

——摘自《人民日报》2008年6月30日

作者按语

"华南虎照片"造假事件距今已经过去多年，但这一事件在当时的历史条件下产生的影响是不言而喻的。在新技术条件下，P图造假刚刚兴起，并渐已成为恶劣社会风气。对于这一事件的处理，有些地方依然采取了暧昧的态度，显然是和政绩造假、有意护丑的不良政风有直接关系。同时事情虽小，但涉及政府的公信力，其政治影响不可小觑，核心问题是老百姓的知情权怎样得到保障。

就文体而言，这是一篇具有时代特征的新闻时评。或许正是从那个时代开始，新闻时评蓬勃兴起，成为各个媒体最常见的评论文体。同时人们也注意到，本报评论员、思想评论、杂文等具有评价功能的文字开始有明确的区隔。其特点是：第一，更加强调评论的时效性。往往是评论的刊出紧随新闻事件，体现了"先发声者主动"的新闻理念。"华南虎照片"造假事件扑朔迷离，在网上已经形成聚集效应，但怎样还原真相，判断个中是非，读者关心，媒体追问。在地方政府做出调查并明确表态的当天，《人民日报》迅速做出反应，这就占据了舆论引导的制高点。第二，不同于其他评论的是，时评一般不拘泥于概念界说和理论推演，更注重利用事实本身说明问题，让人们通过对事实的认识，得出自己的结论。把作者与读者放在同等的位置上，同时又不失鲜明观点，这是一种良好的阅读体验。夹叙夹议是时评的一大魅力。第三，虽然是"急就章"，但绝不草率和粗糙，仍然追求认识的深刻和表述的精到。时评的论述层层递进，展示明晰的思辨过程，其中三个观点令人耳目一新。如面对舆论热点政府应当如何处置；显示网络力量，见证中国社会文明进步；看到公民有序政治参与现实意义。

有人认为时评是新闻评论快餐，或许不应该太纠结于理论支撑和文字修饰，这个看法未必全面。虽然时效要求极高，但不能信马由缰，率性而写，不讲章法，不考究文字，无论评论文体有怎样的不同，还是应该坚持"快、新、深、准"，或许可以说这依然是评论写作的不二法门。

第五节 "命题"：规定动作却并非应景

新闻媒体倘有明确的宣传定位，就必定有策划。而有策划就必定要有命题，尤其是评论。

一些同事对命题作文有误解，以为这样的文章没有独特的见解和个性化的表达，乏善可陈，人皆可为。其实，恰好相反。写命题作文，不仅是新闻报道的一项重要工作，而且要具备精深专业水平。轻言"命题作文"是丈夫不为的雕虫小技，是不符合实际的。

命题作文是评论写作最为艰苦、最长功力的拉练。

其一，如果有感而发，文章相对来说比较好写。况且写与不写，悉听尊便，没有时限和质量要求。写得好就用，不成功但退无妨。写稿是苦差事，多数人在没有压力的情况下是懒得动笔的；即使动笔，思路欠通，表达不确，缺少新意，也大半会胎死腹中。这正是不少人眼高手低或"说得比写得好"的原因。

其二，报纸宣传不会因为个人的兴趣如何、心情如何而改变写稿计划，所以要求撰稿者必须按照一定的时限和质量要求拿出稿子，熬个通宵而仅得片言只字是常有的。往大处说，辛苦是成功的必经之路；往小处说，为写文章而受憋，换来的是功力渐长。难度，是一种磨炼，也必有补偿。

何谓难度，何谓补偿？一方面，每一个题目都是一个陌生的起点。所命之题，可能并非作者长期关注和研究的问题，这是新闻评论的特点。今天是人口普查，明天就转战保护环境，后天可能又是农村改革……为了把文章写好，撰稿者必须尽快了解和熟悉材料。基本情况如何，基本政策是什么，针对性在哪里？如不是"命题"，很少有人研读那么多理论专著和工作性文件。而恰恰是这一"命"，逼得作者刻苦学习，认真钻研。《人民日报》年年都发五一、十一、元旦等社论，但背景和侧重点年年不同，其核心论点总是和当时形势、任务紧密联系在一起的。

虽是"命题"，但绝非应景。《人民日报》社论是国内外研究中国问题的专著中引用最多的文献。论中国时局，不能不看《人民日报》；说中国政策，不能不研究《人民日报》社论。参与这项工作的最大补偿，就是在多方面得到锻炼：把握时代脉搏，分析形势变化，揭示发展走向，阐释治国方略。

不是说每个撰稿者都具备这样的能力，而是说，工作岗位提供了一个"胸怀祖国，放眼世界"的平台，使我们有可能从国家发展全局的高度思考问题。好像打球——从事这项运动的未必都是高手，但有幸长期参加高水平集训，纵然是个陪练或当个替补，也是有收获的。置身其中，对这样的收获并不了然，但这样的实践对于思想理论素质提高大有益处。犹如一场艰苦的马拉松，越往后就越显示出高质量训练所积累的后劲。因工作而使思想政治素质提高，写命题作文可算是一种重要的实践。

当然，收获大小因工作态度的不同而有所不同。如果以应景心态写这类文章，很难写好；反之，把自己摆进去，紧密结合国家改革发展有针对性地写，完全可以有所创见。

一般认为，重大节日庆典的评论难有新意，其实不然。《人民日报》很多优秀的甚至是经典的文章恰恰就是庆典性和纪念性的评论。总之，写命题作文，用心还是不用心，主动还是被动，结果大不相同。

有人说，命题作文多是"抄书抄报"，这是误解，主要是不大了解主流媒体使命。主流媒体特别是党报党刊，主要任务是阐述党的政策和政府立场，而不是发表个人意见，不能把个人的观点塞到评论里去。所以阐述重要政策必须原原本本，十分规范。不规范，政策的严肃性不复存在。

不用心思或无力驾驭，东拼西凑的情况是有的，但这样的文章很难通过。文章再短，也是一个有机的整体；试图拼凑，无异于是拆零件攒车。卡车的轮子安装到轿车上，看上去是个车，但一点用都没有。

有人说，命题作文特别是官方评论，看上去不难写，读起来挺顺溜，想一想平淡无奇，但写起来真难。这道出真实的创作体会。所谓命题作文，题目是根据工作需要确定的，文章却要作者经营。何处起笔，何处收煞；何处打开，何处拢住；何处重写，何处轻点；等等，需要通盘考虑。

也许可以这样说，评论作者应该比其他同志更注意学习时事政策，在吃透领导精神和实际工作情况的基础上，将观点和材料加以整理，并贯穿于文章的字里行间。不论什么样的题目，只要我们研究透、琢磨透，就能以变应变而又万变不离其宗，获得自由。

有人说"命题"很少能写出好文章。未必。"九评"不是写得很好吗（姑且不论观点如何）？文章好不好，与是否命题没有必然联系。文不缚人人自缚。乐于写，就有欲望有激情；善于写，就可以有所为。有一点是肯定的，对专业评论工作者来说，不是要不要写命题作文，而是要努力做到"乐于"并"善于"写好命题作文。

例文

伟大的丰碑　辉煌的岁月
——纪念党的十一届三中全会二十年（节选）

二十年前的今天，中国共产党第十一届中央委员会第三次全体会议在北京隆重开幕。以此为标志，我们的国家进入社会主义建设新时期。

经历了广泛深刻的历史变革,回顾改革开放二十年的辉煌成就,党的十一届三中全会,犹若历史风云中巍然屹立的丰碑,永远鼓舞我们不断地进行创造和开拓。

党的十一届三中全会的历史功绩在于,重新确立了解放思想、实事求是的马克思主义思想路线;毅然抛弃了"以阶级斗争为纲"的错误方针,把党和国家的工作重点转移到经济建设上来;形成了以邓小平同志为核心的党的第二代中央领导集体;对"文化大革命"中遗留下来的若干重大的政治、思想和理论是非进行了认真清理;做出了实行改革开放的重大决策。随着时间的推移,其影响历久弥深:改革开放和社会主义现代化建设从这里拉开序幕;党在社会主义初级阶段的基本路线从这里开始形成;当代中国的马克思主义——邓小平理论从这里发展和完善;社会主义在遭受严重挫折之后开始在这里重新焕发出生机。中国人民从此走上建设有中国特色社会主义的新道路。

二十年来,在党的十一届三中全会路线、方针、政策的指引下,我们的国家发生了举世瞩目的历史巨变。改革从农村到城市,从沿海到内地,从经济到政治、文化、科技、教育以及其他领域,犹如滚滚春潮,波澜壮阔,极大地解放和发展了社会生产力,推动了社会的全面进步;国民经济持续快速健康发展,"翻两番"的建设目标提前实现。社会主义市场经济体制的基本框架初步形成。社会主义法制建设和社会主义精神文明建设取得丰硕成果。综合国力显著增强。国际地位空前提高。二十年中,我们的国民经济从濒临崩溃到经济总量居世界第七;主要工农业产品产量居世界第一;外汇储备居世界第二;吸收外资居世界第二;我国城乡居民收入水平成倍增长,物质文化生活大幅度改善。我们的祖国欣欣向荣、蒸蒸日上。

……

改革开放二十年，轰轰烈烈，波澜壮阔，经济发展，民族振兴，伟大的祖国面貌一新。但这只是建设有中国特色社会主义宏伟事业的序篇。和二十年前相比，我们所面临的形势和任务已经发生了重大变化。当今世界正在经历着第二次世界大战以来最深刻的变革。政治多极化和经济全球化，相互推进，交相呼应，不同力量、不同集团、不同国家和地区的交往和竞争，将会在下一个世纪呈现更加错综复杂的局面。在这一形势下，我们国家的深化改革，扩大开放也面临着新的问题和任务，需要我们清醒对待，沉着应对。

……

——摘自《人民日报》1998年12月17日

作者按语

这是一篇为纪念改革开放二十周年所发表的社论，是一个"规定动作"，是一篇标准的"命题作文"。写好这篇社论的要点，是准确评价改革开放决定性意义，阐述继续推进改革开放的思路和决心。这几个要点很不好写，关键是概括得准确，表述得有气势。社论看上去没有什么华丽辞藻，但能够感觉到强大的思想逻辑力量。

社论第二自然段的中心意思：思想路线、工作重心、领导集体、重大决策。同时，论述三中全会历史性贡献：现代化建设序幕、社会主义初级阶段判断、邓小平理论形成。第二自然段的这些核心要素不仅要完整呈现，而且要表述准确。从这个意义上说，这篇命题社论反映了作者对二十年风云岁月的深刻认识，也体现了社论写作必须具有高度归纳、概括的能力。因为，社论不是一般意义上的文人写作，而是对一段历史，对一个时代的郑重评价。没有历史纵深视野，没有全局认知把握，没有评论语言驾驭自如，完成这篇社论是很难做到的。

这篇社论写于二十多年前，但许多判断契合当今现实，许多观点经过了实践的检验，至今读来仍感到荡气回肠，很有启发。这并不是作者有什么高明之处，而是从中可以看到当年我们党确定的改革开放和现代化建设的宏伟目标，被一以贯之地坚持下来。比如，提出二战以来的深刻变革，政治多极化和经济全球化，预见21世纪国际政治经济格局将呈现出更加复杂的局面，等等。从今天来看，这些判断对于我们此后提出的抓住重要历史战略机遇期，抓紧时间加快发展，具有决定性意义。正像大家所看到的那样，二十多年后，我国经济总量从世界第七跃升为第二；制造业遥遥领先，总量相当于一个欧洲；外汇储备世界第一；老百姓生活从温饱达到全面小康；逐步完成了从富起来到强起来的历史性跨越。

当今中国的国际地位和国际影响已非当年可比，更重要的是，国际社会和中国人民都确信中国的发展，中华民族的复兴是不可阻挡的。请读者注意，其实早在二十多年前，这篇纪念党的十一届三中全会的社论已经向我们展示了这样的前景。应该说，后二十年中国改革开放的实践使我们增强了中国特色社会主义的道路自信、理论自信、制度自信、文化自信，这是我们最大的收获。

第六节　配写：把"魂"与"体"拧在一起

"配"评论，是指为配合某一特定的新闻报道而写作的言论。通常是，新闻报道和评论同时刊出。"写"评论则不一定为特定的新闻报道而作，多数是单独成篇。自然，新闻评论即使不是配写，也应该有新闻由头或新闻背景，比如国庆社论、元旦社论，或者为阐述某一项政策或就某个问题发表意见。

配评论和写读后感有区别。读后感通常是从个人的角度发表意见，"我"是读后感的主角。配评论通常是以报社的名义发表意见，"我们"是评论的主角。读后感在多数情况下是对作品本身发表意见；作品见解如何、构思如何，都无妨一感。配评论则主要面对新闻事实发表意见，很少对作者和作品本身评价或赏析。配评论和写"编者按""编后"略有区别。后者主要是对新闻报道进行导读和提示，不展开论述，因而通常篇幅较短。

配写评论有两种情况值得注意。

一是"魂"不附体。有人以为新闻事实不过是一个由头或者是一个道具，引出话题之后，就可以扔到一边，大论特论起来，以为这就是就事论理。这种看法可能不妥。不是说文章不可以这样写，比如杂文、随笔之类就常常如此，但这并不适宜配评论。如前所说，"配"终究要以新闻事实为依据，可以联想生发，可以概括提升，但不能离开新闻事实，否则就不能称之为配。配，必须自始至终都围绕着新闻事实：揭示事物本质，分析事物是非，展示事物价值，达到就事论理的目的。这里要提出一个概念，就是"魂"要附"体"。

新闻谓之"体"，要告诉读者发生了什么事情；评论谓之"魂"，要告诉读者为什么会发生这样的事以及它给了什么启示。评论当然要"跳"出来，由事而评，有感而发，由具体而抽象。但是不管怎么"跳"，"跳"得多么远，它终究是"体"的延伸，是为特定新闻报道服务的。和写评论不同是，配评论应该让新闻事实作为主角，而不应该只把它当作一般意义上的论据。

再一种是有体无"魂"，也就是我们常说的"以叙代评"。新闻报道主要是用事实说话，如果记者不能给读者提供翔实而准确的事实，却忙不迭大发议论，就好像是前锋去干守门员的活，费力不讨好。反之，新闻评论主要是用观点说话，如果评论员不能给读者提供独到见解，却喋喋不休地复述事实，也属于没干好正业。

引述事实当然是配评论不可或缺的环节，但此时读者已经了解了事实，所期待的是看到对新闻事实的看法。你所担负的任务是，告诉读者这件事——意味着什么，证明着什么，揭示着什么。总之，要把事实背后所蕴含的道理展示给大家。

事实上，面对新闻事实配写一篇切中肯綮的评论往往不是那么简单。比如，为一篇人物通讯配评论，常常会使论者淹没在大量的动人故事里。"这个人真好！"但好在什么地方，却不容易说得准、说得全、说得透。又如，为一个新闻事件配评论，常常会使论者纠缠在复杂而曲折的事实上，理不出头绪。"真是骇人听闻！"但骇在什么地方，却语焉不详。这正是配评论的最紧要之处，也是最艰难之处。

就人物而言，要抓住其最显著特点。好人总是相似的，但每个人的特点又总是不同的。抓住了人物显著特征，也就抓住了评论主基调。就新闻事实而言，则要透过事物表象，看到其所发生发展的线索，分析其发生发展的原因和背景，揭示其对社会生活产生的影响。就像一位医生，一定要找出病灶；就像一位鉴赏者，一定要对文物价值做出评估。论者最重要的任务就是考量事实的意义。

不是任何人物和事件都具有评论的余地和评论的价值。有的新闻事实实际上已经相当清晰相当充分地展示了其自身的意义，再说已属蛇足；有的新闻事实缺乏思想的含量，没有评论的意义。配评论要对评论对象细加斟酌。

例文

知识工人有力量

天津港煤码头公司操作一队队长孔祥瑞的事迹，向我们展现了一名普通产业工人在为国家建设的无私奉献中成才、立业、建功的奋斗历程。他的工作岗位是平凡的，但他的工作业绩不平凡：主持150余项技术创新项目，为企业创造效益8000多万元。孔祥瑞给我们的启示是"知识工人有力量"。

知识工人有力量，这力量来自新中国工人阶级当家做主的主人翁精神，来自作为一名工人共产党员的觉悟。用孔祥瑞自己的话说："我是天津港的建设者，更是天津港腾飞的受益者，作为新时期生产一线的共产党员，必须以主人翁的强烈责任感在自己岗位上干出一流业绩，体现共产党人的先进性。"

知识工人有力量，这力量来自学一行、爱一行、钻一行、专一行的职业技能。面对经济全球化、信息网络化、科学技术日新月异的发展，以包起帆、许振超、陈刚毅、孔祥瑞等为优秀代表的我国各条战线的先进模范们，以"特别能战斗"的精神，刻苦学习，顽强攻关，掌握和运用现代科学技术，成为先进生产力的代表。他们既体现着中国工人阶级吃苦耐劳、无私奉献的传统美德和高尚品质，又展现着开拓创新、与时俱进的精神风貌和时代特色。他们奉献的是汗水更是智慧。

知识工人有力量，这力量来自我国工人阶级奋发向上、比学赶帮的品格。"榜样的力量是无穷的。"20世纪50年代，劳动模范孟泰等勤俭节约、艰苦创业的榜样，鼓舞着全国人民奋发图强，改变了我们国家一穷二白的面貌；20世纪60年代初，以王进喜为代表的大庆工人阶级的拼搏精神激励着全国人民克服各种困难，使我们国家社会主义建设不断取得新成就。中国工人阶级就是这样为着国家繁荣富强一代又一代不懈奋斗。

劳模是一朵艳丽的红花，需要繁茂绿叶扶持，更需要阳光、雨露和肥沃的土壤。孔祥瑞这朵红花就是天津港各级党组织及集团公司的团队众手培育的，是天津港实施"把每个员工当作人才培养，把每一个岗位当作成才舞台"规划的结果。今天，面对改革发展的繁重任务，面对激烈的国际竞争，我们需要千千万万个孔祥瑞。各级党政领导干部，各企业各部门的负责人，都要甘当育花人，都要当好育花人。各个岗位的工人，既要立志自己成才，也要为工友成才提供支持和帮助，让更多的孔祥瑞脱颖而出。

——摘自《人民日报》2006年11月1日

作者按语

这是一篇典型配写型评论，即就某一新闻报道和新闻人物发表意见。配写评论的特点，是新闻报道和新闻评论两条线索相互交织，有序推进。也就是说，配写评论往往是新闻和论说有机结合，像"麻花"一样紧紧地拧在一起。其要点：

一是不偏离报道主角。这篇评论的开启段和结尾段，都是以孔祥瑞作为主角。缕述这位劳动模范的主要事迹，评价其成就，目的在于给出读者引发思考的理由。

二是不拘泥于就事论事。这篇评论的三个核心段落是对孔祥瑞典型特征做出归纳，即主人翁的精神、良好职业技能、比学赶超的品格。在这几个段落里，主角是孔祥瑞，但又不仅仅是孔祥瑞。其展开部分是综述了新中国成立以来，各个时期劳动模范都具有的共同行为特征和道德品质，同时评论文的新闻性又必须彰显鲜明时代特征。孔祥瑞是劳模队伍中的一员，但与时传祥、王进喜、张秉贵等又有很大的不同，就是这一代产业工人不仅具有吃苦耐劳精神，更注重学习现代科技知识、掌握专业技能，并通过自己创造性劳动为社会贡献巨大财富。如"主持150余项技术创新项目，为企业创造效益8000多万元"。孔祥瑞之所以应该受到表彰和学习，是因为他的事迹揭示了一个道理——"知识工人有力量"。这样，就使评论从一般意义上对劳动模范的讴歌，提升到用新时代坐标评价当代劳模的这样一个认知标准。

三是文末的归结总括全篇主旨。即，怎样认识劳模的价值和意义，怎样理解新时代劳模的精神特征，怎样发挥劳模的示范作用。文末段有一句话写得很有针对性，"劳模是一朵艳丽的红花，需要繁茂绿叶扶持，更需要阳光、雨露和肥沃的土壤"，这样就大大拓宽了评论的视野，把劳模和劳模精神与国家的现代化建设联系在一起。

前文说到，配写评论的两大弊端"魂"不附体和有体无"魂"。这篇评论提供了"魂"体合一比较好的样本，既没有把新闻人物当作道具，论者自说自话、泛泛而论，也没有"有叙无论"，仅仅复述新闻，没有论者的评价和见解。

第七节　杂文：味道辛辣的另一类评论

杂文是一种令读者感到亲近的文体。读好的杂文，仿佛是在豆棚瓜架之下倾听一位智者的闲谈，极深奥的道理以机智的文字道出，虽然是梁间燕语、阶下虫鸣之类的詹詹小言，但大智慧、大道理、大政策包孕其间，亲近中不乏严谨，率性中不失法度，怡情中更可格物致知。所以，古今中外，杂文随笔，绵延不绝；今天仍是读者最爱读的一种文章。

杂文的魅力在于杂。杂而多彩，杂而多趣，杂而多识。柏拉图以对诘的方式谈哲学，达·芬奇用笔记撰述艺术论……信手拈来，随手放倒，都是极好的杂文。中国的杂文大家更是代有传人。杂文的特点首先是文体不受约束，怎么写着方便，怎么写着有味儿，就怎么写。即使是同题作文或见识相似，也是一人一文、一文一面，很少重复。可以是寓言体、新闻体、对话体、断想体，也可以是什么都有的混合体。其次是语言的挥洒自如，可以通篇掉书袋，可以合辙押韵，如快板书；可以极为口语化，如贩夫闲谈；可以雅言法语，不苟言笑；可以是文白相间，还夹杂欧式语，也可以长短句参半，时快时慢。直喻、曲喻、反喻、讴歌、鞭挞、慨叹、抒情，只要用得得体，均可入文，蔚然而成局面。

有人说，作文贵杂，不杂而不成其为杂文。也许因其太杂，很少有人愿意对这种文体加以明确厘定。就风格而言，尖刻的、典雅的、冲和的、温醇的、俊逸的、隽永的、瑰丽的、睿智的、幽默的、端庄的……人人不同。就内容而言，讥谈时事，品味人生，赏析文化，怀旧感叹，无所不包。既然没有一致的看法，也就不必非要弄得清爽。好在没有人专门教授杂文，多数的杂文作者总是在揣摩中摸索着写。写得好了众人说："不错，有点杂文味儿"，便认为杂文就是如此。

"味儿"，很难有一致的看法。有人说香椿臭，有人说香椿香。杂而有味，正说明它必须有些特别的地方。特别，又无以名之，皆曰"杂"，杂又成了独一无二的味道。

这里要讨论的是杂文的杂是怎样形成的。这或许比明白何谓杂文更重要，因为说一千，道一万，写不出杂文的气象、杂文的味道，还是写不好杂文。

我以为这可以概括为三句话。

一曰多学。有人说，杂文不入学术、文学的殿堂。但在我看来，至少在中国，一流的杂文作家通常也是一流的学者、作家。虽然爱写杂文的什么人都有，但只有文化人写得最入味，这倒是不争的事实。王力先生是最好的古汉语专家，依他的看法是写烦了天书，偶尔也想写几句人话，这便是杂文。这是戏言，确也道出一个实情：唯广博而不能杂。就像是表演大师也偶尔演个小品，但仍不失大师本色。反过来说，小品演得好，却正说明必须有深厚的艺术造诣。同样的道理，杂文虽小，却要求有比较深厚的学问功底。一篇好的杂文有时涉及哲学、文学、历史乃至天文地理方面的知识。不能说样样精通，但也得触类旁通。有人说，杂文也许是最考验作者学问功力的一种文体。这是实话。一个杂文作者必须坚持不懈地进行文化建设，积累多了，自然可以杂起来。倘没有这样的文化背景，想杂也杂不起来。

二曰多识。有人说，年纪太轻恐怕不宜写杂文，阅历浅写不出好杂文。这说法未免片面，但一般来说，见多识广是很重要的条件。"世事洞明皆学问"，这句话对杂文创作规律是一个很好的概括。多识才能比较，比较才有鉴别，鉴别才能有所发现。一个人如果能写出"政策的正确性只有通过实践才能获得检验"这样的句子，也许不难；但如果写出"倘问鞋子是否合适最好去问一问脚"，那就非要有相当的生活阅历和生活经验。在闹哄哄中保持一份冷静，在困顿中保持一份达观，在众口嚣嚣中保持独立见解。观一叶而知秋，看滴水而见太阳。这些说说容易，做到就难。没有相当的阅历就不会有文笔的老辣，正如没有挨过饿的人永远体会不到饥肠辘辘的滋味。倘说教训是生活赐予的一杯苦酒，那么吸取教训之后的经验正是杂文创作的财富；如同是见惯了大动静的钟鼓楼的家雀儿，经得太多，它还会惶惶不可终日吗？

三曰多情。好的杂文家有无事不可入文的本领。宇宙之大，豆芥之微，俯仰之间，皆成文章。这是因为，杂文家对生活、对人生、对社会有一种特别的敏感。鲁迅说，他写杂文是"绝望的抗争"，梁启超说，他写杂文乃是"情动于中，发而为文"；林语堂说，他的杂文是"内心的宣示"；徐志摩说，著文原是有一种"浓得化不开的感情"……正是有这样一种感情，国事、家事、天下事，才奔来眼底；或讴歌，或鞭挞，或探索，又总是乐此不疲，精力弥满。"笔尖常带感情"，那不过是心灵的风暴涌向笔尖。心动才有笔动，于是嬉笑怒骂，皆成文章。好的杂文作者应该用心来写作，而用心写就的文章总能和更多的心灵交流，产生共鸣。多情未必可以写好杂文，但无情或少情多半写不好杂文。至于理性和理智之于杂文创作的重要性自不待言，那就是另外一个问题了。

例文

为"附庸风雅"一辩

近日，参加一个读书座谈活动，有当地名流，有普通爱书人，还有民营企业家。交流发言中，一位企业家显然是有备而来，引用了不少名人名言，虽然稍长，但还是瑕不掩瑜。接下来是当地名流的发言，当然水准在前者之上，但有意无意中话锋带及前者，"附庸风雅"等词都说了出来，让对方一时面呈尴尬。虽然说话人很快将不悦的火苗掐灭掉，但事后回味，仍深感这位地方名流出语欠厚道。甚至，本人也产生有为"附庸风雅"一辩的念头。

无疑，这个词饱含贬义。"附庸"本是说诸侯国里附属于大国的小国，"风雅"则是《诗经》的内容。从历代人对此词的运用来看，无不将其钉在耻辱柱上。是啊，学养浅，仍然要追求风雅，难免就会露出破绽，让高高在上的风雅之士讥笑也就在情理之中。

不过且慢。与人佣耕的陈涉，尚敢呼出"王侯将相宁有种乎"，并深得太史公激赏，今天附庸风雅者，不过由"修身"觊觎一下"齐家"，本没有太多的奢望，名人雅士为何不能放其一马呢？人家起点低，为了在这个读书座谈会上沾点大家的书香，早早翻书做准备，心不可谓不虔诚；人家知道书香是美好的，也明白自己的欠缺，知道缺啥补啥，摈弃了土豪晒名车名包的习惯思路，品不可谓不向善，得到的也不应是嘲讽讥笑。

名流之所以成为名流，那也是自己日积月累，青灯黄卷，甚至如"偷师高手"孔夫子那样"三人行必有我师"，方才有今天的名望和地位。闻道不分早晚，解惑自有先后，向善向美之心，原本不该招致奚落。退一万步说，"附庸风雅"总比"附庸粗俗"高出好大一个档次。

附庸风雅，在今天当作一个中性词来解读未尝不可。知道附庸风雅的人，若能购买文化典籍进家，自己有空翻阅，自己受熏陶之余也会营造家庭书香氛围，子弟就会绝少去与人家比富，说话也不会盛气凌人地高腔大嗓。知道附庸风雅的人，若能对真才实学者心生敬重，并尽己所能给予帮助，也可视作公益。知道附庸风雅的人，总会有一个由量变到质变的过程，从一开始的言谈举止不够得体，露出马脚，到渐渐错讹变少，明大义识大体，由假风雅变成真风雅。若是这样的附庸风雅，在倡导全民阅读的今天，我们又何不应以一种宽容厚道的社会胸襟和情怀来看待呢？

——摘自《人民日报》2017年5月29日

作者按语

对读者来说，没有必要区分文体，好看就行。但对报刊编辑来说，还是要有明确分工；而对作者来说，必须知道术业专攻，心中有数。《人民日报》新闻版、专版、副刊，大多有言论专栏。怎样避免同质化，办出风格特色，一个重要设想就是按文体不同而区分专栏性质。比如，四版"人民论坛"，主要刊用时评，也就是我们常说的新闻评论，突出对新闻事件快速反应；理论版"思想纵横"，主要刊发思想评论，突出论理和观点；文艺副刊版的"金台随感"，主要刊发文艺性政论，也就是我们常说的杂文；艺术构思和语言具有个性和张力。其他版面的言论也大体是这样一种分类。

这里选了一篇刊发在2017年5月29日8版文艺副刊上的杂文。选择此文，主要是因为其具有比较典型的杂文要素，比较容易讲解。

选题——辩驳或批评类话题最适宜做杂文选题。此文选题属于这种类型。好处是主题集中，容易谋篇布局，在较短篇幅里展开论述。其逻辑推演是这样的：附庸风雅原本是"土豪"的一种装饰——虽说是装饰，但毕竟是追求取向没什么不好——附庸风雅总比附庸粗俗好。全篇用的是间接反驳归谬。这是一种辩论的"利器"。鲁迅杂文中，有相当多被称为匕首或投枪的短政论，比如，《"费厄泼赖"应该缓行》《中国人失掉自信力了吗》等，对归谬这个利器使用得出神入化，使用很有战斗力。

最适宜，当然并非唯一，选题完全可以多种多样。像梁实秋的雅舍杂文，谈花鸟鱼虫，论人生百态，也同样拥有很多读者。

由头——未必有新闻事件，不刻意强求时效，而是作者对所见所闻发出的一点感想。对副刊编辑来说，辨析附庸风雅这个话题，这一周或者下一周刊发关系不大。当然，报纸杂文也依然有其特殊要求，就是所论话题应该是新颖的：勤奋一定可以出天才吗？节约可以致富吗？老实人肯定会吃亏吗？投机是一种才干吗？运动是长寿之道吗……在人们习以为常的社会生活中发现新的问题，从"远近高低各不同"有所发现。

语言——文学性政论特质，是语言的个性化造型，鲜明生动、具象，一定要力求与众不同。鲁迅犀利，林语堂幽默，梁实秋儒雅，周作人冲淡，钱锺书机智……举凡大家的文学语言，皆因其风格卓异而独树一帜。这或许是杂文与时评的一大不同。

第八节 杂文：政论主导下的文学表达

评论与杂文在报纸上多用楷体字并加框刊出，读者习惯把它们统称为言论，但两者既有相似之处，也有很大区别。

有人说，杂文是文艺性政论，评论是新闻性政论。这个定义大体不错。在"政论"这个要素上，两者是相似的；在文艺性和新闻性这两个要素上，两者又是不同的。

相似之处，大体可以概括为以下三方面。

第一，评论和杂文都是以观照现实生活为其创作之源，针砭时弊，激浊扬清，富有战斗性。

第二，评论与杂文区别于其他叙事文体，属于议论文；都要对现实生活种种现象做出分析，并阐明自己观点。

第三，评论与杂文创作需要诉诸理性思考，议论文所需要的论点、论证和论据，一个也不能缺。当然细说起来，相同相似的地方还很多，但总的来说大致如此。

不同之处也许可以概括为以下四方面。

第一，评论是新闻作品，没有新闻背景，缺乏时效性，就不成为新闻评论。杂文是文学创作，缺少文学元素，缺乏所谓"杂文味"，就不成为杂文。

第二，杂文文学元素的鲜明特征，是运用"赋比兴"等形象化手法，"假物以彰之，寄物以托之"。好的杂文应该是含蓄而典雅的，有独特的创意和风格。评论则不必刻意强调文学性，而要鲜明简洁，开门见山，直来直去。

第三，杂文重美感，入题、转折、过渡、照应、收尾等，要讲求艺术构思，有波有澜，有庄有谐，有声有光。好的杂文作品在制作工艺上有可观摩价值。评论也要写得漂亮，但它的漂亮更多地体现在观点新颖与思想犀利。评论也讲结构，这种结构所展现的是缜密的分析和严谨的求证：赞成什么，讲出理由；反对什么，拿出证据。

第四，杂文应该包含着较多文化和文学因素，要求作者有较丰富的文史方面知识。所以有人说，杂文作者中作家和学者居多。新闻评论是时政类作品，有较强新闻性，评论作者中新闻工作者居多。虽然新闻工作者中不乏杂文好手，作者、学者中也不乏新闻评论人才，但总的来说，杂文作者和评论作者的知识结构、创作追求和审美情趣，是有很大不同的。

讨论评论与杂文异同，主要是为了研究业务。对读者来说，无论评论还是杂文，要求都是一样的，就是希望从作品中汲取思想启迪。有一种看法，认为评论作品侧重时事宣传，形式呆板单调，不能登上艺术大雅之堂。这种看法是片面的。文体没有优劣之分，只有创作水平高低之别。这两种文体的言论作品，都各有长处，作用和影响也表现在不同的方面。

讨论两种文体异同，是因为在创作上确有可以互为借鉴之处。搞清楚这些问题，对于提高评论和杂文的创作水平都有好处。

第一，评论是杂文的基础。不论什么样的议论文，认识生活、发现问题、阐述观点，都是重要环节。杂文的特点是杂，旁征古今中外，博引天南地北，或奇思妙喻，或发微探幽，或联想生发……但文虽杂而理不乱，恰恰要把各种知识贯通起来观察，把各种现象联系起来思考。杂文的魅力，乃是把想象之思、分析之脉、慨叹之情，像穿糖葫芦一样穿起来，使之更有光彩，更有趣味，更有个性。尽管杂文需要形象表现，但它终是理性产物，没有新颖的立意，没有由表及里、由现象而本质的归纳，是不行的。一个好的评论家未必能写出好的杂文，但缺乏评论写作基础，很难在写杂文方面取得进展。犹如书法，描红虽是初步，但一切书法创作必须从临摹开始。

第二，杂文是评论的延伸。对评论作者来说，有一个角度新颖的选题（也是观察问题角度），有围绕主题展开的几方面（也就是文章层次），就可以着手写作了。但对杂文作者来说，这些可能还不够，还要考虑艺术表现。杂文构思最忌平直，强调个性风格。它常常是不走现成的道儿而独辟蹊径，把现成的材料掰开了、揉碎了，以新的排列方式重新捏塑起来。杂文讲究语言锤炼，同一个意思，可能有完全不同的表达。或文绉绉中杂以俚语，或深奥道理用大白话出之，长句短句，古文白话，信手拈来，随手放倒。

把抽象化为形象，"假象取耦，以相譬喻"。从准确表达到艺术表现，杂文确实要多一些经营结构、立意、文字的心思。

例文

毋宁想得复杂些

米博华

善良是人类的奢品。

要推翻这句类乎尼采式的小格言，不费吹灰之力；以往数百年间，无论私塾还是公学，第一课总是这样开始："人之初，性本善……"

我们甚至可以信手拈出成百上千件内容绝不重复的乐善好施的故事，从柳下惠到当代好人好事，时代不同了，善良的本性更是大放异彩。

善良是美的，比情侣更迷人。两千年来我们渴盼着把善良推向顶点的尧舜之风，春风风人，夏雨雨人。我们焦灼之状一如永远追逐自己的影子，却总是幻想。倒是专门制止邪恶的诸种法规堆满了书橱，蔚成大观。连瑶池碧宇的宁静处所，都须贴上"此处吐痰，罚款5元"才能避免白玉栏杆痰万行之污。

另一个惊人的发现是，乐善好施等义举，其增长的速度总是赶不上阴财昧物等恶行。当有的同志一猛子扎到水中，奇迹般地救起老大娘时，不期而来的是，你的衣服、书包和单车早已被如潮的人流中的个别分子席卷而走。这时你才觉得，没有及时制定一个把打劫的人手指剁掉的法规是多么的错误。

所以对人的评价处于两难境地：说人的天性是善良的，可为什么邪劲上来比野兽还残忍，比如对改革者的车裂和杀头等大刑；说人的天性是邪恶的，毕竟还能找到舍生取义的例子。对于后者中国第一号圣人是赞同的，他坚持认为人可以通过"己所不欲，勿施于人"的内省达到完美的道德境界。为此他心传口授了以道德为旨归的治国方略。另一位沉思默想的哲人则很不以为然，大骂"仁政"的虚伪和可笑，毋宁把人看成是天性调皮的孩子。他甚至高呼："圣人不死，大盗不止。"

不过中国人还是接受了第一号圣人的意见，结果是，如哲人所预见的那样：某些道德家往往是勾引女人、中饱私囊的一流高手。大文豪鲁迅大为失望，遂作"国殇"——满嘴仁义道德，一肚子男盗女娼。当然这并不意味着可以装满一座书库那么多的关于道德哲学的伟大遗产全部作废。圣人的用心是好的，是善良的。

从理论上讲，我不想把人想得更坏；从实际上讲，毋宁把人想得复杂些。正如你完全信任出纳小姐的诚实，但钱，最好还是当面点清，因为这是必要的规矩。这种规矩越多、越完备，并成为全社会一切方面的法律准绳时，也许能使尧舜的故事由神话而变成现实。坦率地说，现存的法律法规纪律等，相当多的成分是从怀疑人的善良性和忠诚性开始的。制衡、约束、监督等温文尔雅的辞令，总不比"赞美您伟大的品质"来得动听。可是没办法，人就是这样调皮复杂。这样一条思路用于整顿吏制，建立一个廉洁的机构看来也许是最明智的。我们宁可相信大多数官吏是好的，一少部分官吏是可以通过良心发现的方式接受善的规劝，但是因此而高枕无忧，则可能犯错误。既然我们的教育方案是如此的完备，良心发现是这样的可以改变一个人的品德和行为，那么好吧，道台大人，我们把钱全部交上，怎么花由你，我信得过你——这时候你就会发现，由良心发现所维系的廉洁是多么的脆弱：赈济灾民的款项3/10被划进了道台大人的存折。相反，倘一开始就抱着怀疑的态度，不厌烦地以法律方式申明，"染指赈款，格杀勿论"，并真的把耍鬼的道台大人绑赴刑场，开刀问斩，这虽然有悖"仁政"的构想，近乎非礼，但只有这样才大抵可以使我们看到神州尽舜尧的盛况。要做好事，不做坏事，虽说是初等教育，但谁也不会否认这是永恒的甚至是终极的目标；终其一生而未能付诸实践者大约巨如蚂蚁之数。而仅仅为了做到这一点，往往要弄得遍地血污。

大哉孔夫子。可他忘了这一点，使我们空等了两千年——一个清明的世界姗姗来迟。

——摘自《人民日报》1989年5月11日

作者按语

这是一篇政论体杂文，发表在《人民日报》文艺版"大地"副刊上。选择这篇文章作为案例，是因为本人在创作过程中有意识地做了文体上的区隔，使文章符合文学版性要求，有一些杂文的味道。

　　文章的主旨是讲端正党风、改进作风，不仅要靠道德约束，更要靠制度保障。如果按照新闻评论的一般写法，从题目到行文可以是另外一种式样。比如，题目是《制度和纪律是根本保障》。正文写几层意思：第一，德治和法治是社会治理的两个抓手，不可偏废。第二，仅靠人心向善的自身觉悟，无法解决不正之风甚至是贪腐问题。第三，我们希望人心向善，但人心向善必须坚持刚性制度。第四，在这个问题上，不可简单化、片面化，应该从德和法两方面同时发力。

　　这样写同样可以把观点说清楚，但这是评论的写法而非杂文的写法，缺少了一点"杂文味"。如何体现"杂文味"，我的体会是：

　　第一，使用大量具象化的叙述，特别是运用类比方法，以增加论文的形象性。"我们焦灼之状一如永远追逐自己的影子，却总是幻想。倒是专门制止邪恶的诸种法规堆满了书橱，蔚成大观。连瑶池碧宇的宁静处所，都须贴上'此处吐痰，罚款5元'才能避免白玉栏杆痰万行之污。""当有的同志一猛子扎到水中，奇迹般地救起老大娘时，不期而来的是，你的衣服、书包和单车早已被如潮的人流中的个别分子席卷而走。"这里没有论断性语言和逻辑思辨，而是通过日常生活中习见的现象引申开去，启发读者思考。

　　第二，努力使语言表达更具个性化色彩，而不是平铺直叙、堆砌抽象概念。比如，"正如你完全信任出纳小姐的诚实，但钱，最好还是当面点清，因为这是必要的规矩。这种规矩越多、越完备，并成为全社会一切方面的法律准绳时，也许能使尧舜的故事由神话而变成现实。""既然我们的教育方案是如此的完备，良心发现是这样的可以改变一个人的品德和行为，那么好吧，道台大人，我们把钱全部交上，怎么花由你，我信得过你——这时候你就会发现，由良心发现所维系的廉洁是多么的脆弱：赈济灾民的款项3/10被划进了道台大人的存折。"这样的语言放在标准的新闻评论里，可能不够准确。但作为杂文，则必须注重语言的造型。文学是语言的艺术，没有语言的独特性也就不能成其为好的杂文。

第三，文章的切入角度和结构打破了评论的一般定式。由远而近，由小而大，文散意不散，不经意间阐释文章主题。从"善良是人类的奢品"到"大哉孔夫子。可他忘了这一点，使我们空等了两千年——一个清明的世界姗姗来迟"，起首段和结尾段其实都经过了精心的构思，首尾呼应，体现含蓄但不含糊的阅读效果。

第四，增加一些历史典故和文学元素。此文把孔子和墨子的观点拉了进来，同时又增加了一些历史知识，如柳下惠、商鞅等，使文章有一些知识性，增加阅读情趣。这些元素杂陈于字里行间，同时又归拢于文章主旨。

大家知道，鲁迅不仅是新文化运动的旗手，也是我国近代史上首屈一指的杂文宗师。我从年轻时代就非常喜爱鲁迅的杂文，《鲁迅全集》常常是反复阅读的基本读物。不仅从中感受新思想的滋养，也体会鲁迅杂文的精妙绝伦。正是基于这样一种偏好，我的评论写作恰是从撰写小杂文开始的。初始阶段是一种模仿，琢磨鲁迅文章的要义，临摹鲁迅先生的笔法，学习以杂文方式抒发思想、阐发观点。鲁迅先生的作品对年轻的我犹如高山仰止，仅仅是学习到一点皮毛已属不易，更不要说鲁迅对近代中国社会的剖析和认识，这是我们无法企及的。我想说，正像学习书法必须临写"二王"法帖一样，学习撰写杂文恐怕也必须学习鲁迅，这才是正途。还要说，近代中国曾经有过杂文统御文学的繁盛时代，一大批新文化运动的主将都是杂文高手，也都创作过脍炙人口的作品，比如周作人、林语堂、梁实秋等都有很高的成就。这些作品我几乎全部收藏并反复研读，以期增加自己的文学素养，写出有味道的杂文。当然这是一个很高的要求，只能是"虽不能至，心向往之"。

杂文在当下这样一个时代怎样适应新的传播方式、新的阅读习惯，是一个值得研究的问题。坦率地说，杂文的创作规模和创作质量大不如前。令人欣喜的是，自媒体的勃兴特别是个人写作的蓬勃发展，使杂文的文脉得到了富有时代特点的继承。我看到很多网络上流行的时评就具有"鲁迅风"，尖锐犀利，不拘一格，特别是网络语言大量植入时评政论，更加凸显了传统杂文的某些特质。从这个意义上说，杂文是有生命力的，关键是必须有一大批有志于此的同道开创新局，使杂文这个曾经风靡全国、影响几代人的有中国气派的文体焕发出青春活力。

第九节　重磅:"任仲平"是怎样磨炼成的

中央领导同志会经常、反复强调,新闻宣传工作要坚持正确舆论导向,提高舆论引导能力。作为党中央机关报,要做到导向正确、引导有力,最重要的就是要发挥《人民日报》的政论优势。这里,我结合"任仲平"创作,谈一谈人民日报评论工作的体会。

一、关于"任仲平"

政论是《人民日报》的传统和优势,而"任仲平"文章无疑是《人民日报》政论的一个重要品牌。15年间,《人民日报》共发表了55篇"任仲平"文章,6次获得中国新闻奖特别奖和一等奖,多次得到中央领导同志表扬,深受广大读者喜爱。

就传统而言,人民日报编委会历来重视评论工作,多位社领导,如原社长邵华泽同志特别是原副总编辑谢宏同志直接创作任仲平。进入21世纪8年多以来,张研农同志作为副总编辑、总编辑、社长,始终领导"任仲平"写作小组,主持策划、选题、修改、定稿的全过程。

就优势而言,言论历来是《人民日报》的强项。报社集中了多个部门的业务骨干,历时十多年反复历练,培养了一批评论人才,形成了一套工作机制,创造了一种清新文风,赢得了为数众多的热心读者。"任仲平"展现了舆论引领的独特作用。

人民日报社社长张研农同志在一篇文章里,介绍了任仲平的创作情况，概括为三句话："七八条枪""七上八下""七嘴八舌"。

"七八条枪"指的是一种组织架构。"任仲平"成员来自全报社，有社领导，有部主任，有资深记者、编辑，也有入社不久的年轻人。大家各有专长，平时各忙各的，任务一召唤，便跨部门选人组合，落实领军人，项目负责制，小组出初稿，集体来统稿。紧张作业，完成便散。所以"任仲平"不是一个人的产物，而是集体智慧的结晶。

"七上八下"指的是一种工作态度。精心、精致、精当；一稿、二稿、三稿，最终定稿。其间必经若干反复，以至推倒重来，直到所有人都觉得"还行"。成稿时，往往已脱胎换骨。

"七嘴八舌"指的是一种民主风气。在"任仲平"内部，不论职务高低、资历深浅，即便对社长、总编辑发表的意见，都可以表达不同看法。这样做，有时是为了文章框架，有时是为了主要观点，有时只是为了一个字词或标点的用法。实在统一不了，甚至会通过"票决"的方法来定夺。

研农同志概括的这三个"七八"，很有人民日报的文化特色和工作特点。集中人才集体攻关，反复修改不厌其烦，业务民主畅所欲言，这三条对于推出高质量的政论是至关重要的。

二、从"任仲平"看人民日报评论工作

人民日报评论工作是一个整体概念。从文体上讲，既有"任仲平"文章，又有社论、评论员文章、专栏评论、短评等。从工作领域讲，有国际评论、国内评论，其中又分为政治、经济、文化等方面的评论。事实上，各专业部门都有评论写作任务，也都有各自的评论专栏。我主要联系评论部工作，就评论部工作而言，我认为"任仲平"是人民日报评论工作的一个缩影，反映了人民日报评论工作最显著的特点。做好评论工

作,可以讲很多问题,这里主要讲最常见的处理好几个关系的业务问题。

(一)政治性和工作性

"任仲平"选题广泛,政治、经济、文化、历史、科技、体育等方面都有论述,但"任仲平"有一个共同特点,这就是政治的视角。孙中山说,政治就是众人的事。毛泽东同志曾多次引用这个说法。这虽然不是完整定义,却道出了政治的本质。"任仲平"关注国际国内大事,关注改革发展稳定,关注干部思想和群众切身利益,选题和立意的方向,毫无例外的是社会思潮、改革进程、发展战略等时代课题。现实针对性是"任仲平"最鲜明特色。

"任仲平"的选题中有不少为人们所熟知的话题,如《论礼貌》《论服务》《论责任》《论诚信》《论奉献》。这类选题过去、现在和将来都可以做,也做不完。古今中外的理论家、学者也无数次讨论过类似的话题。"任仲平"之所以选择这些话题,背景源自社会现实,理由来自工作生活,针对干部群众的思想困惑,针对改革建设中的突出矛盾,针对社会生活某些值得注意的倾向。选题之确定,首先要问,此时此刻,我们提出这个问题的现实依据是什么;讨论和修改,大家的注意力往往是,我们讲的道理是不是挠到了干部群众的痒处。因而,此时"论诚信",并非全是"一言既出,驷马难追"之古训,而是直指制假造假、商业欺诈、欺世盗名等丑恶现象,意在推进国家诚信建设。此时"论服务"也不全是探讨一种产业的发展思路,而是揭示新时期道德建设的重要性和紧迫性。可以说,准确切入当下的工作和思想实际,鲜明地阐述党的主张,是"任仲平"的基本遵循。

政治性和工作性(业务性),始终是党报政论要处理的一个关系。不见工作和业务的政治,是空头政治;只有工作和业务而不见政治,是书生之见。从一定意义上说,"任仲平"观察和分析问题的着力点,是从政治看经济、看文化、看历史、看社会。即使是奥运、抗灾等政论也不例外。当然,这不是为讲政治而讲政治的"泛政治",而是说这是《人民日报》政论的责任所在、使命所在、作为所在。"任仲平"讨论区域协调发展,当然要涉及区域专业化分工、产业梯度转移等学术问题,但着力点是全国经济社会发展这盘大棋局。"任仲平"讨论建设节约型社会,当然要涉及诸如资源制约、发展模式等专业性问题,但着力点是指明科学发展的新思路。"任仲平"大多有一个主题和一个副题,主题相对较大,副题相对较实。这不是写作时刻意为之,却显示了思考问题、构思文章的路径,这就是从具体问题入手,从改革发展稳定更高层面揭示论题的意义。

(二)理论性和说理性

"任仲平"是报纸政论,兼有理论性和说理性两个特征。这是因为,任何具体的道理都离不开基本原理。没有基本原理的阐明,说理往往流于肤浅和琐碎。同样地,只有一般原理的论述而缺少具体分析,难免空泛和抽象。在创作实践中,大家逐步达成共识:其一,任仲平应该有一定的学理性,从世界观和方法论的高度对现象做出分析,呈现事物发展变化的规律性。其二,"任仲平"应该遵循从个别到一般的论述方法,尤其注重研究问题的特殊性,尽可能做到打开思想之锁的钥匙更加精准,开启观念之门的道理更具靶向性。

理论与实践相结合是辩证唯物论的根本方法,反映了人类科学思维活动的一般规律。这个道理为大家所熟知。问题是能不能自觉做到结合,结合得好不好。"任仲平"文章的写作往往要经过多次反复,这种反复其实就是找到、找准理论和实践的结合点。

2000年发表的《努力培育适应社会主义现代化要求的"四有"

公民——论世界观、人生观、价值观》，是一篇兼有理论和说理优长的政论。显见，"四有"是要求，"三观"是基础。

文章分三节，三节的题目分别是：

（1）世界观——并非虚无缥缈，而是实在的思想指南；

（2）人生观——并非空洞乏味，而是无法回避的选择；

（3）价值观——并非可有可无，而是时刻发挥作用。

论述的方式遵循着从虚到实、从抽象到具体、从一般到个别的思路。"指南、作用、选择"三节论述多从人们最熟悉的生活、最熟知的道理入手，把"三观"和普通人的生活、事业、学习联系在一起，既有哲学的睿智，又有生活的朴素。由此想到：理论和实践相结合，不仅是推进各项事业的正确原则，也是做好宣传思想工作的重要遵循。

（三）全面准确和生动活泼

改进党报政论，一直以来是评论工作者苦苦思索的一个问题。读者反映较多的是，党报政论空话多、大话多、套话多、官话多，希望观点更新颖一些，文风更清新一些，形式更活泼一些。从多年实践来看，这并非一个写作技巧问题。文风是党风的一个反映，说服力、感染力归根到底是舆论引导能力。主客观原因比较复杂，不必一一展开。这里要说的是，"任仲平"始终把清新文风作为努力方向。

一方面，"任仲平"意谓人民日报重要评论，必须全面准确地宣传党的理论、方针、政策，因而在重要观点表述上不能随意率性，整体风格也应庄重严肃。另一方面，全面准确不等于空泛枯燥、套话连篇，说一些永远正确的废话，讲一些大而无当的道理。因而必须贴近实际、贴近群众、贴近生活，力求使读者在愉快、轻松的阅读中受到教育和启发。其实，全面准确与生动活泼并不矛盾。没有全面准确，花里胡哨的文字只能是持之无据的游谈；没有生动活泼，再大的嗓门、再正确的道理也不会入脑入心。论点全面、表达准确，感情充沛、文字生动，在一篇好文章中都是缺一不可的要素。

"任仲平"在两者统一方面进行了探索，尤其在改进文风这个相对薄弱环节进行了大胆尝试。这可以概括为几个意思：

第一，有创新的思想才有新颖的表述。比如，在纪念改革开放30年的《历史的契机等待我们把握》一文中，对30年的巨变的论述就很有新意。"任仲平"采取了完全不同于平铺直叙的发问："我们从哪里来？我们到哪里去？——我们从短缺经济来，到充裕社会去；我们从温饱不足来，到全民小康去；我们从计划经济来，到市场经济去；我们从斗争年代来，到和谐社会去……"

有时仅仅是论述的角度或说话的语气发生些许的变化，阅读的感观就发生微妙变化。这四个"一来一去"，展开了发生在人们身边的许多亲身经历的故事，犹如一条红线串起了散落的珍珠，是一种观察问题的新视角。尽管定稿时对内容做了很多修改，但"一来一去"得到大家的一致赞赏。

第二，内心感动才能传达感动。汶川地震是一场震惊世界的大灾难，举国同悲，举世瞩目。在《灾难中挺立伟大的中国》中讲述中国人民抗击天灾的英雄壮举：我们看到为同胞罹难的极度悲痛，看到在危难时刻众志成城的强大凝聚力，看到这场灾难所唤起的高尚品德和伟大情怀。修改这篇稿子的时刻，大家都沉浸在情感的波涛中，没有遇到任何认识上的隔膜，感动传递着感动，激情引申着激情，思考接续着思考，这些都化作有声有色、有情有义的文字。

第三，深入的探讨才有深刻的见解。大多数情况下，"任仲平"的初稿并不是一个供修改的文本，而是一个供参与者讨论的草图。有的稿子一开始就被颠覆，但被颠覆的不是作者的劳绩，而是大家一起继续着的探讨接力，一棒接着一棒。相当多的时候，"任仲平"在研讨，而不是在写稿，或者说修改过程也就是集思广益的过程。个人的认识总是局限的，大家一起讨论也不是人数的简单相加。讨论是思想的互动，是观点的激发。这种工作方法的最大好处是思想传递不是加法而是乘法，往往使人们对问题的认识更加深入。探讨的深度往往就是认识的高度。

第四，诵之朗朗上口才能读之怦然心动。细节关乎整体，文章需要锤炼。"任仲平"始终把拆除阅读障碍作为一个追求。正确的道理只有被读者以一种愉快的心情所接受才会有更好的效果，这也是对读者应有的尊重。"任仲平"的创作理念是：文章要有优美的韵律，要有明快的节奏，要有个性化的文字。因而修改不是大而化之的"通过"，而是咬文嚼字的"细抠"。语义含糊的句子要改，不够亮度的句子要换，不够简洁的句子要删。改、换、删之后还要朗诵，直到在文字上达到比较完善为止。

研农同志在为"任仲平"结集出版的一书的序言中，用了一个意味深长的题目：《任仲平在路上……》。我理解，有两层含义：其一，党和人民的事业路还长，人民日报的宣传报道工作路还长，"任仲平"的工作刚刚开始。其二，"任仲平"还要坚持不懈地往前走，因为人民日报改进创新宣传报道的工作不会停步，党和人民的事业任重道远。

其实，写下的这些体会，又何尝不是一鳞半爪、一知半解呢，仅供大家参酌而已。

（本文是2012年在中宣部新闻局举办的
总编辑培训班上的讲课提纲）

第三讲

基础训练

第一节　逻辑：用解题式方法还原思考

言论写作必须过好逻辑思维这一关。这个问题解决得比较好，就能够较顺利地构思和撰写评论。否则，会很吃力、很苦恼。

是不是有形式逻辑思维方面的知识就具备逻辑思维能力？未必。

在日常生活中我们会遇到大量的形式逻辑方面的问题。比如，分房时人们会这样提出自己的理由："所有工作20年的人都有分房的资格，我工作已超过20年，所以我具备分房资格。"言者未必意识到这是一个直言三段论，但他懂得这样说，言之成理。不仅如此，一些更复杂的推理也不在话下："每个人都拿一样的奖金似乎很合理，然而不一样的付出不一样的劳绩都拿一样的奖金才是真正的不合理。"这是一个有力的间接反驳，不是讲得很有道理吗？

逻辑是思维的科学，即使人们从未学过逻辑学，在很多时候还是能听出哪些讲的是歪理，哪些是抬杠，哪些是诡辩。逻辑推理存在于我们生活的方方面面，见多了听多了自然就懂得其中的道理。但严格地说，这些知识和经验还不足以证明我们具有怎样的逻辑思维的能力，也不能代替逻辑方面的训练。正像懂得下棋的规则未必能下好一盘棋一样，知道马走日、象走田，与灵活地使用马、巧妙地使用象，并把全部子粒合为一个整体，形成高超的战略战术，毕竟还不是一回事。

做一件好的工艺品，要有好的创意、好的材料、好的工具和好的技术。如果我们对某一问题不占有足够的材料，或者缺乏分析和研究的能力，形式逻辑方面的知识其实帮不了太大的忙。工具代替不了手艺，虽然手艺需要借助工具实现。正如常识所见，一样的工具在不同人手里做出的活儿，差别大了。

当我们把一篇好的论文还原为一个简单的逻辑公式时，发现道理并不复杂。无非是，赞成什么或反对什么必须论列理由，但是实际操作起来又并非易事。打个比方，我们在讨论足球产业化时，必须对足球运动的商品属性有准确全面的了解：如球员转会制度、彩票运作机制、电视转播费用和广告收益情况，以及俱乐部经营和管理等。我们占有的材料越丰富，就越可以进行比较。说到底，是要在观点和论据之间找到必然的联系。这种联系必须是真实充分的，也必须依一定思维规则进行论证。

材料是进行任何逻辑推理的基本元素。我们拥有的材料不足以形成真实充分的推理和判断时，就很难展开逻辑思维。常常有这样的情况，我们对某一问题比较熟悉比较了解时，就会很清晰地表达自己的观点。反之，则很难理出头绪。这里要表达的一个中心意思是，在很多情况下，思路欠通，层次欠清，看上去像是个逻辑混乱的问题，实际上是我们对研究对象知之不多。占有某一方面的材料是建立逻辑思维的基础，换言之，思维必须植根于现实生活，才能真正进入逻辑的层面。

评论要分析的生活问题往往比较复杂。在很多情况下，不仅需要形式逻辑的帮助，还需要辩证思维的支持，而后者可能是更高层面的思维活动。所谓辩证思维，其实就是理论的修养。没有必要也不大可能在写任何一篇论文时都论列辩证法的基本定律，但是人们总是自觉或不自觉地用某一理论原理统率材料，这确是事实。为什么快与慢、曲与直、大与小、强与弱、安与危等，一系列对立的范畴总是依一定的条件而转化，转化的形式和条件又是怎样的？为什么坏事可以变成好事，乐极而又生出悲哀？揭示复杂社会现象一定要有辩证思维。我们常说，评论无非是论理，即，就某个问题阐发自己的观点；但论理又必须有理论，即，每个具体道理又有其理论的背景。理论和论理还不是一回事，正像一个医生必须有病理和药理学的基础理论才能诊病一样，否则必然是头痛医头脚痛医脚。从某种意义上说，辩证思维越发达，逻辑思维能力就越强。有人说，哲学和逻辑学有联系也有区别，联系是说它们都是关于人类思维的科学，区别是说哲学是形式逻辑的进一步扩展和深化。这个说法不无道理。

当我们感到逻辑思维不够发达时，常常想到应该找一本逻辑学教科书研读。这是必要的，但很不够。正像我们感到口才欠缺时想找一本《口才与演讲》帮忙。有没有口才，会不会讲演，关键是有没有材料和观点，至于音量、手势、口吻、风度等只能是形式。没有人只是为了欣赏这些去听一个人讲演的。所谓口才，说到底是思想的表达，没有内容自然就没有口才。同理，逻辑思维其实就是对社会生活的观察与思考。还需要强调另一层意思，就是逻辑思维是在实践中逐步提高的。就对社会生活的认识而言，离不开实践；将这种思考诉诸文字，同样离不开实践。也许可以说，逻辑思维欠缺的问题，最好的办法是在写作过程中提高。只有进入研究和撰写的实践，才能真正学习并自觉运用形式逻辑的知识，体会条畅理达的感觉。敏锐的眼光和清晰的表达，是磨炼出来的。

例文

实践是检验真理的唯一标准（节选）

（**起始段**）检验真理的标准是什么？这是早被无产阶级的革命导师解决了的问题。但是这些年来，由于"四人帮"的破坏和他们控制下的舆论工具大量的歪曲宣传，把这个问题搞得混乱不堪。为了深入批判"四人帮"，肃清其流毒和影响，在这个问题上拨乱反正，十分必要。

（第一标题）检验真理的标准只能是社会实践

（核心观点）怎样区别真理与谬误呢？1845年，马克思就提出了检验真理的标准问题："人的思维是否具有客观的真理性，这并不是一个理论的问题，而是一个实践的问题。人应该在实践中证明自己思维的真理性，即自己思维的现实性和力量，亦即自己思维的此岸性。关于离开实践的思维是否具有现实性的争论，是一个纯粹经院哲学的问题。"这就非常清楚地告诉我们，一个理论，是否正确反映了客观实际，是不是真理，只能靠社会实践来检验。这是马克思主义认识论的一个基本原理。

……

（第二标题）理论与实践的统一，是马克思主义的一个最基本的原则

（核心观点）凡是科学的理论，都不会害怕实践的检验。相反，只有坚持实践是检验真理的标准，才能够使伪科学、伪理论现出原形，从而捍卫真正的科学与理论。……

有的同志说，我们批判修正主义，难道不是用马列主义、毛泽东思想去衡量，从而证明修正主义是错误的吗？我们说，是的，马列主义、毛泽东思想是我们批判修正主义的锐利武器，也是我们论证的根据。我们用马列主义、毛泽东思想的基本原理去批判修正主义，这些基本原理是马、恩、列、斯和毛主席从革命斗争的实践经验概括起来的，它们被长期的实践证明为不易之真理；但同时我们用这些原理去批判修正主义，仍然一点也不能离开当前的（和过去的）实践，只有从实践经验出发，才能使这些原理显示出巨大的生命力；我们的批判只有结合大量的事实分析，才有说服力。

……

（第三标题）革命导师是坚持用实践检验真理的榜样

（核心观点） 革命导师们不仅提出了实践是检验真理的标准，而且亲自做出了用实践去检验一切理论包括自己所提出的理论的光辉榜样。

1848年《宣言》发表后，在45年中马克思和恩格斯一直在用实践来检验它。《宣言》的7篇序言，详细地记载了这个事实。首先，马克思恩格斯指出："不管最近25年来的情况发生了多大的变化，这个《宣言》中所发挥的一般基本原理整个说来到最后还是完全正确的。"同时，他们又指出，"这些基本原理的实际运用，正如《宣言》中所说的，随时随地都要以当时的历史条件为转移。"

（第四标题）任何理论都要不断接受实践的检验

（核心观点） 我们不仅承认实践是真理的标准，而且要从发展的观点看待实践的标准。实践是不断发展的，因此作为检验真理的标准，它既具有绝对的意义，又具有相对的意义。就一切思想和理论都必须由实践来检验这一点讲，它是绝对的、无条件的；就实践在它发展的一定阶段上都有其局限性，不能无条件地完全证实或完全驳倒一切思想和理论这一点来讲，它是相对的、有条件的；但是，每天的实践回答不了的问题，以后的实践终究会回答它，就这点来讲，它又是绝对的。

……

——摘自《光明日报》1978年5月11日

作者按语

这是一篇堪称改变中国历史命运的重要评论，被称为中国改革开放最响亮的声音和思想解放的先声。虽然评论发表距今已经有四十多年，当代国人阅读时或有隔膜之感，也未见得了解其中的背景，但谈到中国的改革开放，就不能不谈到这篇著名的新闻评论。

评论要回答的问题，用今天的眼光看，可能就是一个常识性问题。路线方针政策的真理性，是主观意志评判，还是社会实践检验？这是马克思主义哲学的一个基本问题，也反映出两种完全不同的认识路径，即辩证唯物主义，还是唯心主义和形而上学？

这是一篇通过思想逻辑的力量展示科学道理的优秀评论作品，分四层意思，层层剥茧，渐次深入，有序推进，揭示要旨。

第一个核心观点是："检验真理的标准只能是社会实践。"这一段意在正本清源，拨乱反正，指明"存在决定意识"是马克思主义哲学基本观点。是物质运动决定人们的思想，而不是相反。从这样的基本观点出发，证明实践的唯一性。

第二个核心观点是："理论与实践的统一，是马克思主义的一个最基本的原则。"在当时的情况下，这篇评论的针对性，是怎么样全面准确理解毛泽东思想。在这个问题上，评论直接回答了许多人的疑问，就是毛泽东思想的本源就是始终强调"理论与实践的统一"，这是中国共产党人的最重要的思想武器，从而推导出这样的结论：坚持毛泽东思想，就是要坚持实践是检验真理的标准。

第三个核心观点是："革命导师是坚持用实践检验真理的榜样。"为了有力证明马克思主义经典作家都坚持实践是检验真理的标准，评论列举了大量的无可辩驳的事实，论证为什么要用实践检验，怎样用实践检验。这一节是一段非常精彩的论证案例。

第四个核心观点是："任何理论都要不断接受实践的检验。"这是一个从主论题拓展开去，并进一步深化主题的更重要的论断。不仅要正确对待毛泽东思想和马克思主义科学理论，而且要随着新的实践发展，不断开辟认识真理道路。实践没有止境，认识真理的过程也没有止境。这个重要观点为之后的十一届三中全会思想大解放奠定了理论基础，也为日后开辟中国特色社会主义道路，产生了极为重要的影响。

评论的逻辑内涵可以提炼为这样几句话：第一，真理必须靠实践检验；第二，这是马克思主义精髓；第三，实践标准的确立是马克思主义经典作家革命活动所证明的；第四，这一基本原理可以推及物质运动及社会发展的方方面面，是科学的世界观和方法论。

第二节　概括：梳理综合提升的"三件套"

言论创作要探究事理，离开了归纳、概括就不成为评论。概括是言论作者最重要的能力，它反映着作者的思维水平和认识水平，是言论创作整体实力的体现。

言论创作的概括力可以分为三个层面。

第一是梳理。评论的对象是事实。然而事实特别是复杂的新闻事实乃至社会现象在未经过大脑精细处理的时候，常常交织甚至纠缠在一起。比如，大洪水铺天盖地而来，其所发生和发展的原因是什么？哪些是自然因素，哪些是人为因素？是自然因素还是人为因素占主因？倘若人为因素是主因，那么在主因中，围湖造田是主因还是植被破坏是主因？这很像是梳辫子，鉴别、区分、定性，把事情的来龙去脉一条一条地理出来，同类的合并，异类的分离，然后再按照一定的顺序编织起来。于是，事物运动的线索就呈现出来：成功的主要原因是什么，在主要原因中起决定性的因素是什么？失败的主要原因是什么，起支配作用的因素是什么？在落笔之前，这一切都应该是了然于胸的，倘不能对新闻事件进行条分缕析的梳理，也就很难进行写作，正如面对一堆杂乱的羊毛，我们无法编织毛衣。

第二是综合。联系的方法是科学思维的精髓。事物的运动不是孤立的现象。这就需要我们把零散的事实串联起来，综合考察。正如一起经济犯罪案件，犯罪动机、犯罪条件、犯罪事实等，是一系列互相关联甚至是互为因果的复杂关系："行贿必须有钱，受贿必须有权"，就是综合了钱和权的因素而导出的一个结论。在评论创作中，综合的方法包括汇总的意思，但又不是简单相加的汇总，而是考察事物在联系中是怎样相互影响、相互作用的。我们常说要处理好改革、发展和稳定的关系，就是很好的例子。延迟改革，会阻碍发展，进而危及稳定；而推进改革又需要保持稳定的环境，需要一定的物质基础。要把这三个关系理清楚，就必须用联系的方法综合加以考察。当然，评论未必都是这么大的问题，但原理是一样的：当我们大力发展汽车工业的时候，应该考虑到有没有那么多路；反之，当我们大力推进公路建设的时候，应该考虑有没有那么多车。自然，还有石油资源、环境污染等问题。综合的目的之一就是把一个具体事物放在一个尽可能大的处于变动中的背景之下加以评估和考量。

第三是提升。《三国演义》开宗明义就说："天下大势，分久必合，合久必分。"这是对魏蜀吴"三国"兵革之事的总括，是对浩繁史料细细梳理和对复杂矛盾反复研究之后得出的认识。司马迁作史，常常习惯在文末有一段"太史公曰"，很像是为人物传记或人物通讯配写评论，钩沉提要，势大力沉，以一画而包容万象。这便是概括的魔力。从某种意义上说，提升就是对事物的某种规律性的揭示和阐发。这是最有价值的工作，也是最艰难的工作。价值，是说规律具有普遍意义；艰难，是说认识的推进确如披沙拣金。"科学技术是第一生产力"，"实践是检验真理的唯一标准"，这个"第一""唯一"的论断需要包含多少理论和实践的探索。认识水平是有层次的，规律是最高的范畴。要求每篇言论都达到这个水平是不可能的，但言论创作必须追求认识能力和认识水平的提升；哪怕这种提升给人一点点启示也好。

概括力贯穿于一切思维活动之中。它是一种智慧，能够在复杂万端的矛盾中理出头绪；它是一种力量，"究天人之际，通古今之变"，只手掂起沉甸甸的历史；它是一种境界，简洁、明快、清晰、透彻、深刻，常常一语道破天机。这是一种妙不可言的才能和深度。这一切来自学识的积累，来自经验的总结，更来自长期不懈的艰苦的思想劳动。

例文

伟大的毛泽东

米博华

毛泽东同志之所以伟大，是因为无论在他的生前还是故后，他的非凡伟绩、光辉思想和巨大魅力，总是超越时代、泽被后世，深深地影响和教育着一代又一代的人们。

邓小平同志曾深情地说："如果没有毛泽东同志的卓越领导，中国革命有极大的可能到现在还没有胜利，那样，中国各族人民就还处在帝国主义、封建主义、官僚资本主义的反动统治之下，我们党就还在黑暗中苦斗。所以说没有毛主席就没有新中国，这丝毫不是什么夸张。"这朴素的话语，发自一位"三落三起"、饱经沧桑的老一辈革命家之口，格外厚重深沉。这是伟人相望的崇敬，更是历史郑重的结论。

在风雷激荡、翻天覆地的20世纪，毛泽东和中国共产党人的浴血奋斗，如此深刻地改变了中国和中国人民的历史命运；毛泽东思想的创立和发展，如此深远地影响着我们党的精神世界；毛泽东的伟大品格情操，如此广泛地哺育着一代代中国人，以至在他逝去20多年后，他的形象依然在人们心中高高矗立。他是永远的毛主席。

毛泽东使中国人民站立起来。近代中国内忧外患，仁人志士奋起抗争，却始终无法改变国运式微、民族衰落的悲惨命运。正是毛泽东同志和中国共产党的出现，中国的面貌才彻底为之一变。在白山黑水、黄河两岸、苏杭沃野、华南大地，毛泽东同志和他的战友们，举起暴动的火炬，揩干井冈的血迹，拾起长征的行囊，挥师抗日前线，决胜解放战场，以风卷残云的气势，推翻了三座大山，建立了人民共和国。从此，没有了战乱的摧残，没有了亡国的屈辱，没有了被压迫的悲愤，中国成为一个具有独立主权和民族尊严的伟大国家，中国人民成为自己土地上的主人。如此丰功伟绩，没有毛泽东和中国共产党，其谁能之？

毛泽东是思想巨人。从鸦片战争的林则徐、魏源到戊戌变法的康有为、梁启超；从太平天国的洪秀全，到辛亥革命的孙中山，人们共求强国富民之路，屡遭挫折。毛泽东和中国共产党人，承继先驱者未竟之业，把马克思主义基本原理同中国革命的具体实践结合起来，找到了一条使中国解放和振兴的道路。毛泽东思想不是对马列主义的简单运用，而是对马列主义的丰富和发展；毛泽东思想不是昙花一现的理论，而是闪耀着唯物辩证法光辉的理论体系。毛泽东思想不仅是毛泽东个人的智慧，也是全党智慧的结晶。不论过去、现在和将来，毛泽东思想都是党的指导思想和民族的精神财富。

毛泽东是一位真正的共产党人。从青年时代投身革命到成为中华人民共和国开国领袖，毛泽东一生不移的信念就是为国家富强、人民幸福而奋斗。在中国，改朝换代而又江河日下的历史，屡见不鲜。在新中国成立前夕，毛泽东斩钉截铁地说："进京赶考，我们决不当李自成"，并提出著名的"两个务必"。毛泽东一生热爱人民，人民大众的命运是他始终魂牵梦萦的深情所在。他对中国革命和建设厥功至伟，六位至亲为革命献出了生命，但他没有居功自傲，一生过着朴素的生活。毛泽东和老一辈无产阶级革命家的高风亮节、伟大情操令新一代共产党人仰为楷模，敬为师表。

往事已矣，巨人长眠。土地革命的星星之火，抗日战争的烽火硝烟，全国解放的千里决战，已成为一段壮怀激烈的历史渐行渐远；但我们应该永远记得，今天的幸福生活发端于毛泽东和他的战友们，以及千千万万的革命先烈。毛泽东思想依然是我们的旗帜，凝聚着全党和全国人民的力量；依然是我们的灯塔，照耀着我们在全面建设小康社会、实现中华民族伟大复兴的征程上阔步前进。

——摘自《人民日报》2003年12月26日

作者按语

这篇纪念毛主席诞辰110周年的评论写于十多年前，至今仍能够回忆起写作这篇言论时笔下生风的感觉。这是个人言论写作中十分用心的一篇作品，难度在于必须在1500字的篇幅里表达比较丰富的内容。所以，需要梳理思路，归纳观点，简洁表述，总之是对言论概括能力的考验。

毛泽东同志一生波澜壮阔，在多方面都取得了无人能及的巨大成就，具有崇高的地位。题目用《伟大的毛泽东》来自一首人们耳熟能详的歌名，虽然只有六个字，但包含着十分丰富的思想内涵。这就要求必须把这些丰富的思想内涵加以悉心梳理，分层次清晰呈现出来。

讴歌毛泽东同志的丰功伟绩，是个极严肃的政治话题，不能细碎平直，也不能花里胡哨，而是要体现对毛主席的崇敬和对毛泽东思想的笃信，这也是写这篇文章的用意所在。

本文第三段用了三个排比句，分别从成就、思想、品德三方面加以概括，同时提示以下三个主要段落由此展开。

第三段是这样写的："在风雷激荡、翻天覆地的20世纪，毛泽东和中国共产党人的浴血奋斗，如此深刻地改变了中国和中国人民的历史命运；毛泽东思想的创立和发展，如此深远地影响着我们党的精神世界；毛泽东的伟大品格情操，如此广泛地哺育着一代代中国人，以至在他逝去20多年后，他的形象依然在人们心中高高矗立。"

展开段的领句是以下三句话：

"毛泽东使中国人民站立起来。"

"毛泽东是思想巨人。"

"毛泽东是一位真正的共产党人。"

有了这样的骨架，论述内容仍需要经过高度浓缩，也依然是对概括能力的考验。"站立起来"一节使用了排比表达方式："举起暴动的火炬，揩干井冈的血迹，拾起长征的行囊，挥师抗日前线，决胜解放战场，以风卷残云的气势，推翻了三座大山，建立了人民共和国。"用字不多，但凸显了毛泽东开天辟地的伟大功绩。"思想巨人"一节用了三组排比句，其中一个是："从鸦片战争的林则徐、魏源到戊戌变法的康有为、梁启超；从太平天国的洪秀全，到辛亥革命的孙中山，人们共求强国富民之路，屡遭挫折。"概述毛泽东思想探索、形成、发展的过程。"共产党人"一节主要讲毛泽东与人民的关系，以及为中国革命做出的重大牺牲，凸显共产党人的高风亮节。

还有一个开头和一个结尾，也是用概括性的语言点出主题，深化主题，紧紧围绕着毛泽东的伟大，以及对毛泽东思想的继承和发展展开。字数不多，但追求有较高的质量。

第三节　扣题：一个问题必须一论到底

抓住好题目是一回事，做成好文章又是一回事。写文章通常最容易犯的一个错误就是跑题。

何谓跑题？这里好有一比：就像是一个精力不集中的顽童，当他做数学题的时候，脑子里却想着如何粘蜻蜓，以致无法专注地完成一件事。说起来，避免跑题是写作的起码要求；但是即使是多年从事言论写作的人，有时仍不免犯这样的错误。也许可以这样说，克服跑题的缺点，意味着写作实践的突破。在这之前，需要很长时间的摸索和锤炼；过了这个坎，才能比较自如地创作合格品。

跑题，不单纯是个写作技巧问题。正如医生诊病，当我们对某种疾病缺乏准确而完整的认识的时候，常常不知症结所在，很容易开出"文不对题"的药方。医术的高明就在于，能够眼明手辣地直取病灶，集中力量解决最为关键的问题。同样的道理，倘若我们对某一问题的研究深入而透彻，来龙去脉了然于胸，就能够比较自如地把握它。反之，下笔就容易跑题。

主题集中、鲜明，是因为我们对某一讨论对象的认识是清晰的，解剖的方法是对头的。这也许就是知识、经验和分析能力相对较弱时，不想跑题却又抓不住主题的原因；同样地，当知识和认识能力随着经验增长和实践的增加，会很自然地摸到写作的门径。

除此之外，还有写作技术层面的问题。可以概括为两句话："一个问题，一论到底。"

所谓"一个问题",是说一篇言论最好只讲一个问题。"一个问题"可以是几万字的论文甚至是一本专著,也可以是几百字的短文。"一个"不是排斥文章的丰富性。"理扶质以立干,文垂条而结繁。"一篇文章就像一棵树,有枝,有叶,有花,有果,但这一切都赖于树干的挺立。"理"就好比是树干,一篇文章只能有一个主题,就好比是一棵树只能有一个主干。为文最忌驳杂。以枝为干,有枝无干,将游离于主题之外的不相干的因素掺和在一起是驳杂。比如,讨论关心群众生活的话题时又兼论如何搞好民主集中制;讨论如何提高产品质量时又论及文明举止等,文章就很难做下去。一篇文章多个中心,就等于没有主题或想突出主题却跑了题。当然,"一个问题"可以包含不同侧面,这些侧面应与主题有涉。一个人腹痛,可能是肠炎,可能是菌痢,也可能是肿瘤占位,还可能是神经性痉挛。这些方面都值得检查,因为它和腹痛有关。如果除此之外还要查视力、听力,就显得多余。并不是说视力、听力不可以查,而是说这与腹痛的主题已是风马牛不相及。

这里有一个问题需要特别注意,就是在一篇文章里要说的意思太多,而且想一次说完。贪多,就难免该突出的不突出,不该突出的反而突出。正像我们看那种很蹩脚的电视,明明是打得昏天黑地的情节片,却突然插入一段与剧情发展不相干的爱情故事。

归纳上面的意思:当我们构思一篇作品时,主题的确立不可以大而化之。这就犹如射击,只晓得向哪个方向射击还不够,还要找到明确的目标。目标既是研究某一事物的正确路径,也是我们讨论某一话题的角度。不论长文还是短文,必须有讨论的重点,而重点越集中越好。换言之,一篇文章最好只有一个"文眼"。

所谓"一论到底",是说一篇言论要围绕主题展开论述。围绕,首先是一种自始至终的执着,一开始指向的主题,不管其间经历了多么漫长的论述，直至最后一段一句一字，都没有任何的偏离。常常有这种情况：比如，开会讨论绿化，与会者却大讲植物起源，扯得太远，冲淡乃至改变主题。这就需要提示一下："还是回到正题上来吧。"又如做报告，正题是音乐欣赏，却对市容问题发一通感慨，联想生发得不是地方。写文章也是如此，不能跳来跳去。即使是杂文随笔之类的文章少不得有此闲笔，有些杂说，但"闲"和"杂"不能不着边际。"闲笔不闲，散文不散"，文章可以千回百转，但主要精神始终贯穿其中。这里说的闲笔和散论不是分散主题，而是以含蓄的表达方式突出、深化主题。围绕，还意味着向纵深开掘。当我们十分专注，扭住不放探讨一个问题的时候，会很自然地沉潜下去，就像打桩，力量越集中就越能够深入；而越是深入就越容易把问题说透。聚焦才能清晰，显微才能有新的发现。

对于有一定经验的言论作者来说，下笔跑题的情况毕竟不多见，但主题不突出或中途走偏却是常有的事。我以为，会取舍，有节制，能收束，从选题到成文集中些，再集中些，是其中要义。

例文

四十不惑：方向更明确，步伐更坚定

张涛甫

1978—2018年，这四十年，极具张力和魅力，极具历史标杆意义。这四十年，无论放在以千年为单位的远程历史中，还是以百年为单位的近程历史中，都是当之无愧的高光时段。这是中国人民意志、激情和智慧集中爆发的历史时段。

遥想四十年前，中国又一次遭遇最峻急的关头：民生凋敝，困难重

重，中国这艘巨轮，深陷于迷雾重重的历史三峡。中国如何走出困境？唯有改革。改革共识即是在如此峻急、毫无退路的背景下浮出历史地表，改革的冲动激荡在每一个国人的心间，人们无不有切肤的共识：只有改革，才有出路和活路。

这是历史上从未有过的改革实践，这是一场没有退路的自救突围。在当时，无论是庙堂，还是民间，没有现成的突围路线，没有明晰的改革设计图。我们只能一路往前、往前。凭着坚定信念，一个劲地向前走。哪怕前方有千难万险，关隘重重，也只能豁出去。正是出于这种信念，聚合人心，燃烧智慧，才将改革之窗一点点地打开，把开放之门一步步地推开。在试错中前行，一个个险滩闯过去，道路越来越宽，风景越来越好。中国的热度和亮度步步走高，进而成为整个世界追光的焦点。中国重新进入世界，继而成为影响世界格局的关键力量。

这四十年浓缩了太多的内容。我们用短短的四十年，风雨兼程、义无反顾地走了别人上百年方能抵达的目标。其中，有机运，有必然；有自觉，有懵懂；有迷茫，有选择；有风雨，有彩虹；有改革精英的引领，也有群体智慧的合力……也正因有了这些丰满的改革体验和经验，改革才能逢山开路，遇水搭桥，涉过险滩激流，蹚过泥泞坎坷，一点点走向成熟和坚定，告别懵懂和粗糙，思想更趋成熟，理想之旗高高擎起，信念之路越走越宽。

四十年改革不易，其中艰辛和甘苦，只有身临其境者才能体味，只有中流击水者方可深解。"四十不惑"，这句关于人生周期律的哲言，也可妥帖地运用于中国近四十年的历史时段上。经历了四十年的千锤百炼，我们渐渐告别青涩和毛糙。我们的内心不再患得患失，忽冷忽热；面对外来风暴雨雪，对于各种风吹草动，不忧不惧，任凭风吹雨打，胜似闲庭信步。内心变得更强大，方向更明确，步伐更坚定，举止更从容。

如今，改革进入深水区，面对的挑战和不确定因素前所未有。我们所面对的未知风险、各种不确定性交织汇集所形成系统性的风险，对改革形成考验也是天量级的。开弓没有回头箭，我们既然选择了远方，唯有一路前行。化解一切风险，熨平所有的大波大浪，让改革这艘巨轮平稳驶往彼岸。

四十年的历练，成就了我们对制度的自觉、道路的自觉、理论的自觉、文化的自觉，也成就了我们的理论自信、道路自信、制度自信、文化自信。有了这些自觉和自信，我们心中就有定力，不惧四海翻腾，五洲震荡。

中国四十年的改革开放经验，绝不是小我的，而是大我的：改革不仅泽被中国，同时惠及世界。四十年间，中国从世界的边缘走进中心地带，进而成为世界经济的新引擎，扮演新世界秩序的议程设置者，担当"人类命运共同体"理念的倡导者和实践者。中国进入世界中心，势必会冲击既有板结的霸权主义世界利益格局。中国遭受的阻力前所未有，但我们不忧不惧，不会因某种逆行的力量而改变中国的立场和方向。

当有的国家选择自我优先，把开放之门越收越窄的时候，中国则向世界释放明确而坚定的信号：中国只会把开放之门越开越大。这种选择，不只是为中国，更是为世界。四十年改革开放经验告诉我们，中国的发展离不开世界，世界的和平和发展更离不开中国。

——摘自澎湃新闻2018年12月16日

作者按语

这篇言论由复旦大学新闻学院教授张涛甫撰写，其背景是纪念改革开放40年。用一千多字的篇幅概述改革开放的成就和经验，必须发力精准，指向明确，有较强的概括力。这类宏大叙事的纪念性文章很容易写散，原因是要说的话很多，成就写不胜写，经验难以备述，需要在聚拢主题上下一些功夫。

文章以概述性的文字提出了一个主论点，唯有改革才能走出困境，并从五方面展开论述：

第一，从历史困境论看改革的必要性；

第二，在迷茫中选择正确的道路；

第三，不忧不惧，坚定向前；

第四，不仅泽被中国，同时惠及世界；

第五，反对"逆全球化"，坚定深化改革信念。

五个侧面其实都是重大课题，把这样一个重大课题凝练在千把字的文章里，需要高度聚焦"改革"这个主题，不能有任何的旁顾。这也就是我们所说的，一个论题或有不同侧面，但只要紧紧抓住就能够贯穿到底，给人留下强烈的印象。

第四节　语言：法度规范下的挥洒自如

如何表达是言论创作的一个重要环节，因为同样的意思用不同的语言表达往往产生不同的阅读效果。这就像同样是叙述一件事，有人讲得绘声绘色，有人讲得枯燥乏味。

现在言论创作中比较突出的问题是语言呆板，"八股腔"重。读者都希望改进文风，作者也希望把文章写得活一些，但为什么改进不大？是有限制吗？未必。没有任何人讲过言论的语言应该这样、必须这样，而不能那样。相反，各方面倒是不断呼吁，文风是不是再活一些。当然不同的言论应该有不同的要求，正像参加国宴不宜穿凉鞋短裤一样，撰写社论当然不宜使用散文诗的语言。但总的来说，署名评论甚至包括一些评论员文章，只要是能够准确地表达观点，话怎么说，并没有刻板的要求。至少编辑不会因为一篇文章文风活泼而要求修改或弃之不用。总之，审阅者、撰述者和读者对清新、活泼的文风和语言没有异议。

问题出在哪儿？

语言表达不单是一个技巧问题。虽然语言艺术作为一门学问自有其精深之处，但语言毕竟是工具。没有工具，思想无从表达，只有工具到头来只能是一堆字和词。旧式八股文的语言推敲不可谓不精致，但是看了半天你就不知道他要说什么，或者那道理不说你也明白，终究是精致的废话。绝大多数读者并不是偏好精致的废话而去读言论作品的，所以，独到而深刻的见解是言论的第一要义。它如果不是活泼、清新的语言诞生的必要条件，至少也是个前提条件。换言之，没有清新活泼的思想难有清新活泼的文风。思想的苍白无法用华丽的语言补救，正如一脸粗俗没有办法用珠宝饰品掩盖。我们常看到的倒是另外一种情形，活泼、清新、有色、有声的语言总是自然而然地贯穿于独到而深刻的见解之间。新的思想一定有新的表述、新的语言。归结上面的意思，我想说，在很多情况下，表面看上去是驾驭语言和创造语言的乏力，实质上是思想的功力不足。这是最主要的原因。

语言贵在准确，难在准确。因为语言失准往往不能正确地表达撰述者的意思，甚而成为跑风漏气的风箱，或不知所云，或歧义百出。有的作者常常抱怨，我写的那些很活泼的句子怎么给删去了？其实并没有人想封杀活泼，只是因为这活泼可能以文害义了，删掉的是不够准确的部分而不是活泼。这是起码的要求。有些作者包括笔者有时确很难处理这样一个矛盾：一活就乱，一收就死，但做到活而不乱，收而不死，难乎其难。概言之，语言的锤炼知易行难。那种以为堆砌成语典故就能冒充雅致，滥用调侃就能迎合读者，滥造句子就能显示个性等观点是和语言创新不相容的。

语言虽是工具，但言论撰述者仍应该把它作为一项专门的学问加以研究。"工欲善其事，必先利其器。"拙于表达终究是一个缺陷。清代一位学者在赏析苏轼的不朽奇文《游赤壁赋》时，对苏文的绚丽大发感慨："东坡三赋，乃仙笔也。高谈卓识，络绎纷披，乃知先生浩浩荡荡中有一番真学问。"（苏轼《游赤壁赋》评论）这里推崇"真学问"是有道理的。撇开思想水平不谈，单说修辞手法就洋洋乎大观，而其自如灵活的运用乃至创造，须以深厚的学养为基础。比如，最常使用的比喻，究其实就是知识裂变的产物，是多种知识生发联想的结果。在多数情况下，不是我们不想有些变化、有些创新，而是除了平直地论述以外，实在找不到更好的办法。面对难度稍大一点的论题，准确表达尚且困难，又遑论洋洋洒洒。这里需要强调两点，一是多看，只有在阅读大量的好文章中才能丰富自己的语言。二是多写，只有在大量的写作实践中才能锤炼自己的语言。这虽然是尽人皆知的道理，但在阅读和写作中能够悉心体会，把语言作为一个单元的功课孜孜以学、多年坚持的人究竟有多少呢？

说到这里似乎应该搁笔了，但近来学习一些重要的历史文件又添一点想法。政治性的报告原来很难写得清新活泼，但很多领导重要讲话却读来满眼生辉。缜密而不呆板，严肃而不单调，行文舒展而又不失法度。即使从文体学角度讲，也经得起反复阅读推敲。这证明，政论哪怕是极严肃的政论照样可以写得文采斐然，问题是我们有没有能力、肯不肯下功夫把它写好。

例文

别被特朗普牵着鼻子走

由于特朗普政府的频繁挑衅，中美关系进入了建交以来最困难的时期。最近，杨洁篪重磅发声，多部委密集回应，重申中美关系的重要性，警告美国不要战略误判。中方的表态不是示弱，而是为了掌握主动权，主动设置中美关系的性质，避免被美国牵着鼻子走。

关于中美关系，中国目前有两个非常极端的派别，投降派和战争派。投降派认为美国很强大，中国打不过美国，只有示弱，向美国祈求和平；战争派认为中国不用怕美国，中国的国力已经强大到足以挑战美国的霸权。对于这两种观点，我都不是很认同。

我的观点是我们不用怕美国，但是也不能掉入特朗普为大选设置的一个陷阱。怕是软弱的表现，当你觉得自己不够强大时，你就要让自己强大起来，迎头赶上。但这需要时间，只要中美和平竞争，未来的赢家一定在中国这一边。有句话叫作："凶狠掩盖着虚弱。"目前的中美关系中，试图破坏原来状态的不是中国，而是美国，所以是美国害怕中国，而不是中国害怕美国。

在中美之间，美国其实更不敢轻易开战。因为二战以来，真正打败过美国的只有中国。朝鲜战争、越南战争都是由于中国的反击，让美国最终主动停战撤军，越战更是美国一代人心中的阴影。

目前的美国霸权是建立在军事的基础之上的，这意味着美国虽然表现得很嚣张，但他不敢轻易开战，因为他输不起。中国输了，大不了我们还做老二、老三。只要中国不解体，中国就无所谓失败。但是美国不一样，美国如果败了，那他就是完败，他要彻底地给中国的发展让路。所以，今天的局势中国一方不应该着急，我们只需要积极地努力发展，让自己更强大。中国绝不怕战争，但也绝不能主动地挑起战争。

中美之间的战争是人类的灾难，主动挑起战争的一方，从一开始就在道义上失分。得道多助，失道寡助。中华民族是爱好和平的民族，我们必须用实际的行动让世界人民感受到中国不同于美国，中国的崛起不是新霸权，而是建立人类命运共同体的积极力量。大国竞争不是谁强硬谁赢，而是谁能主导战略进程谁赢。中国的发展需要和平稳定的环境，维护了稳定的环境，我们就掌握了战略主动权。

尽管和平和稳定是对中国的战略利好，但是我们也不能无条件地容忍美国的挑衅。外交领域的很多专家认为，美国的疯狂挑衅有特朗普个人的原因，他为了大选什么事都干得出来。大国博弈也像恋爱一样，只有双方付出感情才能维持，如果只有一方示好，另一方只会觉得你配不上他；如果对方都提分手了，你还要纠缠，那就是没有骨气了。

中国有句古话叫作："过犹不及。"忍让是美德，如果别人不懂这种美德，那就必须打疼他，让他尊重你，就像郭德纲说的一句话："你不尊重我，我尊重你。你老不尊重我，我弄死你。"

——摘自今日头条自媒体号"飞岸老师"2020年8月18日

（注：本文略有删节）

作者按语

近年来，网络评论异军突起，使我们对传统意义上的评论有了新的认识。评论的基本元素应该不会有太大的改变，论题、论据、论证，开头、展开、收尾，等等。但在互联网时代，网上评论的选题和结构、叙述方式、语言造型以及传播手段都在发生着近乎颠覆性的改变。可以说，主流媒体这个评论的主力军依然保持进取的姿态；而以自媒体创作为代表的网络评论以其鲜活的姿态映入人们的眼帘，其规模和影响力都已经成为一支不可忽视的生力军。

正像许多网民所说"民间有高手"。自媒体评论应该是我们这些多年从事评论工作的主流媒体从业人员虚心学习的对象。从自媒体评论发展趋势来看，这种类型的评论应该纳入新闻理论研究范畴，并逐步使其成为新闻教学常态化课程。

之所以选择这篇网络评论推介给大家，是因为我们长期要求评论既准确又生动，这个问题始终没有得到很好解决。而当下的网络评论，在这个方面给人以颇多启发。

第一，这篇评论的立论符合当前舆论引导的要求。作者提出：在中美关系中，始终要设置并主导议题。

第二，对是否设置议题有两种完全不同的看法。偏执一端，是不明智的。

第三，不要陷入美方设置的议题陷阱，尤其不能情绪化处理复杂问题。

一般来说，处理这样比较敏感的论题，最保险的办法就是使用外交语言，但这种语言往往是呆板而缺乏张力的。"飞岸老师"举重若轻，用简单直接的语言道出美国的阴险算计，用诙谐调侃的语言表明中国老百姓的想法，用机智而富有逻辑的推理阐明国际政治的奥妙。如开宗明义就指出美方在处理中美关系时有不少圈套，既利用激化矛盾而为美国政客所用，又千方百计扰乱中国发展的节奏。又如这里面转用了郭德纲相声的一句人们很熟悉的话："你不尊重我，我尊重你。你老不尊重我，我弄死你。"这句话形象，但又不失法度，意思表达得很清楚。再如，"大国博弈也像恋爱一样，只有双方付出感情才能维持，如果只有一方示好，另一方只会觉得你配不上他；如果对方都提分手了，你还要纠缠，那就是没有骨气了"。国际政治中的大国博弈，涉及的问题错综复杂，但其本质往往可以一语道破，就看你有没有这个本事。作者用"谈恋爱"这样的比喻，很接地气，却让人们脑洞大开。

第五节　论说：找到驾驭文字的感觉

有人说，新闻是客观的，评论是主观的。这种看法显然有片面性。新闻是记者对事实的客观叙述，这不错，但在不同的记者眼里，客观事实并非一模一样。当然，记者和论者确有不同。记者以叙述为主，论者以评说为主，前者侧重对客观事实的报道，后者侧重阐述自己的看法。这大体也是实情。从这个意义上说，记者倘在一篇报道中大发议论而忽略了用事实说话，不算是成功；而论者倘在一篇评论中不厌其烦地叙述事实而缺少分析和见解，也不算成功。解决好论与叙的关系，是言论创作的重要一环。

言论，包括政论、理论、杂感等，风格式样可以多种多样，没必要也不可能有一个整齐划一的模式。先秦、两汉议论文叙述的成分很多，韩、柳、欧、苏的大部分短论也多是夹叙夹议，但仍是典型的议论文。当然，近代政论体式日趋成熟，有文艺性政论、理论性政论，人们分别称它们是杂文、评论、思想漫谈等。有一点应该是明确的，就是评论应以说理为主。不管是怎样的风格或式样，评论应该是也必须是对客观事实的评价而不是描述。

我们常说，有的作品不像评论。这并非编辑的看法模式化，而是因为它不具有评论的最主要特征。要么有叙无评，要么以叙代评，罗列大量的事实而没有明确的观点和分析。

有人说，评论要用事实说话，把事实说清楚，道理不言自明。这个说法值得商榷。评论当然要向人们交代发生了什么事情，但更重要的是讲出事情发生的原因以及由此而得出的结论。概言之，评论的文体可以千变万化，但万变不离其宗，就是它必须有分析。毛泽东同志的《愚公移山》，用相当的篇幅叙述一个古代寓言故事，但这些叙述都在论证一个主题：不论困难有多大，只要"挖山不止"，就能挖掉帝国主义、封建主义这两座大山，取得中国革命的成功。以小故事入题，讲出一番大道理，这样的范文好看却不易学。

有一个问题很值得探讨：同是新闻工作者，记者和论者的思维方式有很大的不同。记者的思路多是由抽象而具象，论者的思路则由具象而抽象。对记者来说仅仅形成观点是不够的，还必须采集大量的新闻细节，没有细节很难干活。对论者来说，则必须由具象而抽象，进行由此及彼、由表及里地分析，没有观点很难下笔。记者的采访对时间、地点、姓名甚至对话的细节都要记住；论者则未必对过程和细节感兴趣，采访是对过程和细节归纳概括的过程。为什么会有这样的不同，自然是因为所担负的任务确有不同。

和记者一样，论者当然要从事实出发。客观实践是思想的源头活水，新闻事实是思想的基本材料。但在大多数情况下论者不必到第一现场就可以写文章，这绝不是说评论可以主观臆造、闭门造车。对一个好的论者来说，掌握尽可能多的新闻事实不仅必要而且必须。问题是，整理材料的方法不同。评论中的叙述，大多作为交代事实经过或者作为论据而存在。倘有必须叙述的事实，当然不可略去，但一定要简述，最好不展开。新闻事实在多数情况下是一篇评论的缘起或由头，不宜成为文章的主角，除非需要引证事实作为论据。即使如此，也是点到为止。需要把握的是，评论中的叙述以概括为好。司马迁的《报任安书》，其中"盖文王拘而演周易……"一连串的排比句就是典型的言论叙述。不必逐一展开屈原是怎样被放逐的，孙子是如何膑足的，而是以凝练的归纳直接证明论题。

言论中的叙述多是经过作者加工提炼的，目的是使其思想内涵得到开掘。讲一件事的好处，罗列很多，看似周详，实则挂一漏万。这就要求作者举其纲而张其目，指出好处的重要特征。概括性的叙述往往更准确也更有力。

评论作者有其自身的思维方式，论与叙的分寸，需要在实践中悉心体会。没有或很少撰写评论的同志偶尔为之，可能有些难度。最大的问题是常常会被"事儿"牵着鼻子跑，以至就事论事而不是以事论理。论有论的语言，叙有叙的语言，但最主要还是思考问题的方式不同。正像评论作者偶尔去写小说，满脑子都是条条，就是没有人物和景致，写出来终脱不掉论文味儿。理不出条条难写评论，脑子里没有图像难写小说。论与叙的区别也许正在这里。

例文

村长急中生智出手，奈何对方皮糙肉厚

美国司法部长威廉·巴尔一个演讲引起大家兴趣。他说，美国剿杀华为的根本原因不是对伊朗的贸易，也不是网络安全，而是基于8个原因。巴尔先生是个实在人，没有拐弯抹角。

他说：第一，中国的技术攻势对美国构成了前所未有的挑战。第二，5G技术处于正在形成的未来技术和工业世界中心。第三，如果中国继续在5G领域独占鳌头，将主导一系列依赖5G平台并与之交织的新兴技术带来的机遇，这个机遇价值23万亿美元。第四，中国领先会让美国失去制裁别人的权力。第五，随着5G技术的深入发展，会兴起智能家居、智能农场、智能工厂、智能交通等一系列新兴技术。第六，5G依赖于一系

列技术，包括半导体、光纤、稀土和材料，5G将导致这些产业的升级。第七，中国已经抢滩，5G处于领先地位。第八，未来5年内全球5G版图和应用主导地位格局将形成。

5G全球版图现在具备了雏形，中国将借助5G成为世界最领先的制造业大国。在美国看来，再不追杀中国就一骑绝尘了。

怎么阻止中国升级？就是要把华为这样的公司干掉。

从绑架孟晚舟开始，美国已经运用各种武器围剿华为，华为还坚强地活着，主要原因是自己实力强，而且不是上市公司，美国无法通过资本市场控制华为。

目前美国动用了核弹级别的手段，要求全世界企业不可销售含有美国技术和设备的产品供给华为，除非它同意。其实你不是美国公司，你也没有做生意的自由。就算你说不含有美国技术，他硬要说你有，你敢回嘴吗？你就是下一个华为，这就是美国政客的意图，想通过欺负华为欺负中国，欺负和中国合作的公司。

图穷匕首现，中国人会让美国政客如愿吗？

中国不是日本，不是苏联，是皮糙肉厚、伤痕累累、顽强坚韧的战斗民族，对此参加过朝鲜战争的美国人应该有深刻的印象。

——摘自今日头条自媒体号"光明思维"2020年5月20日

（注：本文略有删节）

作者按语

这是一篇在自媒体号刊发的新闻评论。作者"光明思维"定期更新视频，许多观众都比较喜欢。

这篇评论关注者甚多，是因为威廉·巴尔的演讲代表了美国官方的真实意图，也就是扼杀华为，这其实包含着非常险恶的政治目的。由此也可窥见美国整体对华战略发生变化之一斑。

从评论业务角度来看，作者用将近一半篇幅转述威廉·巴尔演讲，内容涵盖全部要点，共八条。评论可以有两种写法，一是针对每一条有更多的叙述并加以阐述；二是对八条内容进行归纳概括，找出其实质性要素加以分析评论。

评论之所以好看，是因为威廉·巴尔的八条其实不需要更多解读，关键是论者从八条逻辑轨迹透视美国对华政策之全局，是一篇叙述精当（讲演文本的原文呈现）、评论恰切（作者观点简洁鲜明），以论者为主体、以新闻事实为依据的评论文章。

文章的精彩之处是后半部分，指出：第一，美国战略焦虑不在于有没有华为这个企业，而在于华为代表了中国在高科技领域的关键部位业已领先。第二，阻止中国产业升级，从而阻止中国经济发展的潜力，是遏制中国的关键所在。第三，为此，美国不惜动用一切手段实现这个战略意图。围剿华为是这个战略的一个缩影。第四，这种遏制政策对中国来说是不会得逞的，因为中国不同于其他国家。第五，中国有坚强的意志和顽强的韧性，不会面对这样的遏制而退缩屈服。

评论篇幅不长，但信息量丰富，反映了当下自媒体评论逐步形成的快速反应、一针见血的特有风格。评论值得学习之处，是没有穿鞋戴帽，没有冗长而啰唆的叙述。作者始终占据着统摄论题的主导地位，表现出良好的职业素养。

第六节　角色：撰稿人与评论员有区别

围绕党报评论员文章是否署作者名字，在20世纪80年代有过热烈讨论。主张署名的认为，记者以其新闻报道名世，评论员不该默默无闻，应当尊重评论撰写者劳动。这有道理。不主张署名的认为，评论员文章不是个人的论说，是代表编辑部或官方发表意见，署个人的名字未必合适。比如，像《今年不准打白条》这样的评论，署上个人的名字，是个人见解呢，还是政府的主张呢？容易造成误解，不署名也不无道理。

举这个例子并不是想重新讨论这件事，只是说同样是写文章，因角色的不同，考虑问题的角度，论说事理的口吻，以及文章所发挥的作用等有很大的不同。概言之："撰稿人"和"评论员"是不一样的，署名文章和评论员文章是不一样的。

评论员不是指某人而是指一种类型的文章，这已经约定俗成。我们还是应该尊重大多数人的阅读习惯，凡发表个人见解，署个人名为妥；代表编辑部发言，署"本报评论员"为好。

我们常说，"不在其位，不谋其政"。是否谋其政，如何谋其政，和"位"有很大关系。"位"是角色的派定，而角色既关乎作用的轻重，也决定着如何作为。

评论员文章包括社论，通常是代编辑部立言，表达官方主张，所以评论员思编辑部所思，想官方所想，反映的是政府的观点和立场，这不能有丝毫的含糊。当然并不是说每一篇评论的提纲都由领导设计，但文章的基本精神应该与领导机关的意图相一致。评论员文章中常有这样的语言："各级党委和政府"要如何如何，这不单是个表述问题，而是要求评论的撰写者必须从全局的高度思考问题。虽然不论多么重要的文章总要由某个个人起草，但应该记住，这绝不是在表达自己的意见，而是一种公务行为。评论员的责任是完整准确地阐述官方的意见主张。正如政府的新闻发言人，完全可能也完全可以对某一问题有自己的看法，但当他履行公务时所阐述的观点必须全面准确地反映政府的观点。

社论和评论员文章在大多数情况下是指导性的而不是研讨性的，对舆论起着导向作用，对工作具有指导作用，所以论点应该旗帜鲜明。社论和评论员文章中多有"必须""应该"等词汇，也正说明它不是一般意义的文章，而是一种郑重的工作的要求。当然，郑重不一定是百分之百的正确，不可以研究，不允许探讨，不能够商榷，而是说评论员文章毕竟不是一家之言，而是就党的方针政策做出的明确宣示，切不可把这类文章当作漫谈或随想看待。

社论或评论员文章是政论，但政论不是只谈政治，经济、文化、科技等都是政论的话题。政论的含义是，无论谈论什么，都应该用政治眼光观察和分析问题。政论家谈股市与股评家谈股市着眼点是不一样的，前者着眼于分析宏观经济走势及其对社会稳定的影响，后者是告诉人们投资的盈亏损益，所以绝不能把本报评论员混同于一般意义上的"乐评人""影评人""股评人""书评人"。评论员讨论的问题可以是各种各样的，但政治的考量当数首位。

社论或评论员文章当然应该写得有文采、有激情，但它毕竟不是文学创作，其成功的标准，是完整准确有力地阐述了党和政府的立场和观点。有些文章需要文情并茂，写出了气势，写出了激情，写出了文采，当然好。把思想性和艺术性统一起来，使政论富有感染力，这当然没有问题。但有些文章需要对政策进行解释和阐发，就必须规范、准确，不能率性下笔。经验表明，为文而文，为美而美，往往词不达意甚至以辞害意。

或许可以做这样粗略的概括：在大多数情况下，评论员的撰述是公务行为而非个人行为，是政治和政策阐述而非学术研究，是对实际工作的指导而非文艺创作。这些决定了评论员必须有政治意识、大局意识和责任意识，站在党性和党的原则立场上从事自己的工作。

成为一个独立撰稿人不易，而培养一个合格的评论员更难。难就难在，评论员除了具备和撰稿人一样的才华、学识等外，还要具备一些更为重要的东西：政治的坚定敏锐，对实际工作的了解，冷静和理智的头脑，精确而清晰的表达，或许还要有难以言说而又无处不在的经验——比如，褒扬而不溢美，批评而不刻毒，直白而不粗陋，通俗而不浅薄，既言语犀利又无懈可击，既旗帜鲜明又不剑拔弩张，既理直气壮又不咄咄逼人。并不是有才华的人都适合做评论员，正像诗人多少得有点浪漫气质，小说家得有编故事的才能，评论员要有政治家的眼光和很强的组织纪律观念。无妨说，有的人可能写得一手漂亮的杂文或散文，却未必能写好政论。即使是新闻工作者也未必都能了解评论员工作的甘苦和价值，以为评论员无非是按图索骥，上传下达，并无创造，匠人而已。但只要亲手实践哪怕是一次，就会发现这是偏见。这里没有月旦高下的意思，而是说评论员这个角色不好找，也不好扮，内在气质和修养锻炼缺一不可。即使如此，能不能进入角色也还是个问题。

例文1

媚态与骨气

米博华

我自信，自己还不是一个盲目自大的狭隘的"爱国者"。"如何汉臣女，亦欲做胡姬"，只要有爱情，乐于和马丁或肯特先生结为连理，我会热烈欢送的。"胡姬"又何妨呢？我反感的是任何傲慢。假如您认为以您的肤色、您的腰包就可以蔑视我一下，恕我不恭，不会"忝陪酒会"。

对个别所谓"外宾"倨傲的心态，我不想祈求他改正，自大自可由他！但从中国人这一面来说，咱不能觍着脸让人啐，泰然处之地接受这种很不平等的倨傲。然而令我深感痛苦的是，我的同胞中的极少数人的骨头就是那么软，媚眼就是那么贱，人格就是那么不值钱！人家不把你当人看，自己浑然不觉。可怜兮兮，令我恶心。

一位归侨不无悲怆地对我说，您要堂堂正正地做个中国人么，您首先要当一回美国人，您当了美国人，然后回来，这在某些中国人的眼里才算是个人。我不想细述这位归侨的"蓝皮护照"引出的一连串"化腐为神""化难为易""如入无人之境"的可笑亦复可泣的故事，我只觉得悲从中来。

一位外国影星因做生意顺道来中国看看，我们"欢迎，欢迎"，再加"热烈欢迎！"也就够了。但这似乎变成了一种恩宠，某些特别受惊的中国人不免大大地失态。舞之蹈之犹觉不足，恨不能一拥而上大撒其娇。虽是珠光宝气，但眼神里泛着可怜巴巴的媚态。我不想责备外国影星，我只想责问我们某些亲爱的同胞，在瑟瑟的寒风中你们伸着脖子期待这位两次姗姗来迟的被访者，并被挡在甬道中，难道还笑得起来吗？您重施铅华，勾眉描眼，扭捏作态，嗲声嗲气，竟是希望他告诉你"为何如此英俊"吗？

一位远比这位影星伟大的法国作家罗曼·罗兰说过:"人就其人格而言,和天使一样伟大。"咱们中国某些人的人格伟大感究竟有多少?在他们眼里,始终没有把自己摆进世界大家庭一员的身份来看。要么是义和团式的"宝刀、神鞭,洋鬼子玩完",愚顽、古怪直至反科学;要么是未庄的洋鬼子,用法国香水代替桂花油,以摇头耸肩代替打躬作揖,对"洋大人"表现出几乎泛滥的殷勤。其实,把外国人当鬼子也好,称大人也好,乃是一个铜板的两面,二而一也:非鬼即神,就是和咱不一样。

100多年前,一位外国商人为了戏弄中国人,把一把花生米抛向空中,一些蝗虫一样的中国人扑上去,从黄土中把花生米抠出来,塞进嘴里,这位老外狂笑不止……然而您再看看不久前的一幕:在一项外国产品展览会上,数百位中国人蜂拥而抢产品广告,以至这位外国人也像撒花生米一样,看中国人怎样为那几张广告而"拼搏"!亲爱的同胞,您就缺这几张纸包肉或糊墙吗?100多年了,某些同胞怎么就如此没长进。你不把自己当人看,别人是不会拿你当人看的。为观瞻和大局计,请挺直腰杆,洗去媚态,做一个有骨气的中国人吧!

——摘自《人民日报》1987年12月15日

例文2

伟大理论的成功实践

本报评论员

今天,由中宣部和国务院办公厅联合召开的全国精神文明建设经验交流会在张家港市开幕。

张家港市在短短几年内迅速崛起,以其社会主义物质文明和精神文明建设的优异成绩成为长江三角洲又一颗璀璨的明珠,受到社会普遍关注。

步入张家港市,一种新气象扑面而来:道路笔直平坦,街区绿茵如画,生活秩序井然,人们的精神面貌昂扬振奋,一派生机勃勃、欣欣向荣的景象,张家港市这个过去不出名的小城,现在已跻身于全国最发达地区的前列。1994年,全市国民生产总值达152.8亿元,人均国民生产总值18600元,折合2214美元。张家港市已经进入小康,正朝着更加发达的目标阔步前进。特别值得重视的是,张家港市的精神文明建设和物质文明建设共同发展,爱国主义、集体主义、社会主义的主旋律日益奏响,党风和廉政建设成效显著,干部群众的思想道德和科学文化素质不断提高,一代有理想、有道德、有文化、有纪律的社会主义公民健康成长。张家港市的发展和变化,使我们具体而实在地看到了社会主义现代化的雏形,看到了邓小平建设有中国特色社会主义理论的成功实践。

张家港市两个文明互相促进、协调发展的做法和经验,对于更深刻地理解邓小平建设有中国特色社会主义理论,增强贯彻党的基本路线的自觉性;对于进一步弘扬江泽民同志倡导的64字创业精神,激发亿万人民投身于改革和建设宏伟事业的热情,从而全面推进经济发展和社会进步,有着重要的借鉴意义,值得各地学习。

张家港市在两个文明的建设方面提供了丰富的经验。他们的基本经验是:从社会全面发展的战略高度,把物质文明建设和精神文明建设统一于建设有中国特色社会主义的伟大实践之中,始终不渝地以经济建设为中心,坚持"两手抓""两手硬"。他们明确提出一把手坚持两手抓,做到思想认识到位,领导保证到位,自身表率到位,精神文明建设始终摆在各级领导的重要议事日程上;他们强调塑造一种"团结拼搏,负重奋进，自加压力，敢于争先"的张家港精神，并用这种精神教育人、塑造人、鼓舞人、凝聚人，成为全市人民改革和建设的强大精神动力；他们在精神文明建设方面舍得投入，注重硬件软件一起抓，兴建了一批堪称一流的设施，为精神文明建设水平的提高奠定了雄厚的基础；他们紧紧依靠群众，办实事，求实效，把精神文明建设同创造美好生活结合起来，群众从参与精神文明建设的各项活动中得到陶冶，也得到实惠，因而使加强精神文明建设成为群众自觉的愿望和行动，保持旺盛的活力；他们努力探索一条制度化、规范化、科学化的路子，用现代化管理手段和方式把精神文明建设纳入良性循环的轨道。张家港市的经验是多方面的，也是具体的实在的。它是实践的结晶、行动的硕果。正如江泽民同志视察张家港市时反复强调的，张家港市的成绩是"干出来的"。

张家港市的经验是我们党多年来坚持贯彻落实邓小平同志关于"两手抓，两手都要硬"思想的新鲜成果。邓小平同志这一观点，充满了深刻的辩证法，是对我国经济建设和社会发展规律的科学概括，对于推进社会主义现代化建设和社会全面进步具有重要的实践意义。张家港市各级领导从自身的发展和变化中深深体会到，就经济抓经济是不懂经济的表现，也抓不好经济；一手软，一手硬，其结果必然是两手都硬不起来。只有两个文明一起抓，才能内增凝聚力，外增吸引力，提高向心力，达到发展社会生产力的目的。张家港市的业绩就是两个文明共同进步、协调发展的产物。他们的实践令人信服地验证了一个观点，这就是，精神动力、智力支持和思想保证，完全可以转化为蓬蓬勃勃的社会生产力；而生产力的发展，经济的振兴，也为精神文明建设提供坚实的物质基础。社会主义的现代化正是在两个文明互相依存、彼此促进中实现的。

党的十四届五中全会通过的《中共中央关于制定国民经济和社会发展"九五"计划和2010年远景目标的建议》，强调要把精神文明建设提到更加突出的地位。江泽民同志的重要讲话，深刻阐述了两个文明建设的关系，要求将两个文明的建设作为统一的奋斗目标，始终不渝地坚持两手抓，两手都要硬；要求积极探索社会主义市场经济条件下，搞好精神文明建设的新思路、新办法。我们要把贯彻五中全会精神同学习张家港经验结合起来。我们相信，只要各地同志联系实际，认真学习，悉心探讨，大胆实践，张家港市的经验一定可以在更多的地方结出丰硕的果实。

——摘自《人民日报》1995年10月18日

作者按语

  这是我的两篇旧作，一篇是作为投稿者在《人民日报》大地副刊发表的杂文。写这篇文章的时候，我还是30岁出头的年轻人。写作的动机是一个新闻事件引发的思考。一篇是作为人民日报工作人员撰写的评论。写这篇评论的时候，我已经是评论部要论组组长，专司社论和评论员文章写作。之所以把两篇文章找出来加以对比论列，是想说明作为投稿者与作为党报评论员，因角色不同而显示出完全不同的文风。恐怕绝大多数读者很难看出，两篇评论出自一个人的手笔，这也正是讨论这个话题的初衷。

  多年来，评论写作对我而言，很像是两个驱动马达、两套话语系统、两种思维方式。一个是努力通过极富有个性的表达阐述自己的意见和想法，一个是努力通过字正腔圆的规范表述完成自己所从事的工作。职务行为的评论写作和非职务行为的个人写作应该也必须有很大区别。

  第一，个人写作强调"有我"，而职务写作必须"无我"。《媚态与骨气》的语态从头至尾的主语都是"我"——我听到什么，看到什么，想到什么，说些什么。文章风格有比较浓厚的文学色彩。而《伟大理论的成功实践》始终要表达的是党报对某一新闻事件的态度，代表的是党和政府的权威声音。主语是"本报评论员"，而不是撰写稿件的那个人。

第二，个人评论侧重提出个人的思考和见解，而本报评论员文章同样要提出鲜明观点，侧重点则是在工作性中包含思想性。《媚态与骨气》试图表达不吐不快的情绪、快人快语的讽刺、尖锐犀利的批评，如"不能觍着脸让人啐""您重施铅华：勾眉描眼，扭捏作态，嗲声嗲气，竟是希望他告诉你'为何如此英俊'吗""未庄的洋鬼子，用法国香水代替桂花油，以摇头耸肩代替打躬作揖，对'洋大人'表现出几乎泛滥的殷勤"……这里要强调的是，除极个别情况外，杂文的文风在政策性宣示的本报评论员文章中极少出现。《伟大理论的成功实践》则是对张家港经济社会发展经验做出归纳，对推广张家港经验提出工作性要求。因此，必须是准确和郑重的正面论述。如"张家港市的经验是我们党多年来坚持贯彻落实邓小平同志关于'两手抓，两手都要硬'思想的新鲜成果""张家港市两个文明互相促进、协调发展的做法和经验，对于更深刻地理解邓小平建设有中国特色社会主义理论，增强贯彻党的基本路线的自觉性；对于进一步弘扬江泽民同志倡导的64字创业精神，激发亿万人民投身于改革和建设宏伟事业的热情，从而全面推进经济发展和社会进步，有着重要的借鉴意义，值得各地学习"……这里的关键，是对张家港经验的评价上升到邓小平理论成功实践的高度，这对一个地方来说分量是很重的。同时提出具有重要借鉴意义，"值得各地学习"，实际上是把张家港作为"两个文明"建设的新标杆，中国特色社会主义成功实践的新模式。这些论断性的语言朴素直白，但由《人民日报》作为本报评论员提出，就显示出非同一般的意义。

第三，个人署名文章与本报评论员文章影响是完全不同的。以阿兰·德龙首次访华奇情怪状为由头，写成的《媚态与骨气》在读者中引起很大反响，反映了改革开放初期人们对外来文化有一种"崇洋"的倾向，对这种倾向有必要加以批评。也正因为如此，有不少学生在课堂朗诵这篇文章，而其后多年《媚态与骨气》均收录在不少评论学案例和教科书之中。

同样，本报评论员文章《伟大理论的成功实践》在当地、在全国也引发了强烈反响。一个在当时名不见经传的张家港市迅速成为舆论关注的焦点，加之此后各大媒体密集报道使张家港扬名海内外。据当地干部群众说，正是因为对张家港经济社会发展的高度评价，引来连续数年全国各地的参观者几近"爆棚"，以至接待工作应接不暇。另外，在那个以招商引资驱动发展的时代，引来不少外资涌入，而许多地方在参观学习过程中与张家港建立了大量的合作项目，对提升当地经济发展起到了巨大助推作用。

第四，经常会有人问："作为一个评论人，是怎样把工作性写作和个人写作统一起来的？"我个人的看法是，作为党报工作者必须无条件地服从服务于工作任务和工作要求，包括坚定的政治立场和娴熟的文本写作能力。同时作为一个报人，也当然应该熟悉各种文体的写作，两者并行不悖。实际上，除了文体上有所区别外，评论写作的规律性、规范性其实并无区别。本报评论员写作必须有思想积累、理论修养和业务训练，这方面的积累、修养和训练越深厚、越熟练，越同时可以提升个人创作的水平。能够完成一篇重大主题的社论写作，也当然越能够在个人创作方面驾轻就熟。以往认为会写社论和评论员文章的人，未必能写好一篇个人署名的短论，这个看法恐怕是一种片面的认识。正像能够驾驭一辆重卡，多半可以比较自如地驾驶小型轿车。

第七节　角度：具体才能有的放矢

一位语文老师常投稿,但采用的甚少。这位作者的学识、文笔不在专业作者之下。比如,近来寄来一文《论师道》,写得文采飞扬,浩浩荡荡:从马融设绛帐,前授生徒,后列女乐;到孔子居杏坛,贤人七十二,弟子三千;从苏章负笈千里,以示从师之殷,到游杨立雪程门,彰显敬师之诚……但,这样的稿子至少在我们的报纸上不好用。主要问题是,讲的多是一般的道理。

由此想到言论创作中一个非常重要的话题:一般道理和具体道理。

一般谓之普通,具体谓之特殊。这是一个基本的哲学范畴。由特殊到一般,由一般到特殊,是认识的两个过程。就言论创作而言,重视特殊性、研究特殊性,尤其重要。这不仅是因为言论讨论的问题常常是具体的,更因为如果不研究事物存在和发展的特殊原因,就无法揭示事物的内在规律性。也许可以这样说,言论创作最忌讳的是讲一般道理,最容易讲的是一般道理,最不受读者欢迎的也是一般道理。所以有人说,一般化的号召是空洞口号,一般化的指导是乏力的指导,一般化的表扬是外交辞令,一般化的批评是隔靴搔痒。一篇文章提出的观点,过去、现在和将来都是正确的,在任何条件和情况下都是适用的,那么它解决实际问题的意义多半不大。因为,"公理无须证明"。

什么是一般化的道理?很难有明确的定义。粗略说,就是"大""空""泛",大而无当,空洞无物,不着边际。比如,像《论师道》这样的文章就属于此类。并不是说《论师道》这样的文章就不能写,但至少应该明确,我们为什么要讨论这个问题,此时此刻是针对什么说的。没有这个背景,文章写得再精,不过是文字游戏。

什么是具体道理,就评论写作而言,至少有三层意思。

对象的具体。我曾参加过一次马拉松式的关于第三者插足问题的讨论。衮衮诸公、高言谠论,却不得要领。因为,以一般化的结论解释丰富的生活,往往说不到点子上。第三者插足的故事,个个都有其特殊性;即使完全相反的观点,均能有实例证明其正确性和合理性。所以得出一个体会,从个案着手推及一般也许是更聪明的办法。对象具体,是说评论最好因事而发。常有这样的题目"由什么什么说开去"或"有感于什么什么"等,这里的"什么"通常就是事。对象具体也一定是论题和论点的具体。比如,《勤奋一定出天才吗》《节流一定能致富吗》等。这样,就能够找到一个论述的起点,找到一个可以开掘的工作面。并不是说所有言论都要这样写,而是说从研究特殊性入手也许正是报纸言论的一大特色。一篇千把字的评论开出《论人才战略重要性和必要性》之类的题目,没有错,但难下手。

分析的具体。总是说真理是具体的,离开了具体事物的抽象没有意义。就是说,一定要研究事物的区别和联系,研究表象和本质。而做到这一点非具体而不可为之。比如,"储蓄是一个美德"这个命题看似无懈可击。但条件不同,其正确性就大可质疑。就国家宏观政策而言,过高的储蓄率恐非幸事;就小家理财而言,储蓄未必可以达到保值增值的目的。无论直接经验、吸取教训,还是澄清认识、阐明观点,都不能大而化之。提出"要解放思想"的命题是对的,进一步提出"要转变观念"还是对的,但如果没有阐明是什么观念妨碍解放思想,文章就不算成功。写文章应视情况可详可略,但对问题分析应该尽可能具体:主要的、次要的,主观的、客观的,直接的、间接的,决定性的、非决定性的,等等。对这些问题心中有数，才能把问题讲透。若不深入这样的层面，就很难找到事物区别和联系的真正原因，也就无法阐明事物本质。

表述的具体。表述是认识的反映。对事物的认识越深刻，表述得才能越生动越具体。这个意思前面已经说过。这里要说的是，一般认为，叙述性文字宜有细节为好，论述性文字则以概括为好。这可能是个误解。体裁不同，表述当然不同，但无论哪一种文体，表述都应该准确，概括也应大而精当。言论写作，更应注意概念之间的细微差异，判断之间的微小区别。这样，就可以避免套话。"任仲平"文章就是很好的范例，既有宏大的气象，更有独特的表述，造句的精准和表达的细致，是它的一大特色。言论的表述应综合使用多种修辞手法。两汉时文推崇"赋、比、兴"，将高深道理化为形象比喻，就是很好的传统。当然报纸时评不必刻意追求这个，但借鉴这方面的技巧，恰当加以使用，也有点石成金的效果。还应注意使用材料。通篇都是概念演绎，往往乏味。把数据、事例、文献、典故贯穿文章之中，就会有变化、有起伏、有情趣。应尽量使用生活化、群众化的语言。看义也是看人，读者阅读时看到的是作者在那里笨拙拙、苦巴巴地爬格子，同样感到很累。好文章应是读者和作者之间轻松亲切的对语，至深的道理无妨明白如话，这样才能打动人、说服人、感动人，至少使读者有兴趣把文章看下去。

第八节　积累：读写并重方能厚积薄发

　　同是读书，因为目的不同，读法也大不相同。粗略地说，一种人是文化消费，在闲暇时间里看一些有趣的故事、有趣的文章，娱乐身心。他们阅读时并不细琢磨故事是怎样展开的，各章节、段落是怎样呼应的，等等。他们对创作的工艺流程不感兴趣。另一种人是文化生产，阅读的大部分目的是生产文化产品，因而他们要把阅读纳入自己的写作计划，摄取一切和写作有关的材料，包括留意文章的门道。他们懂得流畅来自艰苦的梳理，准确必须反复地锤炼，漂亮的句子需要孕育。总之，对他们来说，读和写是一个学习和创作的互动过程。

　　言论创作也有一个处理读和写的关系问题。

　　一种情况是，写得多、读得少或者只写不读。这当然不是说连报纸都很少看，而是说对学习作用于写作的重要性认识不足。没有新闻线索，不掌握第一手材料，记者很难采写新闻报道。同样地，缺乏知识的积累，不掌握理论的武器，也很难写出好的评论。可以这样说，相对而言，言论创作对知识的依赖程度可能更高。有人说，新闻是靠腿吃饭的，而言论是靠书吃饭的。这比喻当然不恰当，记者也要读书，评论作者也要走进生活，不能简单而论，但这一说法确道出了一点实情。对评论作者来说，如果没有持续不断的学习积累，思想就会枯竭。正像有的同志感觉的那样，写作的数量不少，但真正有分量的不多；写作的实践不少，但提高较慢。源源不断的思想需要一个不断更新的庞大的知识库支撑，只"发"不"积"，迟早要亏电。另一种情况是，读得多写得少或者只读不写。并非有学问的人都一定擅长写文章，因为从理论到实践要有一个转化过程，会不会运用知识是个大问题。运用得好，知识可以增量；反之，越读眼越高，就越不敢写，越不能写，读书反而成了写作的障碍。"眼高手低"多半就是这种情况。阅读不能代替写作实践，会看是一回事，会写是另一回事，两者有联系也有区别，因为说到底，我们必须从第一行字写起，只有在写作过程中才能体现厚积薄发的优势。

有人说，"七分读三分写"，这也许是个比较理想的设计，但在今天这样一个信息爆炸知识膨胀的年代，大概不允许捻着胡须写作，百八十字抠半月十天。所谓厚积薄发是"五分读五分写"，抑或是"七分写三分读"，大约要因人因时因事而定，但有一点是可以肯定的，那就是必须读写并重。

多读书永远是正确的，但人生有限，精力有限，不可能什么书都读。我以为，读书应该同自己研究的课题、所从事的工作结合起来。这绝不是说，抱着功利的目的读书，追求"立竿见影"，而是说要有所取舍，术业专攻。物理学家看武侠小说未尝不可，但不能拿它当饭吃；评论作者读美术史、建筑史、音乐史也未尝不可，但什么都看必定精力分散。所以，若讲多读，恐怕还是多读与自己写作计划有关的书。没有主次，多的意义也就不存在了。

时评家当然要研究时事政策，但把这理解为只读报纸文件不读别的书，也是一种片面性。这里有一个处理古与今、理论与实践的关系问题。基础和应用都很重要。言论作者应该重视文史哲方面的学习，没有这方面的积累，文章就会失于浅薄和苍白。基础不牢，游谈无根，那是一定的。反之，厚古薄今，不屑于研究时事、研究政策，对我们现在正在做的事情知之不多、识之不深，可能是更大的缺陷。毕竟我们所写的文章不是老"八股"，现实针对性不强，时效性不强，文章写得再漂亮也没有意义。

洗手焚香，正襟危坐，是一种读法。读书应该有这种认真专注的精神。除此之外，从各种渠道广为汲取也是好办法。只要留意，只要有心，听评书，看小说，甚至看电视，都是一种学习。倘若有求知的渴望，我们会发现有用的知识无处不在。捡不到金疙瘩，拾些碎银也好。这样，我们就能在有限的时间里比别人的效率高一点，收获多一点。一点一滴加起来，就是不少的财富。

从提高言论写作水平的角度说读书，读什么，怎样读，其关键是必须服务于写作这个主业。但不能把读书和写作割裂开来。因为读书的过程也是写作的过程，而写作的过程也就是读书的过程，这是一个问题的两个方面。有机结合，融为一体，应该是读和写的佳境。

例文1

论读书（节选）

林语堂

今日所谈，亦非指学堂中的读书，亦非指读教授所指定的功课，在学校读书有四不可。

（一）所读非书。学校专读教科书，而教科书并不是真正的书。今日大学毕业的人所读的书极其有限。然而读一部《小说概论》，到底不如读《三国》《水浒》；读一部历史教科书，不如读《史记》。（二）无书可读。因为图书馆存书不多，可读的书极有限。（三）不许读书。因为在课室看书，有犯校规，例所不许。倘是一人自晨至晚上课，则等于自晨至晚被监禁起来，不许读书。（四）书读不好。因为处处受训导处干涉，毛孔骨节，皆不爽快。且学校所教非慎思明辨之学，乃记问之学。记问之学不足为人师，《礼记》早已说过。书上怎样说，你便怎样答，一字不错，叫作记问之学。倘是你能猜中教员心中要你如何答法，照样答出，便得一百分，于是沾沾自喜，自以为西洋历史你知道一百分，其实西洋历史你何尝知道百分之一。学堂所以非注重记问之学不可，是因为便于考试。如拿破仑生卒年月，形容词共有几种，这些不必用头脑，只需强记，然学校考试极其便当，差一年可扣一分；然而事实上于学问无补，你们的教员，也都记不得。要用时自可在百科全书上去查。又如罗马帝国之亡，有三大原因，书上这样讲，你们照样记，然而事实上问题极复杂。有人说罗马帝国之亡，是亡于蚊子（传布寒热症），这是书上所无的。

例文2

论漫谈读书（节选）

梁实秋

黄山谷说："人不读书，则尘俗生其间，照镜则面目可憎，对人则语言无味。"细味其言，觉得似有道理。事实上，我们所看到的人，确实是面目可憎语言无味的居多。我曾思索，其中因果关系安在？何以不读书便面目可憎语言无味？我想也许是因为读书等于是尚友古人，而且那些古人著书立说必定是一时才俊，与古人游不知不觉受其熏染，终乃收改变气质之功，境界既高，胸襟既广，脸上自然透露出一股清醇爽朗之气，无以名之，名之曰书卷气。同时在谈吐上也自然高远不俗。反过来说，人不读书，则所为何事，大概是陷身于世网尘劳，困厄于名缰利锁，五烧六蔽，苦恼烦心，自然面目可憎，焉能语言有味？

作者按语

这是我年轻时曾做过的有关读书的卡片，对我职业生涯有着很重要的影响。有一些论读书的卡片已经找不到了，但我知道许多著名学者都认真思考过这个问题，而且有一致的共识。那就是，认识能力的提高、写作能力的增强与读不读书、读什么样的书、读了多少书有直接关系。原则上说，开卷有益，多多益善。但对大多数人而言，读书总是和自己的工作和职业联系在一起的。生也有涯，而知也无涯。以有涯的生命面对无涯的知识，必须有所选择。

对评论作者来说，青少年时代的文化积淀非常重要。如果一个人能够在最适合学习的年龄，熟读古今中外的经典，一定会在日后的职业生涯中赢得巨大优势。不仅是知识储备的完足，而且对精神气质影响甚巨。关于这一点尽人皆知，不必展开。

这里要说的是，评论作者要构建自己独特的知识体系，或许可以概括为这样几个部分。

第一，必须有一定的哲学基础。中西哲学有许多不同之处：中国哲学的基础是建立在天人合一的理论框架之内，西方哲学则具有浓厚的实证色彩。两者在方法论上殊途同归。所谓哲学基础，就是思维活动必须依附于某一科学思想体系的架构之中。没有思维框架，没有逻辑推演，评论极易陷入偏执和空想。

第二，必须有一定文史修养。理论骨骼需要由文史等血肉支撑，就像一棵树必须由树干和万千枝叶组成。文史等修养不仅给出更宽的背景加以比较，同时也是组织和结构文章的基本材料。好的评论家应该有一定的文史知识基础。上文所引林语堂、梁实秋的论读书，之所以写得丰满鲜活，原因在于他们知识的渊博和调度材料的从容自如。

第三，必须对时事政策有完整而透彻的掌握。时事政策有时是书籍，而更多地表现为一种经验。从纯粹的文学创作来看，对这个要求或许并不高。但作为时事评论家，则必须对有关新闻及其走向，有清晰的理论观照和尽可能多的鉴别比较，而这非读书不能获得。事实上，即使从事文学写作，也离不开对时事政策的了解。虽然文学家未必撰写时评，但一定对社会生活的变化和发展有着深刻的体验。

第四，前面已经说到读写并重的问题。一方面，不能用"十年磨一剑"来掩盖只读不写的弱点。多半的情况是没有刻苦的写作过程，也就不会有锋利的一剑。另一方面，也不能功利地追求写文章的数量，用写作来代替知识和文化的建设。正像人们所说的那样，不临帖无以为书法，只能是江湖式的"我体"，始终不能有所进步。

第九节　对象："对谁说""说什么"与"怎么说"

党报言论优势地位是客观存在的。像《人民日报》社论，重要任务之一就是阐释政府方针政策，权威性不言而喻。因报纸的性质、地位和作用的不同，评论的分量、影响也因之而不同，这是读者所公认的。然而优势只有得到发挥才能真正成为优势。党报言论倘削弱引导舆论、指导工作的职责，一味迎合读者，"你愿看什么，我就写什么"是舍本逐末；抱着"写不写在我，看不看在你"的消极态度对待读者，同样不能赢得读者，难以收到宣传的实效。

党报言论要旗帜鲜明、导向正确，这没有问题。但言论同时又是一种宣传的艺术，相同的道理不同讲法，效果大不一样。因此，又必须研究读者，服务读者。这里，从读者的角度，就党报言论如何提高引导水平和宣传艺术谈一点粗浅的想法。

以下三个问题或许很重要。

对谁说——我们阐述观点一定要有自己的读者对象。读者的情况是多种多样的。市场营销有一个概念叫细分化原则，是研究特定商品为哪一类消费者服务。细分，才能对商品的性能和特色有明确定位。同样，报纸以及报纸的所有栏目也有个宣传问题。讲道理首先要看对象。道理讲得都对，但谈话对象不对，是宣传的大忌。因为入脑入心的程度总是和读者的工作、生活状况以及最关注的问题和最迫切的需要联系在一起的。这可以分两个层面说。

第一，就一张报纸的言论来说，应尽可能满足不同读者的需求，这可以通过不同形式的言论栏目体现。比如,《人民日报》有社论、评论员文章,有"人民论坛""今日谈""思想纵横""国际论坛""金台随笔""经济茶座"等。这些言论栏目有相同之处也各有特色。相同之处是不论哪个言论栏目都着眼于从政治的角度观察和分析问题。这是《人民日报》言论的一个鲜明特色。不同的是,每个言论栏目又有不同的读者对象。社论侧重阐述党的方针政策,"人民论坛"侧重对现实生活中干部群众思想问题加以引导,"思想纵横"侧重在理论和实际的结合上阐明或澄清一两个理论观点,"金台随笔"则侧重用文学的笔法对现实生活中的问题发表意见。这里面打头的还是社论和评论员文章,它是党报的旗帜,也是党报的公信力和权威性所在,拥有广大的读者。有的报纸可以一年不发社论或一年偶尔发社论,《人民日报》不行。《人民日报》社论已经成为全国舆论界的不可或缺的声音。当然社论不是唯一的,还需要各种言论栏目配合,形成宏大的交响乐。

第二,就一篇言论而言,应明确写给谁看。这个问题同样重要。我们讲工作的针对性、思想的准确性,总是就特定的读者群而言的。比如,《人民日报》评论《大力支持下岗职工再就业》,主要是讲给各级领导干部和有关职能部门看的;而同样主题再就业的评论主要是讲给下岗职工和失业人员的。前者侧重工作性,后者侧重思想性。这样的例子还可以举很多。有的言论空泛,主要问题是说话对象不明确、不具体,挠不到读者的痒处。

说什么——研究实际工作的需要和特定读者的需求,是有的放矢地加以教育和引导的重要一环。市场讲究适销对路,报纸言论不能简单地套用这个经验,因为言论毕竟还有引领潮流的使命,因而应该站得高一点,看得远一些,论得透一些,但从需要或需求出发来确定选题,这个思路是对的。对一个肢体残疾的人来说,我们送上一双运动鞋,尽管用意是好的，但不大会引起他们兴趣。而对一个爱好音乐的人来说，我们硬拉着他看足球，势必引起他的反感。一位同行在谈到外宣工作时说："供应商想要吸引消费者，首先要提供他们需要的商品。对对外传播机构而言就是提供海外公众想要获得的信息。""如果在人们想要了解中国投资法规的时候，得到的却是'四大发明'的历史资料，我们不能指望吸引受众的注意力。对外传播即使不去投其所好的话，也必须是应其所需。"这是悟道之语，经验之谈。其实一切报刊评论刊发与否的一个基本依据是"问题"，不是为写而写，而是为"问题"而写，或工作问题，或思想问题。一个新闻事实不构成问题或者是个假问题（鸡生蛋还是蛋生鸡），那么何必要写评论呢。无惑不用解；有惑，即使我们解得不算高明，他也愿意听。当然，研究工作需要和读者需求是个很大的难题。这不仅要求我们深入实际、深入群众，还要求善于对问题进行归纳、概括，进行由此及彼、由表及里的分析梳理，抓住关键问题，抓住主要矛盾。需要强调的一点是，无论是正面阐述还是具体引导，都切忌大而无当的泛泛而论。对撰稿者来说，我们提出的论点都应有瞄准的"靶位"。有具体的针对性最好，没有具体的"靶位"也应该有一个方向性的靶位。有靶位自然就知道我们应该说些什么，否则连自己也弄不懂为何而写、写些什么。宣传的及时性、主动性、针对性、战斗性、有效性，大都体现在这里。

怎么说——如前所说，一样的道理由不同的人说、以不同的方式说，效果大不一样。有人说话咄咄逼人，有人说话绵里藏针，有人说话含而不露，有人说话点到为止。观点正确，用心良好，但语气、口吻等不对头，别人照样不愿意听，起不到教育引导的作用。我们的言论在这方面大有改进的余地。把握以下几点很有必要：理直而不气粗，引导而不训导，庄重而不呆板，深刻而不深奥，犀利而不尖刻，生动而不油滑，平和而不平淡，朴素而不浅陋。第一，讲文章要生动可读，这没错。但近来不少报刊言论流行一种"调侃"的文风。着力点不是放在阐述论点上，而是放在制造一些半文半白、似通非通的句子上。看上去挺热闹，实际上是一堆不相关联的、不成系统的感慨、感觉甚至牢骚。似乎不如此就不足以生动起来。这恐怕和那种心浮气躁的办报时尚有关系。言论不是快板书，不是单口相声，不是幽默小品，虽然也可以借鉴各种艺术的优点，但言论说到底还是以论说为主。提出的论点要新颖，论证过程要周密，得出的结论要结实。而要做到这一点，绝非杂耍之类的胡诌所能做到的。第二，文章的立论高远或见解的精辟，赖于理论的高度。但理论的高度之于报刊言论要有一番化解的功夫。邓小平同志的讲话和文章很少引用经典作家的语录，但这些重要讲话和文章都不失为马克思主义的重要文献。这绝不是说可以不去研究理论问题，恰恰相反，而是只有精研和吃透基本理论问题后才能化为指导现实的真知灼见。对报纸言论而言，著名评论家李善曼说的一句悟道之语对我们很有启发："干我们这一行最重要的是简洁、明确，越简洁越好。"

我理解，这里说的简洁是渊博和丰富的一种升华。

第四讲

职业修养

第一节　文风：显而不浅才会深而不涩

新闻评论的读者是大众，所以文章要写得明白顺畅，深入浅出。当然，把深入浅出仅仅理解为通俗化作业，如用白话文对《离骚》今译，这种看法也不妥当。清代学人俞樾说："盖诗人用意之妙，在乎深入而显出。入之不深，则有浅显之病；出之不显，则有艰涩之患。"（见俞樾《湖楼笔谈》）以浅显话语道出深刻道理，显而不浅，深而不涩，是其中要义。

深入浅出的反面，是把晦涩当渊博，把艰深当深刻。

一种情况是，如果对所研究的问题缺乏深刻的认识，很容易背着概念和术语的包袱蹒跚爬行，自己写得很累，读者看着更累。

另一种情况是，过分留意文章以外的东西，下笔时就盘算着展示漂亮的学术羽毛，煞有介事地把尽人皆知的常识当成高深莫测的理论加以阐扬，动静不小，内容不多。事实上，堆砌名词术语，制造一些佶屈聱牙的句子，未必深；化繁难为简洁，变艰涩为明快，未必浅。深刻与浅薄的区别并不在于文章是否写得难懂或者通俗，而在于是否有独到的见解和缜密的论述。

深入浅出，知易行难。人们对文章一个看似轻松的要求就是"写得深入浅出就好了"，但深入不易，浅出更难，它是对学术水平、表达能力的综合考验。

写一篇故作高深的论文并不难，即使对讨论的问题知之不深，只要把文章写得摇头晃脑，大抵也就有了几分学者的行状。这样的文章在某些学术性杂志里并不少见，猛一看挺唬人，细一读却不知所云。也许，正像书法藏拙的办法之一是玩龙飞凤舞，若真工笔正楷的一点一撇都交代清楚，很多人就要露馅了。

着意于深，落笔处浅，把艰深的道理化成一望即知的道理，而不失深广的理论学术底蕴，这才是深入浅出的高妙之处。毛泽东以西安和延安比喻感性认识和理性认识的关系，以尝梨的常识论述认识与实践的原理，这看似轻松的点拨，恰说明他的深刻和透彻。

由此，或许可以概括为两层意思：首先是吃得进，即对所研究的问题里里外外彻底了解，完全消化。其次是吐得出，不管多么生僻的概念、复杂的知识，被掰开了揉碎了，就会生成一种新的物质——对思考的进一步思考。毋宁说，显而不浅，首先要求作者的研究更加深入，其次是表达有独创性。

深入浅出也与个人的悟力有关。显而不浅，深而不涩，可以有多种途径，但重要的途径之一是艺术的想象力。"假象取耦，以相譬喻"，道出了表达的魔力。古人说："直告之不明，假物以彰之。"这种修辞手法，说明了深入浅出的奥妙。

庄子的不少哲学论文是用类似寓言形式写成的，而孟子尤其擅长举物明理。他们的文章易懂好看，大部分原因是善于把道理化为形象，把思想变为故事。这并不是说，我们的政论都要写成像柳宗元《捕蛇者说》那样一种式样。而是说，做到深入浅出，要求我们在艺术构思和艺术表达上下更大的功夫。未经打磨的零件、未经梳理的材料、未经提炼的矿石，堆起来，很省事，但那不是成品更不能成精品。

以事喻文也是同样的道理。从某种意义上说，深入浅出更要苦心经营，追求以明快、简洁、生动、形象的文字表达深刻的思想。从一定意义上说，写深入浅出的文章是苦活累活，是倾其全力也未必干好的活。

> 例文

愚公移山（节选）

毛泽东

……我们宣传大会的路线，就是要使全党和全国人民建立起一个信心，即革命一定要胜利。首先要使先锋队觉悟，下定决心，不怕牺牲，排除万难，去争取胜利。但这还不够，还必须使全国广大人民群众觉悟，甘心情愿和我们一起奋斗，去争取胜利。要使全国人民有这样的信心：中国是中国人民的，不是反动派的。中国古代有个寓言，叫做"愚公移山"。说的是古代有一位老人，住在华北，名叫北山愚公。他的家门南面有两座大山挡住他家的出路，一座叫做太行山，一座叫做王屋山。愚公下决心率领他的儿子们要用锄头挖去这两座大山。有个老头子名叫智叟的看了发笑，说是你们这样干未免太愚蠢了，你们父子数人要挖掉这样两座大山是完全不可能的。愚公回答说：我死了以后有我的儿子，儿子死了，又有孙子，子子孙孙是没有穷尽的。这两座山虽然很高，却是不会再增高了，挖一点就会少一点，为什么挖不平呢？愚公批驳了智叟的错误思想，毫不动摇，每天挖山不止。这件事感动了上帝，他就派了两个神仙下凡，把两座山背走了。现在也有两座压在中国人民头上的大山，一座叫做帝国主义，一座叫做封建主义。中国共产党早就下了决心，要挖掉这两座山。我们一定要坚持下去，一定要不断地工作，我们也会感动上帝的。这个上帝不是别人，就是全中国的人民大众。全国人民大众一齐起来和我们一道挖这两座山，有什么挖不平的呢……

作者按语

谈到"深入浅出",有人把"深浅""出入"四个字拆开,形成四种组合:深入浅出,深入深出,浅入浅出,浅入深出。这好像是拆字游戏,但确道出了文章之四境。

深入浅出,比较好理解,但没有对所论事物的深刻认识做不到"深入",没有深厚的文字功底不大可能"浅出"。

不大好理解的是"深入深出"。不能把阅读起来比较艰深的文章都看成是不成功的作品。三十多年前,我曾经通读恩格斯《费尔巴哈与德国古典哲学的终结》,觉得很难完全读懂,但依然兴味盎然,至今认为这是平生读过的最好的一本书。由于专业原因与个人经历,阅读感受是不一样的,"深出"未必可取,但如果"深"得有理由,也不可一律排拒。

卖弄学问,故作高深,自说自话,自我陶醉的"浅入浅出""浅入深出",才是写文章的大忌。

这里推荐被称为"老三篇"之一的《愚公移山》,是毛泽东在中共七大闭幕会上的讲话。可能是因为其影响甚广、名声甚大,后来不少人误以为这是一篇文章而不知是正式会议上的讲话。

大家知道,中共七大是我们党建立新中国政权之前的最后一次会议,几年后新中国成立,所以其重要性是不言而喻的。

据史料记载,当时,七大闭幕会场气氛空前活跃,毛泽东挥着手,操着一口湖南话,讲得十分尽兴。热烈的掌声、会心的笑声和由衷的赞叹声,回荡在大厅。特别是讲到"愚公移山"这一段,绘声绘色,惟妙惟肖,会场顿时沸腾起来。

复述这段往事,意在说明好的文章或讲话,必定有动人之处,也必是老幼妇孺皆能听懂看懂,更能理解其中深刻的意涵。反之,绝大多数人听不明白、看不明白，再好的文章和讲话，也是"夫子自道"，无聊无趣，还不如不说。

七大召开的时间节点，决定了毛泽东这篇讲话具有特殊重要的意义。抗日战争即将胜利，国民党政权在美国的支持下准备与共产党内战，形势相当严峻。国共对决从军事实力上看，共产党弱，国民党强。怎样看待这样的形势，共产党能不能以弱胜强？这是共产党必须回答的问题，也是一个很难回答的问题。

毛泽东在这篇闭幕讲话中，用愚公移山这个古老的中国寓言阐述了一个深刻的道理：横亘在中国革命面前也有两座大山，但共产党人只要有挖山不止的精神，就一定会感动人民大众并和我们一起挖山。中国革命的胜利是必然的。

初看这篇文章，通俗易懂甚至觉得有几分随意，但细细琢磨，体会到其对国际国内形势分析之透彻、对党的干部想法之理解，绝非一般人物而能为之。可以说，毛泽东的讲话和文章，汪洋恣肆而不失法度，联想生发如入无人之境，显示了驾驭文字的高超能力。

第二节　简练：能写更要能删

简练是一种品格、一种修养、一种才能，因而简练理应是审美的一个范畴。文章可以很长，长未必啰唆；文章可以很短，短未必简练。简练，是用尽可能少的文字表达尽可能丰富的思想内容。相比较而言，言论作品应该比小说、通讯等叙事作品更精短、更简练，因为很少有人可以耐下心来看七八千字的言论，但多半可以饶有兴味地阅读有意思的通讯。这是什么原因，说不清，但多数读者如是说。

报纸的言论力求简练，这是我们努力追求的目标之一。为什么不够简练，我以为主要原因有四。

第一，皮厚则不能简练。不能一概反对由远而近、由虚而实、由大而小的照应和烘托。问题是，在一篇文章里顾及的方面太多，就变成了三伏天穿靴戴帽，不仅多余，而且受罪。几百字过后，才入正题，即使中段论述得再好，也被陈言乃至废话所淹没。没用的皮应该由作者剥，而不能由读者剥。所以，人们常常感到有些言论作品拦腰斩去，非但不伤筋骨，反而更加清通、明快和漂亮。

第二，浅薄则不能简练。当作者拿不出新颖的观点和深刻的见解而又要敷衍成文时，其情况正如往牛奶里不断地掺水，看上去是满满一桶，但真正的奶就那么一点；也正如不高明的射手，做不到挽弓射中靶心，只好用一打两打甚至更多的箭矢不停地射。一句话可以说明的道理，却因找不到具有概括力的话，不得不用很多话反复申说。

第三，自负则不能简练。可能是我们常常低估了读者的领悟力和理解力，往往在一些显而易见的道理上喋喋不休，似乎要从头到尾地启蒙。经验表明，多数读者相当聪明。正像我们自己阅报读书一样，每当撰著者在絮叨的时候，我们一下跳过十几行或几十行，心里默默地说："别废话了，请讲明你的观点，得出你的结论。"点到即止，懂得省略，有时效果更好。

第四，过于溺爱自己的文字则不能简练。记者跑了几百里路，费了很大劲才找到的材料，当然希望写进报道。然而，倘若这材料与主题无涉，则应痛删之。不能不舍割爱，别别扭扭也得塞进去。同样地，作者琢磨了几天才"沤"出一句很漂亮的话，也舍不得被删减掉，所以不管有无必要，效果如何，还是夹进去。这其实是不划算的。刘勰说："夫美锦制衣，修短有度，虽玩其采，不倍领袖，巧犹难繁，况在乎拙？"（见刘勰《文心雕龙·镕裁》）不能因为材料精美就把领子和袖子增加一倍。多余的东西，不管它是我们身上的肥膘还是居室里的家具，放在那里添丑添乱，算是负效益。

记得早年一位老师批改我的作文时写满了眉批，曰："这句话你在前面已经说过了！"曰："这个意思和上段的意思差不多，可删。"这些指导是很受用的，使我懂得，再好的句子、再好的词只用一遍。如果说多年的实践尚有一点长进的话，那就是腹稿时先删一遍，成文后再删一道，哪怕删掉一些可有可无的虚词和"的""了"之类的连词也好。写得好，不过是删掉不好的能力。

简练知易行难，这是品格、修养、才能的综合反映。先有精干之人，才有简练之文。还记得海明威有句经验之谈，大意是，如果再多给我一些时间，我可以把文章写得更短。知言哉！

例文

从"跟着感觉走"说起

吴　滤

"跟着感觉走，紧牵着梦的手……"台湾歌星苏芮这首歌，风靡大陆。不仅涉世未深的年轻人喜欢唱，连一些见多识广的高级知识分子也常在文章中引用。一时间，"跟着感觉走"几乎成了一句具有某种哲理意味的名言。

通俗歌曲的歌词，本不必去认真探究。既不必从思想倾向上去较真，也无须从修辞规范上去苛求。"紧牵着梦的手"，你能较真吗？有这种事吗？谁牵过梦的手？真较起真来，能活活把你气死，还落个"傻帽""白痴"的恶名。

但，这"跟着感觉走"，既成为一句名言，倒是可以探究一番的。

乍听起来，"跟着感觉走"是十分荒唐的。感觉靠得住吗？跟着感觉走，会走到什么地方去？更不用说长期以来我们受的教育是"跟着共产党走"，不跟着共产党走，跟着感觉走，这算是怎么回事？

其实，细细分析起来，"跟着感觉走"并不是全无道理的。"跟着感觉走"和"跟着共产党走"也不是决然对立的。40年代末50年代初，"跟着共产党走"成为一代风尚，那是理性的选择吗？是，也不全是。那时候跟着共产党走的年轻人，有多少人懂得共产主义的真谛？恐怕懂得的不多。他们中多数人是跟着感觉走的。他们从生活中感觉到共产党比国民党好，感觉到共产党能够救中国。于是，他们跟着共产党走。这不也是一种"跟着感觉走"吗？这种跟着感觉走同跟着理性走是一致的，你能说它盲目、说它荒唐吗？

从认识论的角度来说，感觉属于感性认识，是对事物的外在表象的一种感受。它当然还没有上升到理性的认识，也就是说还没有把握住事物内在的本质。但是，这不等于说感觉是不重要的。任何事物的内在本质都是通过外在表象显示出来的。人们对一种事物的直观感觉，尽管常常是肤浅的、表面的，极不准确的，但它毕竟是迈出了认识的第一步。没有这一步，不可能有第二步。

然而，生活是很复杂的。由感性到理性的认识并不是一条笔直的大道，更何况事物的本质和表象也并不总是一致的。"跟着感觉走"未必都能走到理性的王国。50年代后期"跑步进入共产主义"，现在的文章都斥之为愚昧，可当初参加这一壮举的人何尝不是真诚地"感觉"到可以一步登天的呢？即便是给国家和民族带来巨大灾难的"文革"，在当年那些"红卫兵"的感觉中，又何尝不是一场"真正的革命"呢？

可见，感觉是重要的，并不总是正确的。这个道理本来不难明白。稍有生活阅历的人，凡事都会三思而后行，决不会凭一时的感觉行事。"跟着感觉走"的歌曲走红，若说是对几十年来"左"的思想禁锢的一种叛逆，那是可以理解的；若是作为一种论人析事的方法，作为一种生活哲学，那就不足取了。现在社会上有一种"情绪化"的倾向，看问题、发议论，都不大看重科学分析和理性思考，只凭自己的感觉宣泄一通，就不能认为是一种认真的态度。

我尊重感觉，更尊重科学。作为歌曲，我喜欢苏芮这首歌；作为哲学，我不会跟它走。

——摘自《人民日报》1989年4月17日

作者按语

"吴滤"是人民日报社分管评论工作的原副总编辑范荣康的笔名。老范已去世多年,这篇文章我却一直珍藏,既是对老领导的怀念,也是引为业务学习的榜样。

到人民日报工作后,写的第一篇社论是纪念五四运动七十周年。社论写好后送老范审定。他看完后沉吟片刻说,后半部分不用动了,前半部分要改写。他一笔勾掉了整整三页稿纸一千多文字,又说,前半部分的史实尽人皆知,不用"三皇五帝"地写起,而是要概括五四运动的历史功绩,评价它的意义。那时的领导很少仅做批示或提意见,而是直接在大样上修改。我坐在旁边看着,他大约用了十分钟时间,写了二百多个字,说:"好了,你再看看。"二百字代替了原稿的前半部分,使我第一次在他身边看到文章何为精练和怎样精练。

老范在评论岗位上工作多年,写过许多重要社论,却很少写小评论。但无论文章长短,条理清晰,文字简练,深得同行羡慕。

这里选录的是老范所写的难得一见的短文,总长一千一百字,论述的角度则是从一首流行歌曲说起。

文章立意不凡,针对性极强,意在阐述正确的世界观和方法论,是一个重要的哲学问题。写清楚这个问题,可以长篇大论,甚至写一部著作。但报纸篇幅有限,必须把思想和观点浓缩在精短的文字中。没有精辟的见解和一语中的的表达,是很难做到的。其次,很小的切入点,又是评论老百姓熟悉的"跟着感觉走"这样一个似是而非的流行语,这既有趣味也更具象。文中说:"通俗歌曲的歌词,本不必去认真探究。既不必从思想倾向上去较真,也无须从修辞规范上去苛求。'紧牵着梦的手',你能较真吗?有这种事吗?谁牵过梦的手?真较起真来,能活活把你气死,还落个'傻帽''白痴'的恶名。"三句问话,把人们带入讨论的情境。紧接着,是论证感觉在人们生活中的意义。分别阐述:第一,并非全无道理的;第二,感觉不是理性认识;第三,感觉是重要的,但未必正确。稍加留意就会发现,回答三个问题都有鲜活而具体的论据,字数极少却选例典型、定位精准。展得开,收得拢。举重若轻,收放自如。

末尾段几句话点亮主题:"我尊重感觉,更尊重科学。作为歌曲,我喜欢苏芮这首歌;作为哲学,我不会跟它走。"

我在前文说道:"皮厚则不能简练,浅薄则不能简练,自负则不能简练,过于溺爱自己的文字则不能简练。"这也正是我学习老范写评论的一个心得:没有穿鞋戴帽,却有哲学的思辨;没有居高临下口吻,却能够循循善诱;没有絮絮叨叨,却有点睛之笔。

我并不知道老范写这篇短文的过程,只是在办公室听他念叨:"不能什么事都跟着感觉走。"几天之后,这篇短文见报了。可见动笔之前,他已经想了很久;动笔之时,一气呵成,没有废话。

第三节　思考：不分上下班的八小时内外

　　评论员是个辛苦的工作岗位。人们踏着阳光走进办公室或车间，开始一天的工作，但对评论员来说，不大可能坐进办公室才开始文思泉涌。评论员有上班的意识没有下班的概念，工作和休息界限模糊。写作是一个连续不断的过程：不断地观察思考，不断地酝酿构思，不断地汲取知识。文思来了刹不住车，半夜里心潮澎湃；文思断了接不上气，大白天迷迷糊糊。同是写字，但抄稿和写稿完全不同。

　　观察和思考没有时间概念也不受空间限制。不能保证恰好在吃午饭时工作就告一段落，思路欠通时常常食不甘味。即使是看报看球看电视看电影时，也有些别样的心思。从球迷的狂热想到文明的话题，而面对无聊的电视剧不免心生慨叹。这种观察和思考的习惯体现在生活的各个方面：见到交通拥堵想到法规的废弛，看到"大处方"感慨医疗制度改革，使用白色饭盒理解环保的紧迫，挤公共汽车感悟城市基础设施落后，办事碰一鼻子灰顿觉整顿机关作风的必要。衡平利弊，臧否人物，探究是非，是评论员的职业习惯和职业要求。正像医生专看来人的气色，作曲家对音符的敏感，画家尤其偏爱颜色。一个评论员如果经常感到无事可想，无话可说，无文可作，那么，他的职业生命要么是尚未绽放，要么是已经衰落了。

　　评论员总是被一个接一个的论题撵着跑，即使是相似的话题也绝不能重复。"眉头一皱，计上心来"的灵感绝不会转化为"下笔千言，倚马可待"。所有的题目都是陌生的起点，所有的句子都要重新组织。"豆腐块"虽小，也得构思。从复杂的现象中发现问题症结，从一堆枯燥的材料中找到逻辑的起点。由模糊到清晰是一个反复的过程。一个反复也许就是七八个钟头。经常想，休息时间不干活，但那些未被理清的问题、未能达意的句子却是挥之不去。更重要的是，今日事今日不毕，明天的事又来了；所以有时想去买菜，却走进了药店。酝酿是不动的劳作，构思是无形的工作。

问题太多，知识太少，是难解的矛盾。充电总比放电难，花钱总比攒钱易。只要写作，在知识面前就永远是个小学生，必须不停顿地进行知识文化的基本建设。莎士比亚说，好词儿一生只能用一次。这是大文豪的本领。在我们看来，别说一生，就是一周所用的词儿不重复也很难做到。况且知识更新、迭代速度远胜于流行的颜色。"一天不学走下坡"，那是真的。

夸张一点说，对一个评论员来说，八小时也许仅仅可以说是工作的准备。写作是公认的最耗时的一种工作。一天能干多少活呢？薄薄几页纸而已。"盖文王拘而演《周易》，仲尼厄而作《春秋》；屈原放逐，乃赋《离骚》；左丘失明，厥有《国语》……""拘""厄""放逐""失明"，大约是因难因祸而获得较为充裕的时间，或可作为"文章是时间磨出来的"一证。天分和悟性当然重要、硕研博研的专业训练当然必要，但要当一个好的评论员，这些远远不够。我们还要投入更多时间与精力思考和工作，而最稀缺的资源就是时间。

要么增加工作的时间长度，要么提高时间的使用效率。最好的是既增加时间长度又提高使用效率。而要自觉地做到这一点，必须十分热爱这个工作，甘愿把时光留给思考，乐于把跋涉留在纸上，视评论为事业而不仅仅是饭碗。不如此，就干不出名堂。

案例1

准备写作时相关文献留存

1.政治标准是硬杠杠。这一条不过关,其他都不过关。如果政治不合格,能耐再大也不能用。

2.用干部是为了干好事业。过去战争年代,谁能打仗、打胜仗谁就上,而不是考虑谁的资历老、级别高谁才上。

3.如果这山望着那山高,觉得单位庙小了、岗位屈才了,三心二意,心猿意马,是不能把工作干好的。

4.优秀干部不能搞成特殊群体,不能像"储君"一样等待提拔。

5.对那些政治上不合格、想混入党内捞好处的人,一个都不能要。

6.要把研究人和研究事结合起来,避免从抽象到抽象,凭感觉下结论。

7.政治问题有时是灵魂深处的东西。

8.干部干部,干字当头。

9.要实现"增人数"和"得人心"有机统一。

10.选干部、配班子,不能只看年轻干部有没有、有多少,更要看好不好、优不优。

11."接班人"是个整体概念,不能做机械理解,不是指某个具体人。

——摘自习近平总书记关于党风廉政建设的若干重要讲话

案例2

本人选题记录

1. 应该感谢那些责难
2. 政治不是软柿子
3. 年轻干部少走弯路别走绝路
4. 老百姓反感摆官架子
5. 解码反腐大数据
6. 为何"千遍"不如"一次"
7. 巡视,厉害了
8. 德之不修,其位危矣
9. 亲情有时也是陷阱

——摘录本人2018年备用选题

作者按语

上述素材是本人留在笔记本上的一些工作记录,也是评论写作的施工草图。我虽然已经从事新闻教育工作,撰写评论不是规定动作,党风廉政更不是专门研究课题。但长期从事评论工作,已经养成了一种习惯,思考不能停止,即使是工作之余依然要保持状态。

随着互联网技术的进步,浏览信息、查阅资料、下载文献已经变得无比便捷。只要留意,每天都可以发现大量有价值的信息,找到可资学习借鉴的资料；只需按下载键，就可以保存海量信息。问题是，是否存心留意，是否有学习愿望。为了完成一项硬性任务而去寻找材料，当然是一种学习的方法，但远不是主动态度，也因此使学习变成一种"苦熬"。作为评论工作者，应该养成全天候搜索的职业习惯。换言之，正像前文所说评论员没有八小时以外。

这里关于习近平总书记的观点摘抄散见于报章，许多重要观点深刻精辟，这正是思考的起点和思想的源泉。记在笔记本上的选题计划实际上是在平时阅读中提炼出来的，不是什么内部信息。这说明，只要存心和留意，就可以引发思考，获得思想养分。

每个人选题和写作都有自己的方法，不可一概而论。但是留意和用心是不可或缺的职业素养。

第四节　生动：深厚学养与生命张力

与同行切磋，常听到委婉的批评：希望文风更生动一些。起初，并不以为意。国家大事，岂可率尔妄言；方针政策，理当字正腔圆。这话好像不错。但来自同行和读者的意见总归是一种中肯的评价。如今，期刊如织，报纸如云。不是读者应适应我们的胃口，而是我们应满足读者的要求。不生动的文章没有多少读者，怎么谈得上教育引导。

文风生动，这好像是个单纯的写作问题。抬杠式的辩论加上文白相间的行文，没根没据的"猛料"加上市间粗语荤话，舶来的"西典"加上朦胧的造句，有些媒体不是把评论写成单口相声吗？但这恐怕并非生动的正解、评论的正途。正如耍贫嘴不能算真正的幽默，文字的生动也不能理解为侃大山。

何谓生动，很难给出一个明确的答案。这方面的例文很多，读者可以意会。问题在于，不是不想把文章写得生动，但就是生动不起来。于是想到这样一个问题：生动其实是一种能力。

见解是生动的底色。没有人愿意说呆板的套话，因而总是试图通过新颖的造句使作品显出若干亮色。但，这样的努力效果往往有限。因为很难因见解的平庸而改变作品的沉闷。套话来得比较容易，思想懒惰就难以出新；空话缘于思考乏力，见识不深就难以出奇。为生动而生动，往往求之而不可得。蒙田说："观点是最明媚的眸子，思想永远洋溢着芬芳。"他道出了生动的真谛。常谓文采就是文辞，这种认识有片面性。文章提出了认识问题的独特角度，提供了揭示事物本质的独到见解，不需文辞的点缀，必定魅力四射、芬芳四溢。巴金晚年所写的《随想录》，已不复有年轻时的汪洋恣肆，他的悟道语是"平淡至极，绚丽至极"。巴金的短论雄深雅健、朴素沉实，说明一个道理，活泼的文风应凭借着活泼的思想，生动的文笔必附丽于真实感情。生动，首先是一种思想的辉光。

　　生活是生动的源泉。生动不是作秀。生动归根到底是现实生活所赐。自我封闭必然呆板干枯，冥思苦索多半胶柱鼓瑟。"读万卷书，行万里路，笔下始有奇气。"太史公博闻广识，故有"史家之绝唱"。理论功底扎实，实际情况熟悉，是向生活学习的重要方面，但这不能代替生活的实践。要了解青年的喜好必须走近青年，要了解农民的愿望必须走近农民，要了解干部思想必须走近干部。现场的感受、切身的体悟、直接的交流，一定比转述的东西更深刻、更鲜活。亲尝苦乐悲欢，才能道出悲欢苦乐；体察生活艰辛，才能说出艰辛生活；经历英勇悲壮，才能写出悲壮的英勇。联想生发须有生活的根底。潜入生活的深处，亲历新闻现场，和有血有肉有情有义的人们面对面，我们的笔端就有灵动的想象和澎湃的激情。

　　知识是生动的要素。把一个道理绘声绘色地阐发出来，总会感到知识的贫乏。当读毛泽东同志《愚公移山》的时候，不能不惊叹一则寓言可以给予我们那么深刻的思想启示。抽去这则寓言，恐怕味道大不一样。论证一个观点，如果能迅速地检索出五个以上精当的论据备用，就可以相当从容；如果一个都没有，就只能"哇哇叫"，行文枯燥，造句笨拙，了无情趣。古人写文讲赋比兴，所谓"无譬而不成文"。时代不同了，习惯不同了，而今的评论完全不必有譬有喻。但尽可能多地掌握材料，尽可能多地使用材料，寓道理于知识之中，应是比较高明的办法。深刻道理总是包含着丰富知识，知识本身就是道理的有机组成部分。

　　勤奋是生动的朋友。不要认为率性而写、信马由缰，就能生动。正相反，生动的文风恰恰来自长期的艰苦锤炼。平实而不平淡，尖锐而不尖刻，通俗而不庸俗，深刻而不艰深，含蓄而不含糊，联想而不妄想，这一切是要经过精思细构的。绝妙好词绝非神来之笔，无非是一遍遍推敲、修改的结果。没有几十、十几年的苦学苦修，生动不会化为我们的风格、潜入我们的笔端，与我们交上朋友。

看生动的文字很痛快，写生动的文章很艰辛。哪怕把文字写得稍微生动一点，也要付出很大的努力。在多数情况下，我们非不想为，是不能为。追求这样一个目标，达到这样一种效果，需要在多方面提高修养和能力。

例文

胡锡进微博（摘选）

5月22日　23:25

中国全国人大星期四晚间公布了授权人大常委会制定香港维护国家安全法律的安排，整个华盛顿恨不能都跳了起来。特朗普总统表示，如果中国这样做，美方将做出"非常强烈的反应"。美国国务院暗示可能重新考虑香港在美国法律中的地位。国会众参两院的重量级人物佩洛西等也都发表强硬讲话。然而这种跳脚实为无力的表现。

美国手中最大的牌就是取消香港的独立关税地位，使得香港在美国的经济待遇中"中国内地化"。这会对香港经济造成打击，削弱它的国际金融中心地位。不过与此同时，香港是美国少有的每年数百亿贸易顺差贡献者，大量美国公司在香港运作，那里有8.5万名美国公民，打击香港同时也是打击美国自己。

香港是中西之间的通道，不过随着中国改革开放的深入，香港承担的这一功能这些年很大程度上分散到了整个中国的沿海地区。如果美国关闭中美之间的香港通道，对中国内地经济的损害与20年前相比已经不是一个量级的，因此这种压力早已衰减了。

重要的是，中方公布这个计划，意味着北京对美方将会采取的所有的报复措施都进行了评估，做好了迎接挑战的准备，北京在美国的压力下后退的可能性是零。国家安全是中国所有利益的基石，香港乱至今日，被美国当成向中国发难的支点，最大的原因之一就是基本法第二十三条国家安全立法落空了。针对香港制定国家安全法已被内地社会广泛认为刻不容缓，须顶着任何压力坚决推进。

美国的施压篮子里确实有实质性选项，但是经过这两年的贸易战交手，美国的那些工具中方都领教过了，我们建立起了对它们的承受力，它们的对华威慑作用大幅缩水。北京这次公布这项计划，包含了对美国所有施压手段的战略性蔑视。美方只要真敢并且舍得打出那些牌，中方就会毫不犹豫地与之过招。

美国已于去年通过了《香港人权与民主法案》，规定国务院每年评估香港的自治地位，决定美方的对港政策。我们估计，这当中美方难免纠结、犹豫，政治逞能与经济实利会相互打架，形成复杂的考量和博弈。最坏的情况就是他们把所有牌都一下子打出来，从此变得无牌可打。香港经历一番震动后将有大量机会在国家的帮助下重构外部环境，续写东方之珠的辉煌。

美国并非西方的全部，香港还有很多其他国家的利益存在，美国四处乱施制裁，也在把自己割得越来越瘦。加上新冠肺炎疫情的沉重打击，美国在对华贸易战初期的威风还能抖擞出来几成，也是蛮有意思的一件事。

最重要的是，香港是中国的香港，不是美国的香港。国安法将帮着"一国两制"发扬光大，也帮着中国人将美国的黑手从香港清走。未来美国围绕香港只能有两个选择：来这里做友好的合作者，或者离得远远的。中国不会给它第三个角色。

5月29日　18:42

老胡要代表内地网友问香港的激进示威者们一个问题：你们是与明尼苏达州因抗议警察暴行而烧了警察局的示威者站在一起，还是与威胁要向"暴徒"开枪、扬言军队坚决支持州长的特朗普总统站在一起？

我们期待你们的回答。

6月1日　00:15

我就是想说，"亮丽的风景线"从香港延伸到了美国。这个词是美国众议长佩洛西说给香港骚乱的，并且得到美国政客们的集体欢迎，中国人有权利把这个词在今天这个时候还给那些美国政客。至于那是不是"亮丽的风景线"，请他们自己去面壁反思。中国人用不着上赶着帮他们圆场吧。

中国人善良、谦和，但与不友好势力打交道时，我们不能天真地以善对恶，相信对方会被我们的善良感动。我们不做主动攻击者，但我们要能够以两手对付两手，要有在遭到不公平对待时反制对方的勇气和能力。这一点也不过分。

6月4日　15:02

今年可谓是中国人认识外部世界，尤其是认识美国有总结意义的一年。美国新冠肺炎疫情危机的严重失控以及骚乱的扩散像两条几何难题的辅助线一样，让一切变得更加清楚了。

在改革开放初期的时候，中国人，尤其是知识分子对美国的体制充满了膜拜。在很多年里，美国人嘴里的"民主"和"人权"在中国人看来非常真实,他们对我们讲述的一切都是由己及人的。然而经过这么多年的摩擦,中国人逐渐搞明白了,原来美国在很大程度上是在冲中国"装孙子",他们把双重标准玩到了极致,"人权"越来越成为他们打压中国的意识形态工具。尤其是在中国发展起来之后,华盛顿的精英们压根就不想中国继续好下去,"人权"尤其成为他们手里的弹珠。新冠肺炎疫情美国死了10万多人,而且死的绝大多数都是老弱、穷人和少数族裔,他们所说的"人权"在哪里?

过去很多中国知识分子还相信,中国要想发展、富强,只有走西方式民主体制这条路,改革就是要把中国逐渐过渡到西方的体制。但是世界上一场场"颜色革命"教育了我们,导致了另一场幻灭。在这个过程中,中国自己的道路取得举世瞩目的成就,逐渐显示出强大的比较优势。现在越来越多国人真诚地相信,中国要实现发展,就必须把自己的路走好,千万不能被美国和西方忽悠了,在政治上一失足成千古恨。

其实,就是中国现在的反体制者也很清楚,几经摔打,反而见证了中国体制的韧性和生命力。现在世界上对西方价值的宣传已经失去了气势,在中国民间,过去对西方体制的膜拜尤其彻底动摇、坍塌了。这个国家逐渐形成真实、强大的社会共识,支持不走老路也不走邪路的国家政治信念。

中美接触摩擦这么多年,美方的道德高地越来越抽抽,基本上倒了。它过去用政治文化优势整我们,如今整不动了,只剩下用硬实力压我们。2018年开始的贸易战,以及紧接着打响的"脱钩"科技战,都是在使出撒手锏试图击垮中国。华盛顿的政治精英们似乎把这当成了"决战"。

这对中国来说当然是很关键也很艰苦的战役。然而中国人在与美国的复杂交道中,也因为我们的成长壮大,越来越有经验和智慧,意志越发坚强。

今天我们的视野很广,能够看透世界上正在发生的一切,也有力量应对面临的挑战。我们自己不犯颠覆性错误,就没有人能够颠覆我们。所以中国人现在前所未有地强调要"做好自己的事情",在任何情况下都坚持改革开放的路线不动摇。过去几十年,我们实现了沧海桑田的变化。未来几十年,我们一定能做得更棒。

作者按语

新媒体时代的新闻评论,大大拓展了传播的疆界。据说当年《人民日报》最高发行量曾达到八百多万份,已经是传播的"巨无霸",但新媒体特别是"两微一端"的出现使阅读量指数级增长,几乎达到无限量水平。《环球时报》总编辑胡锡进的微博粉丝已经达到两千多万,意味着千万级的阅读量;这个数字每日还在成百上千增长。人们惊叹,网络评论影响力超出了我们的想象。修改这部书稿时,深感到探讨新闻评论业务绝不能忽视网络评论,包括其理念的重构、范式的更新、效应的评估等一些根本问题。

这里摘选胡锡进近期发表的微博,是作为案例加以分析。据我所知,胡锡进写微博已经有很多年,之所以坚持写微博是因为他认为微博是《环球时报》社评和署名评论的延伸,也是一种市场营销的尝试。很多微博就是扩大版的《环球时报》社评或署名"单仁平"(胡锡进笔名)文章。

胡锡进的粉丝如此之多,《环球时报》社评的读者也如此之多,原因是多方面的,重要的一条就是通俗易懂、生动活泼。这里不对《环球时报》社评和胡锡进微博所谈论的国际政治问题展开讨论,而是从新闻业务的角度,探讨什么是生动的评论,怎样才能使评论写得更生动。

大家注意到，首先《环球时报》社评和胡锡进的微博评论更新速度非常之快，通常是新闻事件刚刚发生就立即做出反应，抢占首发制高点。虽然是三言两语，但因其具有极强的时效性和针对性，所以，赢得众多网民的围观。所谓生动、活泼，正体现在首发这样一个先机。如果慢慢腾腾地在那里做文章，写得再精致，也是明日黄花。时鲜的蔬菜最有味道，而时鲜的评论最有读者。

　　其次，《环球时报》社评和胡锡进的微博评论颠覆了以往谨小慎微的选题模式，而是选择敏感并重要的话题直接切入，直指问题要害。几篇怒怼蓬佩奥造谣惑众的微博辛辣、犀利，不是中规中矩的外交辞令，这在过去的新闻评论中是极其少见的。也因为这种辛辣、犀利、简洁、明快的文风，赢得了很多读者。我曾就《环球时报》文风与胡锡进同志有过多次交流，认为必须保持评论的严肃和稳重，但严肃和稳重不意味着"钝刀子割肉"，特别是在舆论交锋中必须有"一剑中的"的锋利。对那些蓄意造谣污损中国的人和事，完全不必客气，而是要机锋相向、富有战斗的风格。有风格才有个性，有个性才能生动。我还认为媒体不是外交部，特别是《环球时报》这类反映民情的媒体不必也不应该"穿鞋戴帽"，甚至言不由衷。正确的定位是通过舆论引导，有力配合国家外交工作大局。

　　最后，《环球时报》社评和胡锡进的微博评论造句机智、用词大胆，很多情况下都使用来自网民和群众的语言。比如，把"亮丽的风景线"回赠给鼓吹香港骚乱的佩洛西；用"美方的道德高地越来越抽抽"形容美国价值观的虚伪和无奈；指出"中国人逐渐搞明白了，原来美国在很大程度上是在冲中国'装孙子'"，揭示双标的本质。类似这样的句子，言简意赅、形象生动，为老百姓所喜闻乐见。虽然这些都不是评论的常用表述，但正是这些非常规表述把事情的本质揭示得清清楚楚。

我们党的新闻评论历来讲究清新生动文风，毛泽东同志的《别了，司徒雷登》就是文风清新生动的佳作。例如，"美国出钱出枪，蒋介石出人，替美国打仗杀中国人，借以变中国为美国殖民地的战争，组成了美国帝国主义在第二次世界大战以后的世界侵略政策的一个重大的部分"。五句话简洁明快、一目了然，生动地道出了美国介入中国内战的真实意图。又如社论末尾说："司徒雷登走了，白皮书来了，很好，很好。这两件事都是值得庆祝的。"既表达了中国共产党对胜利的喜悦，同时又对美国面对失败的无奈进行了无情的讽刺。读之，不禁击节叫好！

第五节　涵容：不讳言认识局限与偏差

评论是认识水平的体现。从这个意义上说，写稿、编稿的一个重要任务，就是修正认识的偏差，使之臻于全面。当然，全面只能是无数"局部认识"的总和，我们的努力，原本就是在不断地克服偏差、突破局限过程中，向接近正确和全面的方向前进。这是个难题，但也正是在破解这个难题中，评论才显示出独特的价值和意义。

事物的规定性有时不像"楚河汉界"那样清晰。在认识过程中，有许多近似的却又是很不相同的现象扭结在一起，如总揽与独揽、宽容与纵容、爱护与袒护、放手与撒手、爱好与嗜好、自信与自负、文凭与水平，等等。对这些概念给出一个定义是一回事，对现实生活中种种模糊现象做出准确辨析是另外一回事。落到写稿编稿的实践，我们往往颇费苦心而又未必满意。

有一条生活经验也许十分重要：处理什么事情都不可感情用事。狂喜或暴怒时做出的决定，十之八九欠妥。梁启超说"笔尖常带感情"，但不能理解为单凭澎湃的激情就能写出好文章。理智的思考、冷静的分析对于评论写作仍然是最重要的。始于激动，继则思考，终而至于透彻分析，这样就把"笔尖常带感情"的意思说全了。

评论作者必须有足够的涵容和足够的谦逊。涵容是善于听取各种意见，特别是不同意见。不同意见不一定是正确的意见，但引为参酌，不无益处。谦逊是抱着向人求教态度，不可固执己见，刚愎自用，自以为是。谦逊不是没有主见，而是善于取人之长补己之短。

作者秉性问题，可撇开不论，这里要探讨的是，怎样才能避免片面性的一些值得注意的问题。

坐井观天，是评论的大忌；占有材料，是认识的基础。何谓大，何谓小；何谓新，何谓旧；何谓深，何谓浅，是相比较而存在的。论得说失，衡平事理，没有知识支撑，没有背景参照，极易沦为无知妄说。逢事就评，似乎无事不通，无事不晓，这是很不好的毛病。在我看来，涉及某项具体工作或某个自己不熟悉的事物，仅仅有所感就执笔为文多半说不到点子上。讨论国际问题还是请教国际问题专家为好，讨论经济问题还是请教经济问题专家为好。只有看到事实，才有资格真正去下断言，而看清某一事实的关键，是能否看到事实背后的事实。这一切取决于我们是否占有材料或占有多少材料。因此，对某些实际情况并不了解的时候，还是多听多看多想为好，不必急着发言急着表态。听明白了，看清楚了，想透亮了，再做评论也不迟。

占有材料是前提，但处理材料同样重要。有时，一条新闻可以有完全不同的理解，一个论据可以证明完全相反的论题。比如，大案要案逐年增加，这既可以理解为反腐力度加大，成就斐然；也可以理解为贪墨之风嚣张，形势严峻；或者两者兼而有之。评论中常常有这样的难局，当我们颂扬钢铁生产突飞猛进的时候，又面临产能过剩、结构不合理的矛盾；当我们为汽车工业的发展叫好的时候，又不能不看到交通和环境的压力；当我们强调发展高新技术产业的时候，又不能不看到劳动密集产业存在的理由。一个观点的提出、一项政策的出台，不可能是十全十美、全功全德的，得失损益往往相互交织而又相互作用，因而对问题要全面地看、联系地看。一切事物会因条件不同而不同，没有前提、没有条件的讨论，一定会背离"具体情况具体分析"而流于空论。还需要变化地看、发展地看。魏征的《十思疏》是一篇好文章，好就好在能从相反的方向论述事物发展的结果。安与危、乱与治、福与祸、强与弱、得与失等依一定条件转化。揭示转化的趋势，阐发转化的原因，预见转化的结果，在发展和变化中把握事物本质，这才是高屋建瓴，深谋远虑。

认识得精准未必能表达得精准，落到评论写作上，人们常用"分寸感"来表达这种独特的感觉。立意不错，结构不错，但造句粗糙，会大大降低文章的质量。一个好的作者，对每个字每个词应有相当的敏感。赞美过之为溢美，抨击过之为恶骂，对人对事，要力避"空前绝后""炉火纯青""完美无缺""至善至美""无以企及"等超级形容词。反之也是如此。不要轻看了限制概念使用，这些在评论写作中的小技术，包括像"全体""广大""大多数""许多""不少""少数""极少数""个别""极个别"等恰当地使用，可以堵住不必要的漏洞，增加文章的说服力。不过且无不及，是为到位。

"一方面""另一方面"写法可能有面面俱到之讥。文章当然可以不这样写，但问题却一定要这样想。作文如同做人做事，"留有充分余地"，可大大减少片面性。

例文

争与让（节选）

石　开

……

什么是共产党人，什么是共产党人的先进性？许光达是一例。他的《降衔申请》使我们想到人生常常要面对的一个问题，这就是争与让。

争，是争取、争先、争光、争夺，力争上游；让，是退让、谦让、辞让、推让，力辞恳让。关键是争什么，让什么。正确地争，能给人以朝气、激情和力量。可敬地让，能给人以温暖、感化和醒悟。

在中国传统道德中，仁义礼智信、温良恭俭让，有"让"的位置，无"争"的份额。这似乎是一种欠缺。凡人之性，不能无争；凡有血气，皆有争心。今天充满竞争的改革开放，应该大力提倡争的精神。工作争创一流，个人力争上游，群体百舸争流，对克服困难争先恐后，对开拓市场勇于竞争。这种争，是积极、主动、奋发、进取、拼搏。不如此，我们就愧对时代、愧对人民，也愧对自己。这就要把那些因循守旧、不思进取，满足现状、甘居平庸，差不多、过得去、慢半拍、求保险，推一推、动一动等不那么积极的心态和行为转变过来。集中精力、一门心思地干事，而且要高标准、严要求，轰轰烈烈干一番事业。

但是争，也有正确和错误之分。争名于朝，争利于市，这种争不可取。在待遇、荣誉、职务、职称上有所进步，可以理解，也属正常。进一步说，维护自己的合理利益，促进单位的公平公正，也少不了必要的"争"。关键是争的方式要恰当，要走正道不走邪道，走前门不走后门，不能去跑去闹去拉去买。

让，也不是一味地消极避让。放弃原则和正义的让，客观上可能造成助纣为虐，使"小人"得寸进尺。这样的让也不可取。让什么、怎么让，要做具体分析。芳林新叶催陈叶，流水前波让后波。推贤让能，这种让，高风亮节，胸怀宽广。劳苦之事则争先，饶乐之事则能让。把方便让给别人，把困难留给自己。这种让，品德高尚，心灵美好。还应看到，有些让，表面看是失不是得，是祸不是福，实际上往往能让出新天地。有道是，"分争者不胜其祸，辞让者不失其福"。

争与让，实质上还是价值判断和人生态度问题。态度决定一切。我们应当以健康积极豁达的态度来正确对待人生中的争与让。当争则争，当让则让。通过争，激发活力，创造出色业绩；通过让，弘扬美德，营造温暖和谐。

……

——摘自《人民日报》2005年1月28日

作者按语

  这是一篇如何对待名利问题而发表的评论，作者是时任人民日报社社长张研农同志。

  如何对待名和利是许多人都会面临的现实问题。对有的人而言，可能是一生的困惑。这个问题解决不好，不仅难以处理个人与集体、个人与组织、个人与同事之间的关系，影响工作和事业发展，而且其向极端方面发展可能走弯路、跌跟头，甚至跌入违纪违法的深渊。古人云："三代以下未有不好名者"，同时又有名为缰绳利为锁链的说法。然而，在现实生活中，客观认识、正确理解名和利很难，处理好名和利的关系难乎其难。这篇评论对围绕"名和利"的"争与让"进行了深刻辨析，体现了观点的全面性。

  首先，作者不否定"争"的正面意义，"争取、争先、争光、争夺、力争上游"不仅没有错，而且是应当提倡和鼓励的。如"在待遇、荣誉、职务、职称上有所进步，可以理解，也属正常。进一步说，维护自己的合理利益，促进单位的公平公正，也少不了必要的'争'"。与此同时，作者又对"争"的负面含义提出批评。"争名于朝，争利于市，这种争不可取。"如"关键是争的方式要恰当，要走正道不走邪道，走前门不走后门，不能去跑去闹去拉去买"。

其次，与"争"相关的另一个方面是"让"。"让"也有正面意义。"让，也不是一味地消极避让。放弃原则和正义的让，客观上可能造成助纣为虐，使'小人'得寸进尺。这样的让也不可取。"同时评论进一步提出："让什么、怎么让，要做具体分析。""推贤让能，这种让，高风亮节，胸怀宽广。劳苦之事则争先，饶乐之事则能让。把方便让给别人，把困难留给自己。这种让，品德高尚，心灵美好。还应看到，有些让，表面看是失不是得，是祸不是福，实际上往往能让出新天地。"

这篇言论篇幅不长，但论证得十分巧妙，妙就妙在从"争和让"的正面和负面讲了其中的辩证关系，争要争得有道理，让要让得有原则，这才是正道。由"争和让"展开话题，又进一步深化了对"名和利"的认识，对那些荒唐的"争"讲出了一番入情入理的劝解，对那些看似吃亏的"让"讲出了一番语重心长的道理。

还要学习的是，此文对概念的界说和词性理解都十分精准，特别是在限制概念使用上老到而严谨，让人感到一种密不透风、滴水不漏的驾驭能力。这是写作过程中避免片面性的一个重要方面，同样需要十分留意。

第六节　精准：要害部位实施思想手术

最尴尬的事情，是你满怀兴致地讲一个笑话，听者反应木然。这仿佛是自己"胳肢"自己，很扫兴。写文章也是如此。辛辛苦苦写了一大篇文章，自认为观点颇为新颖，而在读者看来那不过是一个尽人皆知的常识，就更为扫兴。所以，了解读者需求乃是对言论作者的起码要求。

读者需求很多，概乎言之，就是要求言论作品能够针对他所关心的问题，或开掘新闻事件和人物的潜在意义，或对习见的事物和观点开辟新的视角，或径直解开读者对某一问题的疑惑……总之，它应该解渴。而缺乏针对性的文章就好像是对天空放箭矢，对空气发表宣言，结果往往是，给头痛的人开治脚气的药方，跟吃不饱饭的人大谈养生学，向三岁稚童传授夫妇和谐的要旨。不是说药方不可以开，养生学不可以谈，和谐要旨不可以授，而是说我们拿起笔来的第一件事要想想，这篇文章要写给谁看，他们究竟需要什么。

当然，就绝大多数有经验的作者而言不存在这个问题。所要解决的主要问题是针对性不强、不准。一如挠痒，伸手的方向不错，但部位欠准，力度不够，让人着急。

针对性不是主观产物，而是客观现实在头脑里的正确反映。先有问题，而后才有针对性。不能反过来，主观想象读者肯定在这个地方糊涂，在那个地方疑惑。当我们说，"这是一个值得注意的问题"，必须明了它确实是个问题而且值得重视。而要做到这一点，重要的是要对现实生活有比较多的了解。有的人往往认为自己很了解实际，其实又并不真懂，正如一个人只看了一两场足球比赛就急不可耐地写球评,即使在三流球迷看来那也只能算外星人语。

我这里说的还不仅仅是专业性评论,而是讲时评和政论。这类言论作者未必在各方面都有精深的专业知识,但一定要了解社会现实,尤其是读者的需求。这是创作的理由和根据。

需要对社会变化发展的最新进展有敏锐的了解。有时,相同的问题在社会发展的不同阶段有着完全不同的含义。同样是建设,10年前为产量少而发愁,今天则为供应过剩而着急;5年前政府为冬贮大白菜而操心,今天则多半是菜农们盘算的事儿;一年前还大谈发展汽车的好处,今年却发现公路建设至少要和汽车制造齐头并进。谚语说:"阳光之下无新事。"从现象上看,日出日落、生老病死并无不同,但在一个变化迅速的时代,昨是今非或昨非今是的情况并不新鲜。新闻评论的针对性的要点之一,是对最新的事态做出反应。我们不能要求言论作者对时代的认识有多么强的超前性,但至少应该和社会生活同步。

需要对社会思潮、社会倾向、社会矛盾等有敏锐的感知。社会发展变化较快的时期也往往是社会思潮起伏不定的时期:一会儿是出国潮,一会儿是"下海"潮,一会儿是炒股潮……不消说一会儿又都退了潮。对这些扑朔迷离的社会思潮甚至光怪陆离的现象怎么看、怎么引导,往往是针对性所在。因言论作者不能对思潮、倾向一无所知或无动于衷。一首歌突然流行,一句顺口溜不胫而走,一本书突然畅销,这些现象包含着深刻而复杂的社会根源,正所谓一叶落而知秋。应该听出《跟着感觉走》的弦外之音,应该看出"一万不是户,十万才起步,百万不算富"等民谣中所传达的焦躁的欲望,应该从王朔小说大为畅销看到某些耐人寻味的东西。未必所有的热点话题、耸人听闻的新闻都值得写文章评述,但我们应该抱着极大的兴趣去关注去研究倾向、思潮等的来龙去脉。这样，我们才能和读者有共同的语言，也才谈得上有针对性地引导。

需要做一番由抽象而具体、由模糊而清晰的设计。针对性最忌抽象、最忌模糊，大而化之往往大而无当。同样讲人才问题，有的侧重识才，有的侧重用才，有的侧重机制的改革，有的侧重人才的自我完善……正如医生诊病，仅仅诊出患者得的是感冒是不够的，还要诊出其是外感风寒还是内火所聚，是病毒性感冒还是细菌性感冒，是哪一种病毒、哪一种病菌。这不是说，评论都必须一事一议甚至就事论事；而是说，我们必须把笔尖的着力点瞄准大多数读者的关切之处。未必从具体事例入手的文章都具有针对性，也未必很大的话题就没有针对性。有的放矢是针对性的真正含义，箭矢可以击中靶心是针对性强的真正体现。因而，有经验的作者懂得在一堆杂芜的社会现象中看出关键所在，更善于在要害部位实施思想的手术。

> 例文

为什么乱港派头目的子女无一上街游行？（节选）

屠海鸣

每到周末不太平。周六晚上，在油尖旺一带街区，暴徒纵火、堵路、毁坏国旗、叫嚣"港独"，四处横飞的砖头和汽油弹、尖锐的铁枝、可致盲的激光、有毒的化学粉末……堪称恐怖大片里的一幕。暴行令人愤怒，气焰十分嚣张！

在社会各界强烈谴责暴力行为的同时，人们发现，被煽动起来搞事的年轻人当中，黎智英、李柱铭、陈日君、毛孟静、梁家杰、余若薇等乱港派"大佬"的子女无一上街游行？既然视"民主、自由、人权"如阳光与空气，一刻不能缺少；既然视"违法达义"为正义之举，"举义"就在当下，乱港头目为什么不把当"英雄"的好机会留给自己的子女呢？

显然，乱港头目心里非常清楚，自己所做的是缺德事、违法事、肮脏事，不能让自己的子女参与。让自己的孩子走开，用别人家的孩子当"政治燃料"，用心何其险恶！

当乱港派头目鼓动年轻人以身试法的时候，他们的子女在干什么呢？有媒体爆料：黎智英全家拥有英美护照。包括他自己、前妻所生的两子一女，以及现任妻子所生的两子一女；陈方安生三代英国精英，一对子女均毕业于英国，两个孙女也在英国读书。

梁家杰一女两子，长女在英国大学毕业后，在外国的舞台剧做演员，大仔在美国佛蒙特明德大学读书，细仔在英国圣安德鲁斯大学读书；余若薇有三个女儿，长女在美国普林斯顿大学毕业后，在美国一家药厂工作，次女、细女均在英国读书；李柱铭独子李祖诒是大律师，12岁便到英国读书，毕业后返港执业，曾言："永不碰政治"；而毛孟静则到处炫耀，在美国定居的儿子前途光明。

由此可以看出，乱港派头目的子女都是"弃港派"，他们均是"社会精英""未来之星"，纵然是对"民主、自由、人权"感兴趣，也不会参与游行示威，更不会傻到冲在一线，一旦被检控，留下案底，为日后的发展留下隐患。香港这样乱下去，不仅对他们毫发无损，而一旦乱港派头目乱中得利，他们倒是可以继承"祖业"，更显其富足与尊贵。至于那些在街头打打杀杀的"烂仔"结局如何？他们何曾放在心上！

……

——摘自《大公报》2019年8月5日

作者按语

2019年夏季香港发生持续骚乱，涉及范围之广，政治影响之恶劣，都是香港回归二十多年来从没有过的。"香港处于回归祖国以来最危险的时刻"，这是中央对当下香港问题做出的重要判断。同时，中央也明确提出"制暴止乱"，号召香港"沉默的大多数"站出来，旗帜鲜明地对"港独"和敌对势力进行针锋相对的斗争。

香港骚乱重要推手是一些"反中""反共"的"港独"分子和境外敌对势力。他们的目的就是通过搞乱香港，玷污"一国两制"的方针，迟滞中国统一步伐，破坏中国崛起进程。为了有效反击"港独"势力猖狂进攻，教育更多不明真相的香港老百姓认清事实真相，主动站出来"制暴止乱"，维护香港稳定大局，一些爱国爱港的新闻记者和有识之士挺身而出，起底黑幕，澄清事实，旗帜鲜明地揭批被称为"乱港四人帮"的真面目。

全国政协委员屠海鸣先生连续发文，以雄辩事实和铁一般的逻辑，发出强有力的声音。屠先生的评论不仅表明了爱国爱港的鲜明政治立场，同时作为评论业务也有许多值得学习和借鉴之处。

这篇评论的难能可贵处就是它没有避开当下社会政治生活中的热点，而是以尖锐的目光高度聚焦香港骚乱，说明作者不仅有强烈的社会责任感，也有政治敏锐和新闻敏感，屠先生此前发表的评论受到内地和港澳地区广大读者的关注。这篇评论刷新当日最高阅读率、点击率和转载率，可以说是一篇使舆论场发生转变的重磅之作。

我们说评论的发力，一定要找准思想的要害点，这才能有一种恍然大悟、如梦初醒的力量。第一，评论举证了香港反对派大佬的子女无一上街，而是躲到别的国家安享优越生活的事实，说明反对派大佬口惠而实不至,所谓"为民主人权而战"的宣誓不过是挑唆无知青年为其充当炮灰,实现其险恶的政治目的。第二,评论详细列举了反对派大佬的个人身份情况,及其子女在国外留学去向,用这样的事实有力证明了这些本不是香港居民的所谓"香港反对派",真正关心的根本不是香港的前途,而是通过乱港得到个人的好处。第三,通过这样一个事实的揭露,透视香港问题的来龙去脉,香港乱局的前因后果,解决香港问题的正确决策。

  文章不长,通过"起底"事实揭真相,通过真相讲道理,笔笔剑指要害,字字快若刀锋,用老百姓的话说:"这样的评论一剑封喉。"

第七节　切磋：与同事盘道找朋友聊天

每写一篇文章都可能是陌生的起点。我们可以在瞬间捕捉到一个高质量的选题，但未必有能力把它做好。多数作者也许有这样的体会，有时思路欠通，写作难以继续；有时写出的文稿冗长而平淡，自己又不晓得如何删削或提升。即使是再聪明的人也需要别人的帮助，即使是再好的写手也不是百事通。在这种情况下，最明智的办法，是找朋友聊天去。

朋友多以"同道中人"为主，如同事、领导。可以就写作细节谈，讲思路甚至讲段落大意，请同事领导完善、补充、拓展。同吃笔墨饭，所以交流可以非常直接、非常专业。同事和领导的奇思妙想往往是一个很好的开头或一句精彩的结语。因有远近高低的不同视角所以常有意外发现，又因是众人会诊往往智高一筹。疏通思路有时就需要一个观点甚至一句话。这种切磋应该是充分放松的、自由自在的、兴味盎然的，最好是谈到兴奋处拍案而起，谁都坐不住，妙语连珠，争相放谈。这是件非常惬意的思想劳动。倘有文稿做讨论对象就更好。你会发现，整页整页的文字有时用几句话就能说清楚，而薄弱的部分只需增加几句话就立显厚重。

原以为不是"同道人"不可以论道，其实差矣！不是吃新闻评论饭的学者、专家，甚至官员、商人和艺人也可引为朋友。我以为，有些基层干部似乎比我们更懂得什么是政治，有些学者对某些难点热点话题似乎更有发言权，而普通劳动者对某些问题的看法显然有其独到之处。他们不以写文章为本业，也未必能就写作细节发表意见，但他们的观点是写文章的重要材料。所谓创新，不过是接续前人的知识再拓展开去；所谓全面，不过是把众人的经验归纳起来的尝试。好文章未必都是合作的产物，但任何思想劳动的果实都不是从石头缝里蹦出来的。执笔为文是个体劳动，而没有交流和沟通，就没有思想和观点。这个意思还可以延伸一点，实际上，满橱的图书、刊物、报纸都是朋友。聪明的作者应该是全频道电视接收系统，随时准备接收各种信号。一个论者如果不善于吐纳，他的思想生机也就停止了。

以前我有凡会必打瞌睡的毛病，后来发现这是很大的损失。事实上开会是重要的沟通渠道。这并不是说我对泡会海有什么兴趣，而是说有些高质量的会议对思想劳动者来说不可或缺。有材料说，最爱开会的是美国人。我开始改变对开会的厌恶，是因为我感到很多座谈会、研讨会、报告会令我受益颇多。特别是有质量的讨论、切磋，常常诱发灵感，激活思想。有时一个会下来，我的小本上产生十几个题目，稍加消化就可以植入文章。言论作者不应是孤独的冥想者，而是机灵的思想"侦探"。

行文至此，做个小结。倘若文章写得太苦或完全失去了兴趣时，不妨敲个电话和朋友聊聊，也可以提上酒瓶子径直到同事家一叙，三五句话必有新境界。"谈手"的"段位"较高为妙，好像弈棋，段位低或不合拢很难有对话的基础。就文章而找朋友总是有所选择，找画家谈巴尔干地区民族关系，越谈越乱。"听君一席话，胜读十年书"这种事对一个成年人来说是越来越少了，但听君一番话，打通文思，冰释疑团，使文章更趋清晰和丰满，对我而言，已经是写作中的常事。

例文

各领风骚没几年

陈小川

祖师爷这一称谓,在我们这个国度里的诞生是悠悠乎远矣的事了。许多同行当都尊奉着自己的祖师爷,如建筑业尊鲁班为祖师爷,认为锯、墨斗等都是他发明的。纺织业该叫祖师奶奶了,是黄道婆。梨园弟子们也有自己的祖师爷——唐明皇,梨园界里骂那些学艺不会、冥顽不可教的人有一句最难听的话:"祖师爷没给你这口饭吃!"据说理发业的祖师爷是吕洞宾;火腿业祖师是宗泽;酿酒业祖师是杜康;豆腐业祖师是乐毅;造纸业祖师是蔡伦;评话祖师是柳敬亭;占卜业祖师是鬼谷子;星相业祖师是柳庄;风水业祖师是刘伯温……各行各业的人们对自己本系统的主管祖师爷,一般也是"高山仰止,景行行止"的。用一个比较现代的名词,就是崇拜权威。

到了清朝出了个诗人名赵翼,他的诗道:"李杜诗篇万口传,至今已觉不新鲜。江山代有才人出,各领风骚数百年。"此公是够狂的,居然敢说李杜文章"不新鲜了"。依我看,赵翼在当时的诗界算得上一个"思想解放"派人物了,他的"各领风骚数百年"论,真是一个突破。

然而,"江山代有祖师出"的局面,并未因此而改变。以后许多新学科出现了,有些新学科传入中国,不少科学家成为本领域的佼佼者,于是权威越来越多,拜在门下的人也与日俱增。我之担忧,并不是权威的多起来,当然更反对在"学术权威"前面加上"反动"二字。但是,这些权威"各领风骚"的年头越来越长,而且有终身制的趋势,却不是不值得担忧的。一位权威,在欧风东渐的二三十年代创造了某项成就,当时蔚为壮观，光彩照人，万人仰慕。到五十年代他还是权威，七十年代还执牛耳，到了八十年代，同人、后生发明了什么，还得拿到他面前去认可，这就不是什么值得乐观的事了。某权威二十年代创造了成就，是国人幸事。到八十年代，他的权威地位岿然不动，却是国人不幸了。

有一位中年讲师要晋升副教授，周围的人颇多微词，主要是有人认为他狂，对本专业的权威——一位全国闻名的科学家大不敬。这位讲师认为，该权威的知识老化了，研究课题在世界上无什么意义，他却不了解世界最新的学术动态，以为研究了什么重大课题。我看这位讲师就没什么错，而且道出了一条普遍规律。权威的兴衰本来就是很自然的事。赵翼的"各领风骚数百年"论，是囿于那个拖辫子的时代，小农经济缚住头脑，敢说出"各领风骚数百年"已经很具胆识了。而今天，"各领风骚数十年"都仍嫌太久，客观上是"各领风骚没几年"，甚而至于越短越好。不断地有人脱颖而出去动摇权威的地位，才是一大幸事。

当今的时代，被称为"知识爆炸"的时代。知识的陈旧周期，十九世纪到二十世纪初期，缩短为三十年，近五十年来，又缩短为十五年，如今一些学科领域中的知识陈旧周期已缩短为五至十年了。也就是说，十年前的饱学夫子，学富五车的权威，若不进行知识更新，今天就可能肚里空空如也。自然科学如此，社会科学、文学等领域也并不是绍兴花雕，越陈越好。近年来，有些年轻人运用控制论理论去探索中国封建社会延续的原因，也独具新意。"年长者为乡里之智者"的观念，是大大地动摇了。

所谓"各领风骚"，应该是在一个时代里，对本学科领域的发展起到了较大的推动作用。"才人"不是祖师爷，更不是头上有光环的神。所以鲁班管不了造长城饭店的事，发明活字印刷的毕昇的专利也不会永垂不朽。"才人""各领风骚"三五年，就是值得入史册的了。最有希望的是年轻人，他们并不只有匍匐着去拜祖师爷的份儿，谁都可以立志去"领"

几年"风骚"。

随着时代发展节奏的加快,赵翼的诗可以改改了,"各领风骚没几年"是大趋势。

作者按语

这篇杂文式的政论是著名评论家、中国青年报原社长陈小川同志写于20世纪80年代中期的一篇影响广泛的作品,被《人民日报》和多家媒体转载,并被列入中学选读教材。之所以向读者推介这篇作品,一是要向我的老朋友陈小川同志所取得的创作成就表达敬意,二是这篇作品使我想到青春岁月所走过的创作历程。

80年代中期,我和小川同志都是二十出头的青年。在一个办公室里工作。小川和我都是评论爱好者,也都以钻研评论写作为志趣。我们亲密无间,从来没有过文人相轻的恶嗜。往往是小川同志发表一篇评论作品,我为他击节鼓掌;而我发表一篇评论作品,他为我额手称庆。在中国青年报工作时期,有一群有着新闻理想的小伙伴。我们经常聚在一起神侃,侃到畅快时欣然忘食,有时半夜去找小馆子喝酒吃肉,犹如"江上清风,山间明月,与子欢无极。幡然一笑,不知东方既白"。直到今天,想起那些相望丰仪的同事,以及无拘无束的聊天,依然心驰神往。这是我生命中最美好的回忆。

从这篇作品中,可以看到年轻人的蓬勃朝气,看到汪洋恣肆的才情,看到不拘一格的文笔,而这一切总是和一定的文化氛围联系在一起的。没有周遭那些才华横溢的朋友,没有无拘无束的切磋,恐怕很难提升自己的精神境界,写出振聋发聩的文章,这是一句实话。

许多年以后,我们仍然保持着一种习惯——不定期聚会,三两同道,一壶老酒，开怀畅谈。如果说有什么创作体会的话，重要一条，在文思阻滞、情感枯槁、被写文章折磨的时候，最聪明的办法就是找朋友聊天去。当然，年龄大了，我们更多的是交流人生体验，从而使自己继续保持年轻时代的朝气，而不至于在精神上昏聩老迈。

聊天不是漫无边际，而是结合自己的工作特别是写作任务议论国家大事，这是一个评论作者该有的职业素养。宽阔的视野和较高的站位，必须通过"家事国事天下事事事关心"的政治偏好和职业敏感才能获得。每个人的认识水平总是有一定的局限的，一个不善于与人交流切磋、不善于从别人身上汲取营养，而皱着眉头傻写的人，很难写出好的作品，至少要比别人花费更多的工夫。

聊天是一个激活思想的过程，有时因意见相左而激辩甚至抬杠，但正是这种激辩甚至抬杠，才能冒出思想火花，获得创作灵感。或澄明了未知的认识，或接续着深层思考，或升华出佳词丽句。小川同志这篇时评当然是经过自己的酝酿，但许多灵光乍现的文思正是他善于从朋友和同志的交流中获得的种种启悟。

到人民日报工作后，我参与"任仲平"等重要评论写作，深刻体会到讨论和交流是何等重要，甚至可以说讨论和交流的过程就是写作的过程。许多人说，如此大规模的言论，立论的深刻、结构的复杂、语言的精致是很难复刻的。其实真正的诀窍，就是言论通常是由一人执笔，但必须吸纳许多人的智慧，党的理论方针政策、老百姓所思所想、发展中的矛盾和问题，与哲学、经济学、社会学、文学等汇聚成思想海洋。在思想海洋里畅游，才能获得广阔的视野，孕育和迸发出富于创造性的想象、观点和语言。

第八节　删削：剔除令人厌恶的高级废话

你经常可以看到这样的言论作品：题目不错，文字流畅，道理也对，但就是看不下去，或者看后一无所得。那是一堆砌得很整齐的文字，而不是一篇令人感动、使人受到启发的文章。对这类稿子，甚至很难提出具体的修改意见，也许只有两个字"空泛"。

于是就有人问了："怎么才能不空泛？"或者"怎么写来写去总是空泛？"

严格地说，空和泛也有区别。就评论创作而言，"空"，大约是指言之无物；"泛"，大约是指不着边际。一个人攥着拳头激动大吼："这个发明非常之伟大"，却不能有力地道出伟大的证据，谓之空；一个人喋喋不休地诉说那些尽人皆知而且绝对不错的道理："伟大的发明创造来自奋斗"，却不能道出怎样的奋斗，谓之泛。用列宁的话说，那是"漂亮废话"。

何以故？

我们对所讨论的问题缺乏深入研究，就免不了空泛。在叙事作品中常会有这样的情形：当我们对某一方面的生活缺乏亲身体验时，就很难准确地描述出某一特定情境的生动画面，正如一个从未接触过大海的人去写大海的险恶或美丽，一定是非常空泛的。尽管我们可以通过间接的经验再加上合理的想象，也能写出关于大海的句子，如"惊涛拍岸""潮起潮落""浩瀚无边""碧波荡漾"之类，但惊涛是怎样拍的岸，碧波是如何荡漾的，他说不出来。言论创作也有同样的道理，虽然当我们对某一问题确进行过比较深入的研究时，未必能写出一篇精彩的论文，但多半不会是空泛的。正如一个失去健康的人来谈健康的重要性，总比那些身强体壮的人论得真切，反之倘和一位宋词专家讨论农业机械化，就会感到很隔膜。即使是一流作手，如果对某一问题缺乏研究，也难免失之于空泛。胸中全无，笔下必空。问题在于，有经验的人懂得不去轻易涉笔那些自己不熟悉的话题，倘若一定要发表意见，首先要尽可能多了解情况，占有材料。知而后言，才能言之有理。

评论就是要讲道理，这没错，但不是一般的讲道理。有些道理，比如"事物总是一分为二的""前途是光明的，道路是曲折的""失败是成功之母"等，过去、现在和将来都是放诸四海而皆准的真理。如果我们的言论作品通篇都是这样的道理，就几乎等于什么都没说。无论是命题作文还是自选题作文，创作的理由都要来源于现实生活。命题作文要认真理解题义，至少得明白写这篇文章的目的何在，要解决什么问题。自选题作文本来就应该是有感而发，有思而作。报纸言论无论是哪一种类型，都应该靠近现实生活，贴近人们的思想，这样就能使"一分为二""失败是成功之母"等道理被赋予新的、有意义的含义，才能充实而不空洞。还有一层意思，就是任何论点倘若没有强有力的事实证明，都会是苍白无力的。正如，说某人品德高尚，用事实说话总比"埋头苦干""任劳任怨"之类的概念要有力得多。评论，无论是阐述、澄清还是反驳，要想扎实有力，就必须用事实证明道理。

篇幅的长短和内容充实与否没有直接关系，题目的大小和内容充实与否也没有直接关系。老子说"道"，包容宇宙玄机，但道理讲得不空不泛；韩愈说"马"，寥寥数语，却揭示了"识人""用人"的规律。长文未必泛，短文未必实，题目大未必空，题目小未必不虚，全看文章怎样做。

一般来说，使讨论的问题尽可能集中一些，也许是比较明智的办法。人们通常说"以小见大"，而不说"以大见小"，是因为前者往往可以避免空泛之弊。就好像是讲了一堆"阴阳""五行"的理论，倒不如从具体的病症入手，看病抓药。"以大见小"往往不得要领。当然所谓大小，总是相对而言的，这里讲的小无非是说讨论问题应避免过于宽泛。

空泛之弊当然不止这些。强调研究问题，强调联系实际，强调写作方法，都是表明这样一个意思：报纸言论创作的核心问题是要有思想。必须提出新颖的观点，必须提供扎实的论据，必须有缜密的论证。因而，好的评论应该是一把解除思想困惑的钥匙，是一种值得反复含玩的精神食粮，是一种热力四射的思想光束，是一种知识密度很高的文字。

例文

王毅外长在十三届全国人大三次会议答记者问（节选）

中国国际电视台记者：受疫情和美国大选影响，中美关系日益紧张。您是否担心中美关系进一步恶化？

王毅：当前，美国已经成为世界上疫情最严重的国家，每天都有无辜的生命被病毒夺走。对于美国人民遭受的不幸，我们深表同情，由衷希望和祝愿美国人民能够尽快战胜疫情，早日恢复正常生产生活。

新冠肺炎疫情是中美两国的共同敌人。相互支持帮助是两国人民的共同心愿。疫情之初，美国很多社团、企业和民众向中国伸出援手。在美国陷入疫情后，中国政府、地方和各界人士也积极回报，向美方捐赠了大量急需的医疗物资。我们还为美方在华采购提供支持和便利，仅口罩一项就向美方出口了120多亿只，相当于为每个美国人提供了将近40只口罩。

但令人遗憾的是，除了新冠病毒的肆虐，还有一种"政治病毒"也正在美国扩散。这种"政治病毒"就是利用一切机会对中国进行攻击抹黑。一些政客无视最基本的事实，针对中国编造了太多的谎言，策划了太多的阴谋。最近，人们把这些谎言汇编成册，晒在互联网上公之于世。如果再有新的谎言，还会继续记录在案。这本谎言录越长，就越拉低造谣者的道德水平，越在历史上留下更多的污点。

我要在此呼吁：不要再浪费宝贵时间，不要再无视鲜活的生命。中美两国当前最需要做的事情，第一是相互借鉴和分享抗疫经验，助力两国各自的抗疫斗争；第二是顺应国际社会期待，共同参与和推动抗疫多边合作，为全球抗疫发挥积极作用；第三是着眼疫情长期化和防控常态化，及早就如何减少疫情对两国经济以及世界经济的冲击展开宏观政策的协调沟通。

对于中美关系的现状和前景，中方历来主张，作为世界上最大的发展中国家和最大的发达国家，我们对世界和平与发展都承担着重大责任，应该本着对人类负责、对历史负责、对人民负责的态度，认真对待和妥善处理两国关系。中美合则两利，斗则俱伤，这是从几十年经验教训中得出的最精辟概括，需要双方谨记在心。

中美社会制度不同，但这是两国人民各自做出的选择，应当彼此予以尊重。中美之间确实存在不少分歧，但这并不意味着没有合作空间。当今世界上几乎所有全球性挑战，都有待中美两个大国协调应对。

中方始终愿本着不冲突不对抗、相互尊重、合作共赢精神，与美方共同建设一个协调、合作、稳定的中美关系。同时，我们也必须维护中国的主权和领土完整，维护自身的正当发展权利，维护中国人民历经磨难赢得的地位和尊严。中国无意改变美国，更不想取代美国；美国也不可能一厢情愿改变中国，更不可能阻挡14亿中国人民迈向现代化的历史进程。

现在要警惕的是，美国一些政治势力正在绑架中美关系，试图将中美关系推向所谓"新冷战"。这种危险的做法是在开历史倒车，不仅会葬送两国人民多年积累的合作成果，也将损害美国自身的未来发展，危及世界的稳定与繁荣。两国各界有识之士都应当站出来予以制止。

还是那句话，为了中美两国人民的根本和长远利益，为了人类的未来与福祉，中美双方应当，也必须找到一条不同社会制度、不同文化背景国家在这个星球上和平共存、互利共赢的相处之道。

作者按语

外长在两会记者会阐述中国外交政策，历来是记者会的重头戏。2020年的两会记者会是在特殊时刻，用特殊方式召开的一次记者会。王毅外长一个多小时的答问创收视新高，赢得许多国家新闻机构的充分肯定。外长的风度反映了中国外交的风范，外长的睿智体现了中国人的魅力，外长的论说反映了泱泱大国高出一筹的政治理念。也因此，中国老百姓给予王毅外长高度赞誉。

外长答问不是一篇评论员文章，但具备了评论的所有要素，应该是评论专业工作者认真学习的例文。

说清楚如何避免评论的空泛，本应找一篇具有典型特征的例文，但考虑到这样做未必妥当。所以，只能找一篇好文章从正面解读。好在在许多文件和讲话中，形式主义和官僚主义的空泛之论不少，相信读者对空泛会有直观的感受。

新冠肺炎疫情在全球蔓延，导致国际社会舆情呈现出错综复杂的局面。突出的是，美国出于对华遏制政策和其国内政治需要，对中国抗击疫情极尽造谣抹黑之能事。在这种情势下，有必要对中美关系特别是美国挑起的舆论战，做出有力有节的回应。

大家都熟悉"外交辞令"的说法。所谓"外交辞令"通常包含礼貌、克制、理性甚至是模糊性、暗示性、提点性等要素，很容易被认为有些空泛和客套。外交工作就其本身的特殊性来说，其辞令有时需要各种方面的考虑和斟酌，但外交的本质是一种利益的博弈和观点的交锋。王毅外长的论说，难度就在于在礼貌、克制、理性中鲜明表达中国的观点和态度，同时又不失分寸。这需要高超的论述能力。

第一层意思，面对美国疫情失控的局面，中方表达了关切，字里行间没有任何幸灾乐祸的意涵，这与美方在中国疫情发生时所表现出的落井下石形成鲜明对比。掷地有声，真真切切。

第二层意思，面对美国某些政客频频甩锅的纠缠，外长答问没有情绪化表达，而是充分说理。强调新冠病毒是人类的共同敌人，只有团结起来守望相助才能战胜疫情。这样在全世界面前，就占据了道德的制高点。所有人都可以看到是美国恶语相向、嫁祸中国，而中国是一个讲道理、有担当、重实际的国家。用事实说话，无可辩驳。

第三层意思，以"呼吁"的方式对美国污名中国提出批评，如"除了新冠病毒的肆虐，还有一种'政治病毒'也正在美国扩散"。由此表达了中方的强烈不满，也提出了中方对解决这一问题的具体方案。既有毫不含糊的犀利批评，又兼具主动性、建设性，展示了大国外交的站位。

第四层意思，由此论及中美关系的未来：承认我们之间的分歧，但我们秉持不冲突不对抗、相互尊重、合作共赢精神；我们要发展经济，实现现代化，但无意改变美国，更不想取代美国；我们反对有人试图将中美关系推向所谓"新冷战"，这不符合两国利益；必须珍惜来之不易的交往，找到和平共存、互利共赢的相处之道。坚持原则，同时又十分务实。

外长的答问没有空泛的高言谠论，没有夹枪带棒的言辞，没有缺乏对象的废话，而是绵里藏针，有的放矢，显示出一种大国外交的风度和底气，让人由衷地钦佩。

第九节　脱水：挤压掉重复无用的信息

相同体积的物质，其质量却有天壤之别。一块赤金的质量抵得上一堆棉花，万言空话不抵一句真知。在尽可能短的篇幅内装进尽可能多的思想和观点，使文章质量提高，分量加重，是增加评论信息量的一个重要方法。

空间大小是相对而言的。《道德经》是道家学派的奠基之作，只有五千余言，但其思想的信息量极其巨大。用尼采的话说："老子像一个永不枯竭的井泉，满载宝藏，放下汲桶，唾手可得。"尼采对老子崇敬有加，可见人们所说"宇宙之大，豆芥之微，无出于老子"的说法确有道理。至今偶翻《道德经》，仍会被那种非凡的思想张力和深度所震惊，以致后来人们的工作不过是尝试着解读它、阐发它、丰富它。举这个例子似乎和评论创作不沾边，这里只是引出一个话题：信息量之于言论写作的重要意义。

和叙事文章不同的是，言论的信息必须通过也只能通过思想观点的阐发加以传达。思想就是信息，是最重要的信息，所有实践活动都有赖于思想的指导。比如，实施人才强国战略必须树立科学的人才观，而其核心观点就是三句话：人才是第一资源，人人都可以成材，以人为本。没有这三个观点，科学人才观无以为立。所谓用事实说话，不过是揭示事实所包含的思想内容。苏轼称韩愈"文起八代之衰"，其道理就在于韩文不尚辞藻铺陈，注重思想拓植。虽然韩文叙事、抒情、写景俱佳，但真正的魔力还是见解。人们都很熟悉的《杂谈·马说》不过200余字，但至少提出了十五六个观点。信息量多与少，有时与文章的长短无关，长文也许信息十分密集，短文也许信息稀少单薄，关键还是看是否提供了有价值的思想。

增加评论的信息量，从写作角度讲应努力做到：第一，不重复尽人皆知的观点；第二，相同或相似的话只留一句，其余悉数删掉；第三，有一点新的归纳、概括和阐发。这样一个"脱水"和"精提"的过程，是对理论思维能力和实际工作经验的全面考验。经过一次次概括、提炼，有效信息就会凸显出来。

材料是言论的血肉。据事以类义，援古以证今。不占有材料的，很难形成有价值的见解。"据事"和"援古"既是研究也是写作过程。"据事"愈广，情况愈明；"援古"愈丰，眼界愈宽。一篇有分量的评论应该有"据事"的把握，有"援古"的背景。不研究材料，不善于使用材料，很难写出有信息量的评论，往往是车轱辘话来回说。这里讲的材料主要有两种：一是事证，通过从实践中学习，掌握具体而有力的数据、事例等，证明自己的观点；二是书证，通过理论学习，掌握权威文献、史料等，支持自己的观点。材料翔实，旁征博引，言论才有信息量。当然，材料是为论点服务的，不必反客为主堆砌材料，言必出五典，语必称希腊。材料不在乎多，多了观点不彰；材料贵乎实，实了才是铁证。

论证是智慧活动的体现。要使现象和本质、材料和观点之间构成必然联系，方法至关重要。一篇评论不仅要告诉人们是什么，为什么，说明了什么，而且还应该告诉人们用什么样的方法解读问题，分析事物。解读分析的过程，就是思维推演过程：满了为什么就亏，直了为什么就曲，大了为什么就小，好了为什么就坏等。科学的方法往往给人以启迪，同样也是信息的重要组成部分。方法见诸文字还应该包括修辞，好的修辞方法不仅为文章增色，更可以大大拓展想象的空间。比喻是一种修辞方法，一篇好的论文如果缺少比喻就显得乏味。有人说钱锺书短文的一大特色是善譬，一两个妙喻已属难得，而钱文通常几组连用，更是神来之笔。言论的信息量就是通过科学推理和想象活动呈现在人们面前的。

通常以为，叙事的信息量主要以提供的事实多少为标准，而言论基本不叙事，何以体现信息量？经过长期的阅读，人们发现，言论同样有一个信息量问题，只是与叙事表现不同罢了。也许可以概括为三句话：精当而独到的见解，扎实而丰富的材料，机智而巧妙的论证。言论三要素中富含着大量信息，问题是我们能不能提炼出来。

李普曼是这样描述他的工作的：每天浏览10种左右的报刊，打20多个电话，与几位助手讨论当天的新闻事件，与专家或相关人士共进一次午餐或晚餐，至少阅读30页书，用3小时左右写作。我这里对他的时间安排做了简化，但仍能看出新闻评论作者对信息的依赖，对知识的渴求，对交流的兴趣，是十分强烈的。何为工作，何为生活，没有明显的界线。非常有意思的是，这位评论家还有一个习惯，就是在清晨散步时常常喋喋不休地自言自语，因为许多"思想灵感、绝妙好句正是在默默行走时从脑海里飞出来"。

这个有点怪异的习惯至少说明，信息的收集、处理和输出，对评论作者来说是全天候的。

例文

以冷静和理智应对冲动和焦躁（节选）

刘和平

最近一段时间以来，尽管美方对中国企业的制裁频率和强度都在加大，但中方并没有采取对等的反制和报复措施，甚至是没有在口头上回应这些事情，而是罕见地保持了沉默与克制。我认为中方的做法显然跟外长王毅早前的表态是相符的，即北京将以冷静和理智来面对美国的冲动和焦躁，因为中方不仅已经做出了中美不能新冷战，不能脱钩，中美关系不能螺旋升级的战略抉择，而且中方认为当前特朗普政府的很多动作实际上都跟选举有关，是属于标准的选举动作，也就是通过主动向中国发起挑衅来讨好国内的选民。当然任何事情都是有利有弊的。当前中方的应对措施也必然会面临着两难的选择，相信这也应该在中方的预料之中。

对于特朗普的这些挑衅性动作，假如中方选择针锋相对，寸步不让，虽然有些国人眼中看起来会很过瘾，但就正好中了特朗普的主动碰瓷的计谋，是在变相帮助特朗普助选，同时也不利于中美关系的长远发展。另外一方面，中方选择大度与忍让又不让特朗普认为中国软弱可欺，得寸进尺，蹬鼻子上脸。

那么面对这种两难的格局，中方究竟应该怎么办？

我认为从中方最近一系列的经济和军事动作来看，我们显然是采取了软硬两手策略：在经济上，虽然你美国对中国企业的制裁报复动作不断，但是中方仍然选择了执行第一阶段中美贸易协议，并且加大了对美国农产品的采购力度，也在大选期间稳住特朗普的情绪，防止他做出更多非理性的举动。

另外，中方最近几天来在渤海、东海、南台海、南海，同时举行了全方位联动的军事演习，以这样一种方式向美方发出一个清晰的信号。中方虽然选择了忍让，但是这种忍让是有底线的。这个底线就是不能以牺牲国家的主权与安全作为代价，或者说中方是在以这样一种方式防止中美关系变得更坏，甚至是走向战争。

——摘自深圳卫视《直播港澳台》

作者按语

刘和平是最近几年比较活跃的新闻时评家,常在深圳卫视等媒体定期发表国际评论。这里节选的是他最近在《直播港澳台》中发表的评论。我很喜欢刘和平的评论。他的评论简洁明快、一针见血,脱去了以往文人时评那种绕来绕去的炫技或知识展览。这也是自媒体评论所具有的时代特点,很符合快节奏社会人们的阅读习惯。

中美关系十分复杂,既包含美国政治独特的运作方式,更涉及中美两个大国在这样一个年代不可能避免的结构性矛盾。新冠肺炎疫情期间,中美关系呈现出更加错综复杂的局面。也因此,这方面的评论非常之多。有些评论讲得靠谱,有些评论杂乱无章,给公众造成一种茫然无措的感觉。我们之所以密切关注这方面的评论,是因为舆论的走向可能会影响人们的认知和选择,乃至对全局判断的失准。

大国关系涉及政治、经济、文化以及社会制度、意识形态诸多方面的重大问题。在中国和平发展的过程中,这些问题终究要摆在台面上,不可回避;在战略选择上始终保持清醒的头脑尤为重要。

我认为,刘和平一段时间来发表的不少关于中美关系的时评,对中央的精神把握是比较准确的。同时,又不失自己的风格——观点精干、论述简洁,没有太多水分,一分钟就能把复杂的事情说得比较清楚。这里选择的就是一篇时评佳作。

评论缘起美方对中国南海问题干预,以及对24家中国企业实施制裁这样一个背景。对这种挑衅行为应该怎么看,应该采取怎样的应对措施?

第一,美方动作频频有多种因素,其中一个重要因素是与美国选情有关。在刘和平看来,这属于标准选举动作,即通过主动向中国发起挑衅来攫取更多的选票。按照这样的逻辑,大选之前的美国可能还会做出各种碰瓷动作，我们切不可以上当。

第二，不要被特朗普政府带节奏。不论美方怎样疯狂，我们都不能授人以柄，让美国政客借力打力。在我们看来"脱钩"其实就是一个伪命题，既不现实也不可能。我们既不必惧怕这样的狐假虎威，更不能打乱全面深化改革开放和全力推进全球化的步伐。

第三，最为明智的战略选择是我们经常说的"两手对两手"，以我国根本利益和长远利益为旨归，"兵来将挡，水来土掩"。一方面，是避其锋锐，避免不必要、不明智的情绪化冲撞。另一方面，也要有所作为，有理、有节、有度地做出强有力的回应。

评论篇幅很短，话题集中，却包含着丰富信息。但由于作者进行了精当概括和精心梳理，挤掉多余水分，突出论述主题，令人豁然开朗。用一种比喻，就是文章像一个没有多余赘肉的"型男"。

第十节　动笔:"爬格子"是解决问题的起点

通过教科书很难摸到言论创作门径。之所以说得这样斩钉截铁,是因为所有的问题必须通过创作实践才能得到解决。确有天分的不同,但是一个人创作数量达到数百万字,而另一个人只写过几万字,那么他们驾驭文字的功力肯定是不一样的。勤奋未必就可以出天才,但是勤能补拙确是不争的事实。我们读懂了教科书时,切不要以为这门课已经学会了,那远远不够。倘不引笔铺纸,一个一个格子地爬,终究还是门外汉。因而,悟力好的人不是在那里没完没了地讨论什么谋篇布局,而是——拿起笔来。

笔不容易拿起来。通常的情况下,你不知道要写些什么或有什么可写。对一个专业新闻工作者特别是言论作者来说,写什么可能比怎么写更为重要。正像有的拎着铁锹的寻矿人,并不知道矿脉在哪里;言论作者并非拿起笔来就有新颖的选题等着你开掘。有人在这里就止步了。偶一为之或心血来潮的"玩票",很难捕捉到高质量的选题。拿起笔来,最大的益处就是头脑随之而动。只有经常动笔的人才能全天候启动观察和思考的雷达,才能"风声,雨声,声声入耳",头脑经常像沸腾的开水,触景生情,感事而慨,似乎有写不完的题目,说不完的话。他的真正的任务仅仅在于理出头绪,写成条分缕析的文章。然而,不拿起笔来,头脑就会像生锈的机器,终而至于无文可写,无话可说。

拿起笔来很沉重。从写第一个字到最后一个字,如何起笔,如何收煞,都必须仔细斟酌,所谓"谋篇布局"正是从写第一个字开始。没有一个人写文章像打喷嚏那样轻松，长时间的苦苦思索是很自然的，即使是看似很简单的题目，要援笔成文，亦颇费踌躇，虽然一天写万把字不稀奇，但琢磨一天写不了几个字也很正常。问题是，很多人也许无法从这种思考中获得什么乐趣，反而觉得苦不堪言，于是终于掷笔。逻辑有时是很折磨人的怪物。虽说写作对一些人来说是志趣所在，但写作过程绝不会轻松如散步，字字都是心血。当你感到思路欠通、文气阻滞、写不下去的时候，应该坚持住，千万不要搁笔。在我看来，感到艰难，这才算真正进入运思的轨道，不管头绪多么繁乱，我们必须一个线头一个线头地理。憋得透不过气来，甚至想放弃时，其实已经离最终完成作品不远了。正像运动员经常出现疲劳极限一样，繁重的思想劳动恰使我们内功大长。要想写出好文章，不经过长期的辛勤劳作，难。

拿起笔来才知道笔并不那么听话。看别人的文章如水银泻地，流畅自然，似乎了无新奇，但自己写起来却完全不是那么一回事。想得很明白的事，变成句子总是那么疙疙瘩瘩。这里不必说见解如何，单说语言表达就颇成问题。神来之笔，无非是千百次锤炼出来的。不写，永远不会懂得怎样才能准确，怎样才能简练，怎样才能生动。契诃夫说："您留意过托尔斯泰的语言没有？很长的完全句、补充句，彼此堆叠在一起。不要以为这是出于偶然，以为这是缺点。这是艺术，而且是辛劳以后的成果。"精确表述不是"蹦"出来的，而是写出来的。

拿起笔来，对于一个专业新闻工作者来说本不该成为问题，然而在实际上又确是个问题。因为拿笔，大抵有三种情形：第一，分配到拿笔的岗位上了，即使不愿拿也得拿。所以，如果不是硬任务，能不写就不写。第二，想出手就不凡，但又受不了斟酌之苦、推敲之累，遇到困难就退缩了。写了许多开头，却绝少成篇。所以，眼很高，手很低。第三，写作既是工作也是兴趣，既是职业也是生活的一部分。所以，非常习惯用笔展示自己的思考，表达自己的感情，陈述自己的意见。是否乐于拿笔，和拿笔的心境有关。这自然已是题外话。这里只想讲一句："一分耕耘，一分收获。"胸前别着一支钢笔并不意味着会写文章，正如家有四壁典籍未必就拥有文化。言论创作也不例外。

例文

流行病学调查："患者自述"靠得住吗？

詹国枢

近些日子，几个特殊病例，把人吓得够呛！

先是，3天前，天津有一病例，流调显示，此人与京暂无关联，周围人和环境检测阴性！

这就奇了怪了！

到底是怎么回事呢？

天津之谜尚未揭开，昨晚，北京又传来消息：

警惕！北京出现多名患者无新发地直接接触史！

当晚《新闻1+1》，白岩松也提出疑问：这个新增确诊病例，打破了天津连续110天无本土新增的纪录。奇怪的是，他周围的人检测都是阴性，且他没有跟北京或境外的人有过接触或交集。到底是怎么回事？

好家伙！接二连三"出事"，而且如此"诡异"，弄得人心惶惶，惴惴不安！

天降大难，火上浇油，不晓得北京疫情还要折腾多久呢！

昨晚，刚要躺下，接一电话：喂，老詹吗，天津北京连出了怪事！能否做出解释？

没得问题！不过，现在犯困，明早再说吧！

此事要做解释，其实非常简单！

一句话：**流行病学调查，"患者自述"靠得住吗**？

按照惯例，一旦发现病人，除收治住院外，马上就得派人进行流行病学调查，摸清患者到底是怎么被传染的！

怎么调查呢？

老詹虽未参加，完全可以想象——

流调人员会问，老张呀（小王呀），请您认真回忆回忆，最近7天（当然最好是14天），您都去过哪些地方，和哪些人有过接触呀？

仔细回忆，不要紧张，喏，先喝口水！我们只是做个常规调查，好摸清底数。好的，请您慢慢回忆吧！

于是，这位老张或者小王，便在流调人员开导下，打开记忆闸门，回想这些天来，自己到底去过哪些地方，和哪些人有过接触？

这里一边叙述，那里一边记录。

所谓流调，十有八九，就这么回事。

也只能是这么回事。

既然如此，问题来了。

其一，遗忘

假如，病人记忆力不好，忘记曾经去过的一些地方，也记不起来曾经接触过的全部人——这很有可能——那么，流调就完全可能遗漏一些重要地点和人物。

其二，隐瞒

假如，病人因为某些原因，不愿意暴露曾经去过哪些地方，曾经接触或者亲密接触过哪些人（因为这确实是个人隐私），他就会将这些地点和人物故意隐瞒——这也很有可能——那么，流调也就完全可能遗漏一些重要地点和人物。

流调不能完全反映病人去过的地方和接触的人物，那么，此患者感染病毒来源之"奇怪"，也就"并不奇怪"了。

就说北京吧，**出现多名患者无新发地直接接触史**！这有什么好奇怪的？前些天，四川餐厅那7位确诊者，除1人去过新发地采购外，其余6人，不也"无新发地直接接触史"吗？

存在即合理。有这样的病人存在，必有其被传染的原因！

只是，这个原因我们暂时还没有找到罢了！

正因此，有个建议，今后，在介绍某位确诊病例时，最好不要用"**流调显示**"之类用语，改用"**据本人自述**"，这就可以避免因为病人"活动轨迹"的遗漏而得出"无接触史"之类的结论，替病人背锅。

尤其我们的媒体，更不要因为猎奇而加油添醋，弄些耸人听闻的标题，吓唬百姓！

行文至此，更觉得北京西城大爷的可爱与可贵！倘若大爷记忆力不那么好，没有回忆起6月3日曾到新发地买鱼，那么，遗漏了这一关键环节，其病例就有可能成为一个"特殊案例"而单独立案，那么，对于此番疫情迅速锁定新发地，就会增添不少困扰和麻烦。

前些天，电视上看到西城大爷即将痊愈，不知是否已经出院？建议北京卫视去弄个专访，观众一定欢迎！

作者按语

这是一篇选自"码字工匠"老詹2020年6月23日的网络评论。老詹者，人民日报海外版原总编辑詹国枢是也。国枢同志既是老朋友也是老同事，"码字工匠"是他的谦称，却也非常形象道出作者的兴趣爱好和渐入化境的写作状态。

国枢同志开微博盖有年矣,是最早触及"两微一端"的"潮人",而今在自媒体评论界已拥有众多粉丝,向以能言、敢言、善言著称。我也是"詹文"的忠实读者。

作为一个已经退休多年的老新闻工作者,老詹依然关注时事政治,笔耕不辍,而且思路清晰、文字简洁、情趣盎然、情感充沛,这是极为少见的。粗略搜索了一下,老詹每年发表的博文应该在百篇左右,内容涉及政治、经济、文化、社会等诸多方面。我曾经常年做评论工作,很多想法息息相通,不能不感佩国枢同志用笔的勤奋。

庾信文章老更成,凌云健笔意纵横。大家或许注意到,国枢同志的博文已然完全脱去了"做"的痕迹,更像是一位阅历颇广的长者侃侃而谈。没有虚词辞藻,没有装腔作势,没有佶屈聱牙。有话直说,每论中的。读者犹如在三伏天吃冰棍儿——就是一个"爽"。特别是近期的微博常以流行的短句为主,就像节奏很强的诗行。

还应该注意到,国枢同志的言论题材非常广泛,敏锐而颇有法度,此文就是一例。

一、无任何接触史的市民如何会感染新冠病毒?

二、流调或有漏洞?

三、漏洞与患者自述有关。

四、自述或遗忘(无主观故意),或隐瞒(有主观故意)。

五、改"流调显示"为"据本人自述"更为科学。

这是一个非常精妙的推理,也是很高明的建议。后来的报道证明,被称为"西城大爷"的患者,在叙述曾在新发地买鱼的经历后,防控工作出现了突破性的发现,为后面的防疫提供了重要线索。

从某种意义上说,这并不是一篇传统意义上的评论,但从中可以看到，作者无事不可以"入论"的本领，看到评论已深深地融入作者的日常生活之中，而这一切都与国枢同志善于用笔来表达自己思想观点的职业素养有关。

在我与国枢同志的接触中，感到他思维非常活跃，即使是在开会的时候，也经常看到他在不停地写东西，这并不是说他开会时注意力不集中，而是他把开会时的所思所想迅速地记录下来并援笔成文。我和国枢同志有同感，一个人是否具有较高的评论智商，前提是他愿意拿起笔来，能够拿起笔来，让写作成为家常日用。

附录

中华民族的百年盛事

——热烈庆祝香港回归祖国

一九九七年七月一日零点，全世界都在谛听从东方响起的庄严钟声。它响彻环宇，向五洲四海郑重宣告：中华人民共和国政府恢复对香港行使主权的时刻到来了！中华民族洗雪百年耻辱、扬眉吐气的时刻到来了！

以中英两国政府完成交接仪式，香港特别行政区宣布成立为标志，圆了中华民族期盼了一个多世纪的香港回归梦，实现了几代人的夙愿。这一天，举世瞩目，永载史册。

香港回归，百年盛事，普天同庆，举国欢腾。在九百六十万平方公里国土上，热血沸腾的中国人民，以千歌万曲、千言万语表达着自己欢乐、自豪、振奋的感情。

在欢庆香港回归的时候，我们决不能忘记，为了这一天，中国人民走过的不平凡的道路：

为了这一天，无数中华民族的英雄儿女御外侮、争主权，前赴后继，同殖民统治进行不屈不挠的斗争，充分显示了维护民族尊严和国家主权不可动摇的信念，表现出崇高的爱国主义情怀。但是，由于当时的祖国积弱积贫，由于当时的政府腐败无能，斗争是壮烈的，结局是悲哀的。一代又一代仁人志士壮志难酬。

为了这一天，新中国成立后，我国政府多次庄严申明，香港自古以来是中国领土不可分割的一部分，不承认英帝国主义强加给中国的三个不平等条约；对于这一历史遗留问题，将在条件成熟的时候通过和平谈判解决；未解决之前维持现状。新中国第一代领导人毛泽东、周恩来等，十分关心香港的前途，关怀香港同胞。在新中国成立前后，毛泽东同志先后提出了"暂不收回香港""长期打算、充分利用"和"一九九七年平稳交接"等一系列解决香港问题的战略决策，为保持和促进香港的繁荣稳定，为香港回归祖国奠定了坚实的基础。党的十一届三中全会以后，我国进入改革开放和社会主义现代化建设新的历史时期，社会生产力蓬勃发展，综合国力显著增强，国际地位日益提高。中国作为一个最具发展活力的国家，巍然屹立在世界的东方，为香港的顺利回归创造了决定性条件。

为了这一天，中国政府以统一祖国的大局为重，以保持香港繁荣稳定的大局为重，按照"一国两制"的构想，为解决香港、澳门、台湾问题，最终实现祖国的完全统一，提供了一条现实可行的途径。实践表明，"一国两制"、"港人治港"、高度自治的基本方针，符合香港的利益，符合全民族的根本利益，得到了广大香港同胞和全国各族人民的拥护，也得到了国际社会的赞同。这是一个高瞻远瞩的伟大创造，是人类文明进步史上的一个创举。

在欢庆香港回归的时候，我们深切怀念敬爱的邓小平同志。他作为一个伟大的革命者、爱国者和中国改革开放的总设计师，毕生以祖国的解放、振兴、统一为己任。他作为第二代中央领导集体的核心，以罕见的政治勇气、恢宏气度、高超智慧，创造性地提出了"一国两制"的伟大构想，为香港顺利回归祖国起到了巨大作用。"一国两制"构想将作为他对中华民族的伟大贡献而功垂青史、光照中华。

在欢庆香港回归的时候，我们更加深刻地体会到，没有中国共产党的领导，没有祖国的日益强盛，没有改革开放的伟大成就，没有新中国三代领导人的不懈努力，特别是没有邓小平建设有中国特色社会主义理论的指引，就不可能有今天的香港回归。这就是一百多年历史写下的庄重结论。

香港回归，是落实"一国两制"方针的第一步。更重要的，是确保香港长期繁荣和稳定。《中华人民共和国香港特别行政区基本法》是根据"一国两制"的构想而制定的一部全国性法律，是今后香港特别行政区一切运作的法制基础，更是香港长期繁荣稳定的根本保证。香港回归祖国以后，《基本法》即开始实施，从中央到地方，广大干部和群众都要认真学习、严格遵守《基本法》。香港特区政府和广大港人也会认真贯彻、执行《基本法》，以主人翁的责任感，肩负起"港人治港"的重任，把香港管理好、建设好。

现在，在党的基本理论和基本路线指引下，在以江泽民同志为核心的党中央的坚强领导下，我们国家政治稳定，经济发展，民族团结，社会进步。世界将看到，中国的明天会更好，具有五千年文明史的中华民族在新世纪的征途上，将向着现代化的宏伟目标昂首阔步前进，中国的完全统一、中华民族的全面振兴，将成为辉煌灿烂的现实。

（第8届中国新闻奖一等奖，作者李德民、米博华）

祖国万岁

(人民日报社论1999年10月1日)

在新的一千年就要到来的重要时刻,我们迎来了中华人民共和国50华诞这一盛大节日。此时此刻,大江南北,长城内外,边疆沿海,到处歌如潮,花如海,普天同庆,举国欢腾。全国各族各界人民为祖国的强大、民族的复兴和光明的前程充满自豪和喜悦。中国人民从来没有像今天这样扬眉吐气,这样受到全世界的关注。

在这个光荣而又神圣的日子里,我们向全国各族工人、农民、知识分子、干部以及港澳台同胞、海外侨胞致以节日的祝贺!向英雄的中国人民解放军指战员、公安干警和武警官兵致以节日的祝贺!向在各个历史时期为新中国的振兴做出贡献、建立功勋的劳动群众和英雄模范人物致以崇高的敬意!此刻,我们以无比崇敬的心情缅怀近百年来为了民族解放和新中国的诞生、新中国的建设做出贡献的民族英雄和中华民族的优秀儿女。他们的名字和功绩将永远铭刻在人民的心里,与日月同辉,与祖国同在。

1949年中华人民共和国的诞生,是中国人民前途命运的一个根本转折,它标志着受压迫受欺侮的半封建半殖民地时代的终结,标志着中华民族历史新纪元的开始。这是20世纪重大的历史事件,对于当代世界的政治格局和历史进程产生了深远影响。

新中国的50年是发生翻天覆地变化的50年。从贫穷落后到繁荣昌盛，从山河破碎到强大统一，从受人欺凌到备受尊重，中国人民在中国共产党的领导下，谱写了中华民族文明史上最为光彩夺目的篇章。50年来特别是改革开放的20年来，我国国民经济持续快速发展；综合国力大为增强；科技、教育、文化事业欣欣向荣；各项社会事业全面进步；国防力量日益强大；各民族兄弟团结友爱；人民群众的物质文化生活水平不断提高；祖国统一大业取得重大进展，继香港之后澳门即将回到祖国的怀抱。我国社会主义现代化建设事业所取得的巨大成就举世公认，我们的国际地位日益提高。我们的祖国从来没有像今天这样欢乐祥和、蒸蒸日上；我们的人民从来没有像今天这样意气风发，精神振奋，对中国的前程充满信心。面对此情此景，所有关心我们民族命运、为国家前途而奋斗的华夏子孙，无不从内心发出深情欢呼：祖国万岁！

新中国的50年巨变，最根本的是因为有中国共产党的正确领导。中国共产党人为了振兴中华，彻底改变中国人民的命运，选择最先进的思想理论和社会制度，探索并制定最符合中国国情的发展道路和方针政策，将马克思主义基本原理和中国实际结合起来，将人民群众的智慧和力量凝聚起来，在神州大地上创造出一个又一个奇迹。这是一个艰苦豪迈的事业。在这个过程中，我们有过困惑，有过挫折和失误。但是，我们的党是全心全意为人民服务的党，以国家和人民的利益为最高利益，实事求是，坚持真理，能够依靠自身的力量修正错误，克服困难，不断开创社会主义现代化建设的新局面。人民群众从国家巨变和亲身经历中深深地体会到，中国共产党是一个毫无私利、充满生机和活力、始终保持先进性的党，是一个勇于开拓、不断创新、锐意进取的党，是一个不畏艰险、久经锤炼、坚强成熟的党。没有任何一种力量能够像中国共产党那样把中国人民带向富强、幸福和光明的未来。

　　50年的奋斗历程告诉我们，只有社会主义能够救中国，能够发展中国。社会主义是针对资本主义的弊端而产生的崭新的社会制度，最根本的特征是一切为了人民，一切依靠人民，最大限度地集中人民群众的智慧和力量，解放和发展社会生产力，建设一个没有压迫和剥削的富强、民主、文明的社会。像中国这样一个贫弱的半封建半殖民地的国家，受尽西方资本主义列强的欺侮，要想实现民族振兴，只能选择比资本主义更先进的社会制度。事实证明，这个决定中华民族命运的历史性选择，给中国人民带来了新生和前程，铸就了光荣与辉煌。但是，这是一个前无古人的事业，在中国这样一个经济文化比较落后，生产力发展水平比较低的国家，怎样建设社会主义，是一个艰巨的认识和实践过程。在马克思列宁主义、毛泽东思想、邓小平理论的指导下，我们不断深化对于建设社会主义规律性的认识。特别是在邓小平理论的指导下，我们在30年巨大成就的基础上，取得了改革开放20年的巨大成功。社会主义在中国50年的实践证明，社会主义作为一个崭新的社会制度，是随着实践的发展而发展、随着时代的变化而变化的。只要我们始终不渝地坚持理论和实际相结合，坚持向实践向群众学习，坚持发展和创新，有中国特色社会主义事业就会永远充满生机和活力。

　　50年的伟大实践告诉我们，中国人民是伟大的人民，是勤劳勇敢、不屈不挠，具有巨大创造力的人民。中国共产党的正确决策，社会主义制度的先进优越，都是通过人民的力量、通过亿万人民群众的实践来实现的。事实证明，中国人民一旦有了正确的领导，掌握了科学的理论，建立了先进的社会制度，制定了正确的路线方针和政策，就能够万众一心，团结奋斗，产生移山填海的力量。新中国的诞生彻底改变了中国人民的命运，人民当家作主，以崭新的精神面貌和巨大的热情投身于国家建设，创造了可歌可泣的辉煌业绩。无论是面对敌对势力的封锁和威胁，还是面对自己国家的困难和灾害，一代又一代的中华儿女始终坚贞不渝，顽强拼搏，表现出高度的政治觉悟和巨大的创造力量。新中国的50年，英雄辈出，群星灿烂。他们是国之瑰宝，民之精锐，是中华民族的优秀代表。他们的精神和业绩有力地证明，人民，只有人民才是创造历史的动力。

在这普天同庆的时刻，我们不能忘记以毛泽东同志为核心的第一代党中央领导集体为新中国的建立和发展做出的历史性贡献，不能忘记以邓小平同志为核心的党中央第二代领导集体为开创改革开放和社会主义现代化事业新局面所建立的丰功伟绩。今天，我们正处在世纪之交的重要历史时刻。以江泽民同志为核心的党的第三代领导集体把握发展机遇，驾驭改革和建设大局，取得一个又一个重大胜利，赢得了全国人民的拥护和爱戴。实践证明，以江泽民同志为核心的党中央志向远大，坚定成熟，具有卓越的领导能力，一定能够带领亿万人民开创建设有中国特色社会主义的新时代。

党的十五大为我们规划了跨世纪的宏伟蓝图，这就是下世纪第一个10年实现国民生产总值比2000年翻一番，使人民的小康生活更加宽裕，建成比较完善的社会主义市场经济体制；再经过10年的努力，到建党100年时，使国民经济更加发展，使各项制度更加完善；到建国100年时，基本实现现代化，建成富强民主文明的社会主义国家。回顾50年峥嵘岁月，我们豪情满怀；展望新世纪的锦绣前程，我们欢欣鼓舞。让我们更高地举起邓小平理论的伟大旗帜，紧密地团结在以江泽民同志为核心的党中央周围，团结一致，同心同德，开拓进取，艰苦奋斗，把建设有中国特色社会主义事业全面推向21世纪，为实现中华民族的伟大复兴而奋勇前进！

伟大的中国共产党万岁!

伟大的中华人民共和国万岁!

伟大的中国人民万岁!

(第10届中国新闻奖一等奖,作者米博华,编辑邵华泽、许中田)

光荣属于中国共产党和中国人民

——庆祝中国共产党成立80周年

中国共产党走过了80年的光辉历程。革命战争的严峻考验，建设道路的艰辛探索，改革开放的创新实践，展示着我们党领导人民英勇顽强、波澜壮阔的奋斗足迹。今天，放眼我们的祖国，经济发展，政治稳定，社会进步，民族团结。中华民族正以站立起来、富强起来的自尊、自信和自豪，前进在建设有中国特色社会主义道路上。在欢庆建党80周年的时候，我们向奋斗在各条战线的共产党员和全国各族人民致以崇高的敬意！

从1840年鸦片战争到1921年中国共产党诞生之前，中华民族经历了无数的屈辱和困惑，进行了艰苦的求索与抗争。那时的中国，封建王朝丧权辱国，帝国主义横行霸道，社会动荡不已，人民饥寒交迫。为了摆脱凌辱和压迫，为了摆脱贫穷和落后，中华民族的志士仁人奋起斗争。从太平天国农民起义到抗击列强的义和团运动，从戊戌维新到辛亥革命，救亡图存的斗争此起彼伏。由于找不到正确的救国道路，这些斗争都失败了。无数先驱，壮志难酬，抱恨终天。中国必须有一个用先进思想武装起来的先进政党来领导，才能实现民族的解放和复兴，这是近代中国历史得出的结论。

中国共产党成立后，中华民族经历了从贫穷落后到繁荣昌盛、从山河破碎到强大统一、从受人欺凌到扬眉吐气的伟大变革。中国共产党的

80年,是我们党把马克思主义与中国实际相结合、探索救国图强真理、开辟民族复兴道路的80年,是我们党带领人民不畏艰难困苦、不怕流血牺牲、创造辉煌业绩的80年,是我们党历经千锤百炼、站在时代前列、深受人民拥护的80年。以毛泽东同志、邓小平同志、江泽民同志为核心的三代党中央领导集体,团结带领全党和全国人民,经过不懈的探索和奋斗,开创了中华民族亘古未有的宏图伟业,写下了彪炳千秋的光辉诗篇:实现了民族的独立和人民的解放,建立了社会主义制度,建立了人民民主专政的国家政权,实现了国家高度统一,开创了建设有中国特色社会主义事业,建立了独立的比较完整的国民经济体系,发展了社会主义文化,为世界和平与发展的崇高事业做出了重要贡献。

沧海桑田,天翻地覆,充分证明了一个真理:没有共产党就没有新中国,没有共产党的领导就没有中国的现代化。在中国,从来没有一个政治组织,像共产党这样集中了那么多先进分子,组织得那么严密和广泛,为中华民族做出了那么多牺牲,同人民保持着密切的联系,在前进中善于总结经验、郑重对待自己的失误,以形成并坚持正确的理论和路线。光荣属于中国共产党,这是历史的结论。

80年来,我国各族人民、各民主党派和各界进步人士,为着国家的独立富强和光明未来,与我们党同呼吸、共命运,团结奋斗,开拓进取,在革命、建设、改革的历史进程中,表现了强烈的爱国主义精神和不屈不挠的拼搏精神,展示了实现中华民族伟大复兴的坚强意志和不可战胜的力量。光荣属于中国人民,这也是历史的结论。

中国共产党从小到大、由弱到强,在极其艰苦的环境下战胜强敌,在曲折的探索中不断奋起,积累了十分丰富的经验。最重要的就是把马克思列宁主义的基本原理同中国具体实际相结合,坚定不移地走自己的路。在这一过程中,我们党实现了两次历史性飞跃,形成了两大理论成果，这就是关于中国革命和建设的正确的理论原则和经验总结的毛泽东思想，这就是指导中国人民在改革开放中胜利实现社会主义现代化的邓小平理论。两大理论成果，是党和人民实践经验和集体智慧的结晶，是我们党宝贵的精神财富，是指引我们胜利前进的伟大旗帜。

紧密联系人民群众，全心全意为人民谋利益，是中国共产党最深厚的力量源泉。党来自于人民，植根于人民，服务于人民，党的全部工作的出发点和落脚点，就是实现好、维护好、发展好人民的利益，党代表着人民的利益，人民哺育了伟大的党。

办好中国的事情，关键在党。我们党所以能保持奋发向上、与时俱进的勃勃生机，一个重要的原因就在于她能够结合每一阶段的中心任务，自觉地加强和改进党的建设，不断增强党的创造力、凝聚力和战斗力，从而使自己始终顺应时代的要求，反映人民的意志。

这些是80年来我们党从胜利走向胜利的宝贵经验，也是我们党在新时期夺取新胜利的根本保证。

展望新世纪的宏伟目标，我们党要永葆生机和活力，必须始终代表中国先进生产力的发展要求、代表中国先进文化的前进方向、代表中国最广大人民的根本利益。江泽民同志提出的"三个代表"重要思想，是我们的立党之本、执政之基、力量之源。"三个代表"是统一的整体，相互联系，相互促进。这一重要思想，从根本上进一步回答了在充满希望和挑战的21世纪，建设一个什么样的党和怎样建设党的问题，是在新的历史条件下全面加强党的建设的伟大纲领，是永远保持党的先进性、战斗力和创造性的行动指南。

遵循"三个代表"重要思想，加强和改进党的建设，我们要坚持解放思想、实事求是，重视研究新情况和新问题，在改革和建设实践中坚持和发展马克思主义。要保持党的先进性，不断增强党的阶级基础和群众基础，提高党的战斗力和社会影响力。要发扬党内民主，严明党的纪律，认真贯彻民主集中制原则，维护党的团结统一。要按照干部"四化"的方针和德才兼备的原则，努力建设一支高素质的、能够担当重任的、经得起各种风浪考验的干部队伍。要坚持党要管党、从严治党，深入开展党风廉政建设和反腐败斗争。全党同志坚定信念，团结一致，朝气蓬勃，既胸怀远大理想，又脚踏实地奋斗，就一定能够带领人民创造更伟大的业绩。

回顾党的光辉历程，我们深感自豪，备受鼓舞；展望新的历史使命，我们信心百倍，斗志昂扬。从现在起，今后的10年、20年、50年，将是中国发生更加深刻变革的伟大时代。到2010年的时候，为实现第三步战略目标奠定坚实基础；到2021年建党100周年的时候，在各方面形成一整套更加成熟更加定型的制度；到本世纪中叶新中国建国100周年的时候，基本实现社会主义现代化。中国共产党人就是要有这样的雄心壮志，这样的英雄气概。不论国际风云如何变幻，不管遇到什么样的困难和挑战，中国共产党人都将无所畏惧，勇往直前。让我们紧密地团结在以江泽民同志为核心的党中央周围，高举邓小平理论伟大旗帜，坚持党的基本路线，紧紧依靠全国各族人民，同心同德，艰苦奋斗，推进有中国特色社会主义事业，迎接中华民族的伟大复兴。

光荣永远属于中国共产党和中国人民！

（第12届中国新闻奖一等奖，作者米博华，
编辑许中田、张研农）

沿着党的十六大指引的方向奋勇前进

——热烈祝贺中国共产党第十六次全国代表大会胜利闭幕

（人民日报社论2002年11月15日）

中国共产党第十六次全国代表大会胜利闭幕了。这次代表大会，批准了江泽民同志代表第十五届中央委员会所做的报告，批准了中央纪律检查委员会的工作报告，审议通过了《中国共产党章程（修正案）》，选举产生了新一届中央委员会和中央纪律检查委员会，完成了各项议程，开得非常成功，是一次团结的大会、胜利的大会、奋进的大会。我们对大会的圆满成功表示热烈的祝贺！

江泽民同志的报告，以高举邓小平理论伟大旗帜，全面贯彻"三个代表"重要思想，继往开来，与时俱进，全面建设小康社会，加快推进社会主义现代化，为开创中国特色社会主义事业新局面而奋斗为主题，顺应时代潮流，符合党心民心，得到大会代表的一致赞同，得到全党同志和全国人民的衷心拥护。报告全面分析了我们党面临的国际国内形势，科学总结了十三年来的基本经验，进一步阐明了贯彻"三个代表"重要思想的根本要求，深刻阐明了我们党在新世纪坚持举什么旗、走什么路、实现什么目标等重大问题，对建设中国特色社会主义经济、政治、文化和党的建设等各项工作做出了全面部署，是我们党团结和带领全国各族人民在新世纪新阶段继续奋勇前进的政治宣言和行动纲领。江泽民同志的报告，体现了解放思想与实事求是的统一、理论创新与实践创新的统

一、总结过去与规划未来的统一、立足国情与面向世界的统一，具有很强的时代意识、创新意识，具有很强的思想性、理论性、指导性，是一篇马克思主义的纲领性文献。

大会高度评价党的十三届四中全会以来在改革开放和现代化建设波澜壮阔的历史进程中，以江泽民同志为核心的第三代中央领导集体带领全党和全国亿万人民在改革发展稳定、内政外交国防、治党治国治军各方面取得的巨大成就。这十三年是我国综合国力大幅度跃升、人民得到实惠最多的时期，是我国社会长期保持安定团结、政通人和的时期，是我国国际影响显著扩大、民族凝聚力极大增强的时期。

以江泽民同志为核心的第三代中央领导集体带领全党和全国人民做出的艰辛努力和取得的伟大成就举世瞩目，必将载入中华民族伟大复兴的光辉史册。

这次代表大会把"三个代表"重要思想和马克思列宁主义、毛泽东思想、邓小平理论一道确立为我们党的指导思想，这是十六大的历史性贡献，具有划时代的意义。"三个代表"重要思想是对马克思列宁主义、毛泽东思想和邓小平理论的继承和发展，反映了当代世界和中国的发展变化对党和国家工作的新要求，是加强和改进党的建设、推进我国社会主义自我完善和发展的强大理论武器。始终做到"三个代表"，是我们党的立党之本、执政之基、力量之源。我们要牢牢把握关键在坚持与时俱进、核心在坚持党的先进性、本质在坚持执政为民的根本要求，不断增强贯彻"三个代表"重要思想的自觉性和坚定性，在"三个代表"重要思想指引下奋勇前进。

这次代表大会提出了全面建设小康社会的奋斗目标，围绕这个目标对经济、政治、文化建设和改革做出全面部署，对于凝聚全党和全国各族人民的力量，加快推进社会主义现代化，具有十分重要的意义。大会强调毫不放松地加强和改善党的领导，全面推进党的建设新的伟大工程，对推进党的建设做了部署，必将掀开党的建设的新篇章。

这次代表大会选举产生了中央委员会和中央纪律检查委员会。一批德才兼备、年富力强的领导干部进入新一届中央委员会，充分反映了我们党兴旺发达，后继有人。为了推进党的领导层的新老交替，为了党和国家的长治久安和永葆生机，一批担任中央领导职务、为党的事业做出重大贡献的同志退出了中央委员会，表现了对党的事业无比忠诚的高风亮节和远见卓识。此时此刻，全党同志向他们表示衷心的感谢和崇高的敬意！党和人民将永远记住他们的历史贡献。

当前，摆在全党和全国人民面前的首要任务，就是要认真学习十六大报告，认真贯彻十六大精神，继往开来，与时俱进，扎实工作，奋发进取，把思想和认识统一到十六大报告精神上来，把智慧和力量凝聚到实现十六大提出的任务上来。

一定要坚持用马克思列宁主义、毛泽东思想、邓小平理论和"三个代表"重要思想武装全体党员，在全党全国兴起一个学习贯彻"三个代表"重要思想的新高潮。"三个代表"重要思想是十六大的灵魂，是贯穿报告的一条主线。十六大报告总结的党领导人民建设中国特色社会主义的基本经验，归结起来，就是我们党必须坚持做到"三个代表"。这是坚持和发展社会主义的必然要求，是我们党艰辛探索和伟大实践的必然结论。贯彻"三个代表"重要思想，必须使全党始终保持与时俱进的精神状态，不断开拓马克思主义理论发展的新境界；必须把发展作为执政兴国的第一要务，不断开创现代化建设的新局面；必须最广泛最充分地调动一切积极因素，不断为中华民族的伟大复兴增添新力量；必须以改革的精神推进党的建设，不断为党的肌体注入新活力。总之，要把"三个代表"重要思想作为我们党必须长期坚持的指导思想，写在我们党的旗帜上，贯彻到社会主义现代化建设的各个领域，体现在党的建设的各个方面，化作全党同志和全国人民开拓前进的巨大力量。

一定要紧紧抓住新世纪头二十年这一重要战略机遇期，集中力量，全面建设小康社会，加快推进社会主义现代化。经过全党和全国人民的共同努力，我们胜利实现了现代化建设"三步走"战略的第一步、第二步目标，人民生活总体上达到小康水平。这是社会主义制度的伟大胜利，是中华民族发展史上一个新的里程碑。党的十六大，明确提出全面建设小康社会的奋斗目标。这一目标，是中国特色社会主义经济、政治、文化全面发展的目标，是与加快推进社会主义现代化建设相统一的目标，符合我国国情和现代化建设的实际，符合各族人民的愿望。提出全面建设小康社会的奋斗目标，极大地振奋了民族精神，极大地激发了人民群众的积极性。我们要紧紧围绕全面建设小康社会的目标，推进经济、政治、文化的建设和体制改革。发展要有新思路，改革要有新突破，开放要有新局面，各项工作要有新举措。

一定要毫不放松地加强和改进党的建设，全面推进党的建设新的伟大工程。在充满风险和挑战的二十一世纪，我们要担负起实现推进现代化建设、完成祖国统一、维护世界和平与促进共同发展这三大历史任务，就必须全面加强和改进党的建设。要深入学习贯彻"三个代表"重要思想，提高全党的马克思主义理论水平；要加强党的执政能力建设，提高党的领导水平和执政水平；要坚持和健全民主集中制，增强党的活力和团结统一；要建设高素质的领导干部队伍，形成朝气蓬勃、奋发有为的领导层；要切实做好基层党建工作，增强党的阶级基础和扩大党的群众基础；要加强和改进党的作风建设，深入开展反腐败斗争。通过锲而不舍的努力，保证我们党始终是中国工人阶级的先锋队，同时是中国人民和中华民族的先锋队，始终是中国特色社会主义事业的领导核心，始终代表中国先进生产力的发展要求，代表中国先进文化的前进方向，代表中国最广大人民的根本利益。

　　回顾我们党和人民在改革开放以来特别是十三届四中全会以来的奋斗历程和辉煌成就，我们感到无比骄傲和自豪；展望新世纪新阶段全面建设小康社会、加快推进社会主义现代化的壮丽前景，我们充满必胜的信心和力量。党的十六大指明我们胜利前进的方向，开启了新的伟大进军的征程。让我们紧密团结在党中央周围，坚持贯彻党的基本理论、基本路线、基本纲领和基本经验，倍加顾全大局，倍加珍视团结，倍加维护稳定，沿着十六大指引的方向，万众一心，奋发图强，把中国特色社会主义事业不断推向前进，共同创造我们的幸福生活和美好未来。

（第13届中国新闻奖一等奖，作者米博华，编辑王晨、张研农）

扎实　踏实　老实

——获奖感言

米博华

（在2002年8月第五届范长江新闻奖颁奖会上的书面发言）

很珍视"范长江新闻奖"这份殊荣，因为这是新闻界领导和专家的郑重肯定；很清楚这份殊荣不完全属于自己，没有人民日报的声望和舞台，没有领导、前辈、同志们的培养和支持，个人的作为是有限的；很庆幸得到这份殊荣，因为还有很多优秀的新闻工作者因种种原因没有登上奖台。

孔夫子说："五十而知天命。""知天命"的境界达不到，但人向五十确是实情。见过高天流云，清风明月，也经历过风风雨雨，磕磕绊绊，参加工作30多年来，在与领导、前辈和同事朝夕相处中，最大的收获就是从他们身上学到了做文做事做人的优点。这或许是自己能有一点进步的主要原因。

扎实最可贵。新闻工作藏不了拙，骗不了人。文章反映的是一个人的思想理论水平和文字驾驭能力，记录着学习历程，检验着工作态度。新闻工作本身是快乐的，却从不敢潇洒，总是被"文债"催逼，长长的稿子写不到头。但苦中作乐而又乐而忘返。倘有一点儿成绩，首先是从不敢放松理论学习和知识建设，从不敢拈轻怕重，而是挑着担子一路爬坡，很少歇脚，一走就是十几年二十几年。在学习问题上，没有终南捷径，要取得一点点成绩、赢得一点点优势，必须从一件件事做起、从一行行字写起。滴水可以穿石，集腋可以成裘。其次是，"取人之长，补己之短"，善于发现别人的长处，由衷欣赏别人的优点，进而虚心学习别人的本事，这可能是比较聪明的办法。沾沾自喜，倨傲轻狂，责人过苛，自奉甚高，必定心浮气躁。不能以自己的好恶评断别人的长短，更不能以己之长贬人之过。距离产生美，这是美学中的一个常识。但近在咫尺的同事也同样地美，眼前就有榜样。只是我们往往更多地看到别人的缺点和短处。职务不分高低，年龄不分长幼，每个同志都有自己的优点和长处。三人行必有我师，从每个同志身上汲取一点有益的东西，弥补一点自己的不足，日积月累，庶几可以少过有得。

踏实最可靠。平凡中毕竟还有不平凡的期待，但不平凡必定从平凡中来。不可能天天"吃饺子过年"，对名利应泰然处之。真正值得珍视的是工作。干新闻工作，思想越丰富、反应越机敏就越好，但工作本身则是越单纯、越专心越好。把注意力放到该关注的问题上，聚精会神，心无旁骛。倘若拿稿子当"敲门砖"，拿新闻当"饭票"，唯名是取，唯利是图，结果往往适得其反。从20多年前写第一条简讯到起草评论，眼睛花了，头发落了，始有所悟：偷懒耍滑，骗不了别人，骗的是自己；算计取巧，得不到便宜，吃亏的是自己；自命清高，长得了脾气，长不了本领；牢骚抱怨，无损于别人，伤害的是自己。踏踏实实工作，认认真真干活，比什么都重要。所以，只要经手的稿件一定会抠来抠去，只要发表的文章一定会改来改去，只要理不清的头绪一定会想来想去，只要整不明的道理一定会问来问去。人民日报为党和人民立言，片言只字，马虎不得，轻率不得。淡泊名利，踏实敬业，是人民日报的光荣传统。在这个工作环境中养成的严格、严肃、严谨的思想作风和工作作风，终身受益。

老实最可敬。不管时代怎样变化，总有一些优良品德历久而不褪色。"说老实话，办老实事，做老实人"；不管环境怎样地不同，总有一种人间公理恒久而不改变，"当老实人不吃亏，吃亏在于不老实"。不必羡慕灯红酒绿，不必迎合低级趣味，不必效仿投机钻营。少安毋躁，宁勤勿懒，宁拙勿巧。要相信，正直、善良和诚实，是立身之本。做党员就做个真党员，忠贞无二；当干部就当个好干部，廉洁奉公；干记者就干个好记者，敬业爱岗。人的一生注定要在艰难中跋涉，面对诱惑，面对困难，面对挫折，坦坦荡荡，磊磊落落，堂堂正正，就不会被别的什么东西打绊倒。

曾是意气风发的青年，不经意中已悄然走出了青年的队列，颇有盛年不再的紧迫。"叹人生之须臾，慕长江之无穷。"人的一生，岁月如水，精华部分极其有限，经不起蹉跎和浪掷。得奖是对过去成绩的肯定，也是对将来工作的激励。又是一个新的起点，未来的路还长，不能也不敢沉湎其中。愿与同志们肩负时代重托，不负大好年华，珍惜人民日报这个工作岗位，在为党的新闻事业、为国家繁荣富强的奋斗中，建功立业。自勉之，共勉之。

就"评论工作"答《中国记者》杂志记者问

米博华

记者：有的同志认为理论太抽象，和我们的实际生活距离较远，所以对理论问题的兴趣不大，我们或许可以从理论的意义这个话题谈起。

答：你说得不错。有人就提出这样的问题：理论的意义是什么，没有理论我们不是照样生活吗？可见，理论的重要性远未被有的同志所认识。德国诗人海涅说："不要轻视闭门苦思的哲学家，因为他们可以产生雷霆万钧的力量。"我们所看到的人类物质生产以及发明创造的奇迹都可以还原于极朴素的思想劳动。理论是系统化的思想，体现在一切社会活动之中。正如，无比精密的机器不过是思想的物化形态。我对自然科学知之不多，但至少可以举出牛顿"三大定律"和爱因斯坦"相对论"这两例。可以说现代科技所催生的巨大生产力正发端于这些自然科学理论。还有，我们至少还可以列举对人类社会的进步有着重大影响的三个"宣言"。一个是法国的《人权宣言》，一个是美国的《独立宣言》，一个是我们所熟知的《共产党宣言》。前两个"宣言"我们不再说它。150多年来《共产党宣言》对人类社会的影响可以说至深且巨。没有"宣言"，中国的社会主义革命是不可想象的，世界和中国也许会是另外一种面貌；而这一切源于科学社会主义理论。或许可以说，世界上强大的民族无一例外是理论思维比较发达的民族，反之大概也是如此。

记者：可否具体谈一谈理论探索与我国改革开放和社会主义现代化

建设的关系。

答：中国现代化的坎坷和成功都伴随着理论探索。一个错误的理论，可能导致灾难；而正确理论的指引，会使我们创造出令人惊异的奇迹。邓小平关于社会主义本质的论断总共几句话，犹如灯塔照亮了中国社会主义事业的广阔前程。20多年来，没有邓小平理论的指导，也就没有中国的改革开放和社会主义现代化建设的巨大成功。江泽民同志"三个代表"的重要思想，提出了新世纪党的建设的根本问题。意义非同寻常。没有对当今世界发展趋势的清醒判断，没有对现代化建设规律性的全面把握，没有对党的先进性的深刻认识，没有突破陈规而超越前人的勇气，我们的认识水平达不到这样的高度。真理往往是朴素的。"三个代表"的思想内涵十分深刻，是对党的历史经验的科学总结，是对马克思主义党建学说的发展和创新。把握"三个代表"的精神实质，贯彻"三个代表"的要求，对于中国的改革开放和社会主义现代化建设，有着巨大的推动作用。概言之，在改革开放和现代化建设中，理论的指导须臾不可缺少。

记者：理论的突破和创新对于建设有中国特色社会主义具有重要意义，是否可以谈谈理论的突破和创新存在的主要障碍。

答：理论的突破和创新在推动经济发展和社会进步方面的作用显而易见。当我们没有认识到事物发展规律的时候，即使面对很简单的问题也会一筹莫展；当我们囿于已成之见而裹足不前的时候，同样不能推动实践活动向前发展。而要做到这一点，必须与时俱进，坚持理论创新。突破和创新不是轻而易举的。一方面，突破和创新是对事物本质的重新界说和定位，因而理论建设是一项长期而艰巨的工作，这不是单凭勇气和豪情就能做到的，必须依赖于实践活动长足的发展以及知识总量的巨大扩展。我们已经站在巨人肩膀上，但理论范式的突破和创新都意味着超越前人而达到一个崭新的境界。这很难有一个时限要求，只能朝着这个方向不断地努力。另一方面，没有人承认自己是一个本本主义者、教条主义者，但人们或多或少地总是受到既往经验的制约，因而理论建设又要不断突破认识的局限。马克思主义的经典作家似乎很早就看到这一点，恩格斯说："从历史的观点看，这件事也许有某种意义：我们只能在我们时代的条件下去认识，而这些条件达到什么程度，我们才能认识到什么程度。"这些属于马克思主义基本原理的重要论述，在马克思主义经典作家的著作中比比皆是。可是，知易行难。有的人仍然习惯用书本上的马克思主义去诠释生活，对人民群众生气勃勃的实践活动很少关注。从理论到理论，从概念到概念，这或许是理论突破和创新的一大障碍。我们或许可以更加直截了当地回答那些纠缠不清的问题，比如，科学社会主义理论就是为了国家富强，人民幸福，因而能够指引中国走向富裕、繁荣、幸福的理论，就是科学社会主义理论。这不是新的发明，恩格斯早就说过："原则不是研究的出发点，而是它的结果；这些原则不是被应用于自然界和人类历史，而是从它们中抽象出来；不是自然界和人类去适应原则，而是原则只有在符合自然界和历史的情况下才是正确的。"这个论断值得反复研读，它对理论创新大有好处。

记者：新闻工作者对打好理论根底有渴望，但往往不知从何处下手。您是怎样产生对理论问题的研究兴趣的？

答：不能要求人们甚至包括专业新闻工作者都对理论感兴趣，但您这里用的"渴望"两个字非常重要。一般认为，学习哲学和社会科学的人应有比较深厚的理论功底，但事实并非完全如此。这是因为，因"需要"而学，与因"渴望"而学，结果是不一样的。渴望是一种兴趣，兴趣使人执着；需要是一种工作，工作够用而已。我不敢说自己有怎样的理论功底，但我"渴望"。我在上中学的时候就有一点理论的兴趣，喜欢阅读理论性文章，比如《人民日报》社论，我至今仍能够背诵一些重要社论的句子。"文革"中，几乎看不到什么书，但四卷本《马恩选集》还是能看到的。应该说，马克思主义基本理论在那个时候就初步涉猎过。尽管似懂非懂，有些生吞活剥，但我深深地被思想的芬芳所吸引所陶醉。"文革"后，理论读物日渐其多，整个80年代，我始终沉浸在书海里尽情漫游。那是一个学习的年代，读书的年代，思考的年代。而今倒觉得求知的渴望和理论的兴趣常常被各种诱惑和杂事所消释。有一点应该很清醒，一个人思想的透彻和深邃，说到底取决于他有无理论的背景。要保持思想的优势，没有别的办法，只能长期地、不间断地进行理论建设。指望突击式地读几本书就提升理论修养，不大可能。理论建设，三五年不为长，一两百本书不为多。书要读到心里，必须心境平和，排除杂念，真正像古人所说的那样，有一种"韦编三绝"的治学精神。心浮气躁，与理论的思考无缘；沉思默想，即使每天读上几页也大有收获。沉潜下去，学出味道，读出滋味，悟到妙处，功力自然不断增长。

记者：请结合个人实际谈谈新闻工作者提高理论修养有哪些较实用较有效的方法。

答：讲理论修养就不能不说到学风。我以为，有两种倾向值得注意。理论学习不是为学习而学习，为研究而研究。理论的追问、假设和求证，缘起于对人生对社会的困惑和思考。困惑推动思考，思考催生理论。如果一个人很少思考问题，也无心研究问题，理论对他来说没有意义；如果不是为了解决问题，理论的研习只能是无聊的智力游戏。因此，还是要坚持理论联系实际的马克思主义学风。另外，也要注意不能把学以致用理解为实用主义。理论的探索和研究不能出于纯粹的功利性考虑。"急用先学，立竿见影"，是一种极坏的学风。现在社会生活中的心浮气躁极大地助长了这种坏学风，有的理论研究已经成为名利场的道具，有的理论家已经成为制造文字垃圾的行家里手。理论修养是长期积累而形成的一种内在气质，因而还是要提倡科学和严谨的治学态度，力求做到全面系统地把握理论的体系和理论的精髓。

提高理论修养的途径因人而异，但做到几个结合或许不无益处。其一，把系统学习和重点学习结合起来。广泛涉猎多方面知识是必要的，同时应结合个人的工作和专业集中一段时间有选择有重点地学习，深化认识，读通读透。其二，把钻研理论和学习时事政策结合起来。有的同志对学习时事政策鄙夷不屑，认为那不叫学问。这个观点恐怕不妥。政策的基础是理论，有什么样的理论才有什么样的政策。时事政策的学习有助于深入的理论研究，而理论研究目的全在于增强贯彻党的路线方针政策的自觉性和坚定性。其三，把学习和思考结合起来。思考和学习是一个问题的两个方面。因为多思才有多读的兴趣，因为多读才能拓展思考的深度和广度。思考是一种主动的学习，学习是一种积极的思考。这样，我们面前的书就不再是一行行呆板的字，我们的学习就不是外在的、附加的要求。是什么呢？是思接千载，意会哲人的愉快切磋和交流。其四，把阅读和写作结合起来。阅读是写作的基础和准备，写作是阅读的拓展和应用。读而不写，无法深化对知识的理解和巩固；写而不读，无法提升思考的能力和水平。读写并重，是提高理论修养的有效途径。

记者：您近期读什么书，思考哪些社科领域的理论问题和哪些新闻理论的问题？

答：我买书读书有偏好：休闲娱乐类的流行读物一概不买，基本不看，只收藏和阅读已有定评的名著。我喜欢商务印书馆出版的名著系列之类的读物，虽然古老，但堪称经典，常读常新。我不想标榜高雅，而是工作性质决定了我不可能是一个纯粹的文化消费者。因而我日常的阅读是和本职工作紧密联系的，以有限的时间和精力实现学习效益最大化。我以为，一个新闻工作者要有一些"看家的书"，十年八年地放在身边，有空就翻翻。我当下正在翻阅美国经济学家斯蒂格利茨的《经济学》，而对我影响最大的书当数恩格斯的《费尔巴哈论》。

记者： 您认为新闻工作者的个人理论修养与全社会的理论创新有什么联系？

答： 理论创新的动力来源于实践发展的要求，不是理论家凭空的玄想。人民群众生机勃勃的实践活动是理论创新的源泉，因而理论创新的主体是人民群众。新闻媒体作为信息和思想传播的主要渠道，在理论创新方面有其重要而独特的作用。新闻工作者就像蜜蜂采蜜一样，把人民群众实践活动中的创造，加以归纳提炼和整理，为理论创新提供必要的材料和观点，同时又通过自己的工作宣传群众，引导舆论，提高干部群众的思想理论素质，从而推动实践的发展，推动理论的创新。

记者： 您对媒体的理论宣传建设有何建议？

答： 我认为有两个问题需要注意：一方面，要减少正面宣传的负面效应。观点的正确是重要的，但理论宣传尤其要讲究宣传艺术，不能简单生硬，使人们对理论宣传产生厌倦和反感。要通过形象生动的方式和各种各样的方法，达到更好的宣传效果。另一方面，要减少"杂音""噪音"，始终坚持正面宣传为主的方针，坚持马克思主义的主导地位。总之，在这两个方面都有进一步改进和完善的余地。

（本文是应《中国记者》之约而撰写的答问，发表于2005年）

几十年专注一件事

贾 亮

不知不觉,《中国纪检监察报》"反腐观察"版政论类专栏"博论"已经走过一周年了。从去年8月6日正式开栏后,米博华先生不辞辛苦、兢兢业业,为专栏撰写了大量优质稿件,赢得了广泛受众,使得"博论"成为本报的一个重点品牌。越来越多的读者希望从米博华先生那里听到其关于党风廉政建设和反腐败斗争的认识和见解,向其请教评论写作的心得和经验。

基于此,本报记者特对米博华先生做一深度访谈。

文如其人

我在基层工作的时间虽然不长,但对后来的工作影响很大。直到今天我依然时常提醒自己:实际工作远比写文章复杂,不要那么武断;百姓的想法远比文章写得聪明,不要那么天真;真实的生活远比文章丰富,不要那么简单。所以,从实际出发调整自己的认识,才能跟上时代步伐。

记者: 中国新闻界尤其是评论界流传着一个关于您的故事,说您在中学时即对《人民日报》社论感兴趣,每篇诵读,有的甚至能背诵下来。您能否给我们介绍一下当时的情况?何以在那时就对评论感兴趣?这一经历对您以后的评论道路有何影响?

米博华： 确有其事。上中学时喜欢朗诵，尤其是有气势的政论。比如，1970年人民日报元旦社论《迎接伟大的七十年代》写得非常好，读多了，有些段落居然能背下来。到人民日报社工作后，与当时的范荣康副总编辑说起过这事，他含笑不语。后来才知道，他是起草者之一。

或许正是年轻时代的这种喜好，以后的学习和工作指向十分明确：关心政治，喜欢政论。从20世纪80年代初期直到退出岗位，40多年始终在做报纸的评论工作。据我的经验，几十年就干一件事，成功的概率可能性比较高。

还说到过一个意思，每个人都有自己的爱好和擅长，但爱好的未必擅长，喜欢打篮球最好身高臂长；而擅长的又未必喜欢，身高臂长未必喜欢打篮球。从这个意义上说，喜欢和擅长"合而为一"，是一种幸运。我可能算幸运的吧。

记者： 您曾说过，写评论"有些认识与阅历相关"，从一名工厂工人成长为中国评论界的翘楚，有人说您就是一个活生生的"励志哥"，您的丰富阅历对您的评论有哪些帮助?

米博华： 没错。经历的事情多了，就会更有经验。可谓，老马识途，老成谋国。老师可以告诉你什么是评论，怎样写评论，但不能告诉你认识问题的角度，应该持有怎样的观点。而后者是知识、阅历、视角等因素的综合体现，有时是决定性的。

我在基层工作的时间虽然不长，但对后来的工作影响很大。直到今天我依然时常提醒自己：实际工作远比写文章复杂，不要那么武断；百姓的想法远比文章写得聪明，不要那么天真；真实的生活远比文章丰富，不要那么简单。所以，从实际出发调整自己的认识，才能跟上时代步伐。不能固执己见甚至犯"轴"。

"翘楚"实不敢当。感谢给我"励志哥"的鼓励,我的实际情况是,年轻时很想励志,反而感到茫然盲目,不切实际。我可能不属于励志类型,也确没有"少怀大志",只是顺着自己的爱好走,看谁干得好就学谁,努力争取做得更好些,从不强求。

我运气不错。每念及此,总是真心感谢那些给过我帮助和鼓励的领导和同事。我的体会是,凡事别太刻意,别想那么多,踏踏实实老老实实,反倒可能更有利于自己发展。

记者: 当下的中国评论界,"键盘侠"现象大量存在,过分追求评论技巧、故作惊人之语等,对此您怎么看?您认为,作为一名成熟评论员最重要的素质是什么?您是如何自我修炼的?

米博华: 第一次听到"键盘侠"的说法,挺形象。

新媒体的发展和商业化运作,使媒体格局发生巨大变化,所以有的"求关注",有的拼"粉丝",不少都是为稻粱谋,这当然也无可厚非。读者是聪明的,自然会判断选择:你写得不当真,他看得也不当真,一笑而已。

当然希望读者越多越好,但不能因为要吸引眼球,故作姿态,取悦于人,那是某些艺人的想法,不是评论员的追求。评论家要以探索和批评作为自己的使命,而不是"俳优蓄之"。

我最近在一本杂志专门谈过评论员素质问题,主要是这样几条:第一,善于从政治角度观察社会变化、研究社会问题。第二,每天都应该条件反射般地关注国内外最重要的新闻事件;即使未必发表评论,也要饶有兴味地了解来龙去脉。第三,具有比较完善的知识体系和逻辑思维能力,擅长分类、归纳、概括,不做无谓抬杠,不屑于诡辩。第四,对是非善恶感受强烈。第五,有一种用笔写作而不是高谈阔论却从不动笔的职业习惯。第六,条理性极强,概括力极强,造句能力极强。

文以载道

政论不仅仅是文字、著作，更可以转化为一种巨大的精神力量，对于社会的文明进步乃至个人命运，都有着不可估量的作用。主流媒体的重要职责是政策宣传，社论、评论员文章不是个人意见，所以评论员的任务就是把该说的话说准、说好。

记者： "文以载道"是延续了上千年的为文传统和基本精神。您认为党领导下的新闻媒体应坚持什么样的"道"？

米博华： 我曾经写过一篇短文就是《载道与言志》，"载道派"认为，文章应该经世致用，不应过多讲求文采与抒情，强调教化功能。"言志派"反之。这是个学术问题，不在这里讨论。

党报要以"载党的方针政策之道"为主要使命，这没有什么可讨论的。党报评论当然要"党言党语"，如果相反，岂不奇怪。当然，这并不妨碍不同认识的讨论，不同看法的交流。不能认为自己的看法就是正道，和自己不同的看法就是歪门邪道。

记者： 政论文应该说是"载道"的最好载体之一。您能否以自己的作品为例，说明如何在具体文章中做到"文以载道"。在这个过程中，评论员如何处理"载道"与个性的关系？

米博华： 说得对。我的政论写作大多是和工作结合在一起，完成领导和组织交给的任务，没啥可说的。在许多业务讲座上，我都说过，这方面最有说服力的例证，是邓小平同志的两篇重要讲话。两篇讲话也是弥足珍贵的政论范文。一篇是十一届三中全会讲话《解放思想实事求是团结一致向前看》，一篇是1992年视察南方重要讲话。两个讲话具有改变中国历史进程的里程碑意义，奠定了中国特色社会主义的理论道路制度的基本框架：一个是工作重心转移，一个是市场经济改革目标。中国的改革开放与和平崛起大势,均发端于小平同志高瞻远瞩的重要思想。

举这个例子好像有点远了,其意是想说明,政论不仅仅是文字、著作,更可以转化为一种巨大的精神力量,对于社会的文明进步乃至个人命运,都有着不可估量的作用。

关于个性问题,我过去和现在都这样看:主流媒体的重要职责是政策宣传,社论、评论员文章,不是个人意见,所以评论员任务就是把该说的话说准、说好。

不少人认为社论、评论员文章都是官方语言,没有技术含量。这种看法是不对的。相反,我认为不仅技术含量高,且包含着丰富的政治智慧和经验,是治国理政的重器。如果一个人能够写出很好的社论,写其他言论应该没有什么问题。

展示作者的个性没什么不好,但相对于服务国家、服务大局,这个事不必考虑太多,否则就会喧宾夺主,以文害义。评论是政治,评论员不是文学家,评论文章的个人风格如何,比之于舆论引导的责任,孰重孰轻,一目了然。

记者: 从在人民日报从事并负责评论工作到为本报撰写专栏文章,您是如何完成这种转换的?两份报纸的"道"有何不同?

米博华: 两家报社性质相同,都是党报,只是职责和任务不同。可能是这个原因,没有任何隔膜之感,觉得是做一样的事情。推进党的建设,全面从严治党,坚决惩治腐败,同样是人民日报的重中之重。对我而言,最大的收获,是更加系统学习了党的建设基本理论,更加认真研习了习近平总书记关于全面从严治党的一系列重要观点,更加切近了解党员干部思想状况和反腐败斗争的进程。

退出工作岗位后,还能做些有意义的事情,感到很荣幸。谨向贵报领导同志和一起合作的小伙伴们表示感谢——是你们给了我发挥余热的机会，我非常珍惜。

以文化人

反腐败一刻也离不开舆论支持、舆论引导，换言之，缺乏舆论支持、没有舆论引导的反腐败是不可想象的。对于领导干部的缺点错误当然要严肃指出，也就是我们说的要红脸、出汗甚至心跳，不如此不足以帮助人，不足以唤醒人。与人为善不意味着不痛不痒，猛击一掌体现着爱护关心。

记者： 党的十八大以来，正风反腐取得了巨大成绩。请您结合自己的工作实践和切身体会，谈谈近几年党风政风发生了哪些变化，政治生态有了哪些改变。您认为媒体在其中发挥了什么作用？

米博华： 十八大以来正风反腐乃至党的建设所取得的成绩意义重大、影响深远，在党内外具有高度认同和共识。值得记载的事情很多，但最重要的是，从一定意义上，我们重建了信心，重构了组织。

一段时间，为政不清不廉甚至贪污腐败问题之严重触目惊心，尽管严厉打击，但形势依然严峻复杂。一方面，很多党员干部忧心忡忡，老百姓情绪很大，大家感到腐败病不好治甚至没办法治了。俗话说，"哀莫大于心死"。民心不振，这是非常可怕的。一方面，腐败问题快速扩散，在公众生活和公职人员中造成大面积污染。看上去是一片油绿的树，数量不少的病树甚至烂树混杂其间，别说老百姓受骗，连相关部门都说不清楚。刚刚被提拔被重用马上就东窗事发，这很伤党员干部和老百姓的心。

让人耳目全开、精神振奋的是，新一届中央领导集体踏石留印、抓铁有痕，以雷霆气势、霹雳手段，一扫污浊之气，严惩腐败分子，让干部群众感到豁然开朗。

重建信心是说，人们感到腐败能治，我们有这个决心也有这个能力。重构组织是说，人们看到只要坚持全面从严治党，我们完全有办法清理队伍，保持纯洁。

记者：反腐败是一场没有硝烟的斗争，您认为评论在其中应发挥什么作用，又该如何发挥？

米博华：反腐败一刻也离不开舆论支持、舆论引导，换言之缺乏舆论支持、没有舆论引导的反腐败是不可想象的。正像大家所看到的，这几年纪检监察系统的"一报一刊一网"的影响力与日俱增，发挥着其他媒体不可替代的作用。比如，首发"打老虎"信息、解读中央政策、评论反腐时局、披露典型案例、刊播官员忏悔等，都是新闻性、思想性、针对性、时效性极高的报道。

我感到评论选题实在很多，写不过来。经验和直觉都告诉我，这种情况，恰是党风廉政建设和反腐败工作取得实质性进展、形势变化很快的反映。很多教训值得反思，很多观点应该澄清，很多思想"扣子"需要解开，评论可以发挥更大作用。

记者：您曾表示，自己之前很少写批评性的文章，但在本报发的文章，批评性居多，而且战斗性很强。在正风反腐宣传工作中，尤其是评论写作过程中，如何理解并处理好"批评"与"建设"的关系？

米博华：这可能与题材有关。反腐败是严峻的斗争，所以评论也一定是"零容忍"，不能"费厄泼赖"。即使是反"四风"，也是严肃的政治任务，不可等闲视之。这是全面从严治党的必然要求。把原则当儿戏，党的组织必然是"宽、松、软"，这方面教训深刻。

处理好"批评"与"建设"的关系，非常重要。评论一定是从问题出发，这不言而喻，所以必须有针对性、有战斗性。对于领导干部的缺点错误当然要严肃指出，也就是我们说的要红脸、出汗甚至心跳，不如此不足以帮助人、不足以唤醒人。与人为善不意味着不痛不痒，猛击一掌体现着爱护关心。

对工作中的不足甚至失误也应该直言批评，但出发点应该是纠正缺点、改进工作，而不是什么别的。不能为批评而批评，不能情绪化批评，更不能借题发挥宣泄自己的不满。总之，只要我们的立场是为了党的事业发展更好，没有什么问题不能讨论甚至批评。

作为评论工作者也要慎用话语权，要充分了解实际情况，要善于具体情况具体分析，要从别人的角度设身处地考虑问题，批评要注意分寸，说话要留有余地……总之要最大限度避免武断和片面。这也是建设性的一个重要方面。

记者："博论"开设之初，您对这个专栏提出了"义正词严、字正腔圆"的八字定位。一年写下来，您自己如何评价？接下来，在专栏写作上您有什么打算？

米博华：这个说法，是在人民日报社工作时，对自己提出的要求，不知是不是妥当。所谓义正词严，是说立论要正，坚持党的理论路线方针政策，不含糊。所谓字正腔圆，是说文风要正，不要油腔滑调，信口开河。当然，立论正，并非意味着"一贯正确，处处正确"，居高临下，盛气凌人。文风正，也不意味着排斥丰富性、多样性，把评论写成官样文章。

作为党报评论工作者，应该把宣传党的主张和反映百姓心声结合起来，最大限度满足读者需求，根据读者需要改进自己的工作。从这个意义上说，尽管在专栏里写了些小文章，但总是感到忐忑不安：是不是陈词老套太多，是不是文字枯燥乏味，是不是认识脱离实际，是不是看法主观武断……尽管主观上我是尽心尽力了，但肯定有许多缺点不足。我们能做的是，反复酝酿选题，反复修改稿子。有时写得很顺，但多数写得挺辛苦，一个稿子改个三五遍是常事。

孔夫子说"六十耳顺"，大意可能是说，这个年纪应该很有胸怀，可以消化各种各样的意见特别是不同意见了。这没错。而我认为，最有养分的还是真话——虽然真话未必是好听的话。

我会在收集读者意见基础上继续写些小评论。恳切希望报社领导和采编同行提出意见，衷心希望读者支持帮助。

——摘自《中国纪检监察报》2016年8月16日

中华民族是不可战胜的

（人民日报社送审稿）

今天，是中国人民志愿军抗美援朝出国作战50周年纪念日。

时光如梭。当我们即将跨入一个新世纪的时候，回顾50年前那场和平与正义战胜霸权与邪恶的战争，仍深深地为我们伟大的人民和伟大的军队而感到光荣和自豪。它像一座巍峨的丰碑，矗立在中华民族辉煌的历史之中。

1950年6月25日，朝鲜内战爆发。美国立即出兵进行武装干涉，并派飞机频繁入侵中国领空，对东北边境城市、乡村进行狂轰滥炸。美国舰队入侵台湾海峡。美帝国主义以朝鲜为跳板，虎视中国，企图将新中国扼杀在摇篮里。唇亡齿寒，户破堂危。面对武装到牙齿的帝国主义，以毛泽东同志为首的党中央、中央军委，应朝鲜党和政府的请求，毅然决定赴朝作战。10月，中国人民志愿军雄赳赳、气昂昂，跨过鸭绿江，开始了抗美援朝，保家卫国的正义战争。

在两年多抗美援朝战争中，中国人民志愿军与朝鲜人民军并肩作战，以压倒一切敌人的英雄气概和决胜千里的战略战术，把装备精良而又不可一世的以美国为首的"联合国军"从鸭绿江边打回"三八"线，迫使美国侵略者签订停战协定，取得这场战争的伟大胜利。

抗美援朝战争的胜利，是继抗日战争之后，中国人民又反对帝国主义侵略的又一次重大胜利。它粉碎了美帝国主义的侵略图谋，捍卫了祖国安全，援助了朝鲜人民，对于维护远东和世界和平，促进世界人民的反帝斗争，作出了不可磨灭的历史性贡献。这是全世界所有主持正义、爱好和平人民的伟大胜利。它雄辩地证明，几百年来西方侵略者只要架起几尊大炮就可霸占一个国家的时代一去不复返了。一个觉醒了的、站立起来的伟大的中华民族是不可战胜的。

我们永远不会忘记，为了保卫家园，反对侵略，36万中国人民志愿军将士浴血奋战，长眠在朝鲜三千里江山。这是中华儿女为人类和平与正义事业付出的巨大牺牲，他们的英名与业绩与青山常在，与日月同辉。值此纪念中国人民志愿军赴朝作战50周年之际，我们向光荣牺牲在朝鲜战场的

迈向光辉灿烂的新世纪

元旦献辞

（人民日报社论送审稿）

新世纪到来了！

全世界人民张开双臂，迎接人类历史的又一个新纪元。抚今追昔，我们感慨万千；展望前程，我们心潮澎湃。

刚刚过去的20世纪，波澜壮阔，风雷激荡。这是殖民主义体系全面崩溃、民族独立和民族解放风起云涌的百年，是社会主义诞生、发展并经历曲折斗争的百年，是科学技术全面发展、社会生产力突飞猛进的百年。上半个世纪，人类经历了两次世界大战，浩劫空前；下半个世纪，国际形势深刻变化，形成和平与发展的时代主题。全世界人民在艰难中跋涉，在求索中奋进，在正义与邪恶的斗争中新生，在社会变革和科技革命中发展，创造了以往时代无可比拟的新的文明。

中国作为世界上最古老的东方大国，从贫困落后走向繁荣富强，谱写了人类历史上悲壮而又辉煌的篇章。从1900年八国联军攻陷北京，中国饱受帝国主义列强蹂躏践踏，到2000年我国实现现代化建设前两步战略目标，各项事业蓬勃发展。一百年间，封建王朝坍塌，五四运动爆发，中国共产党诞生，土地革命兴起，抗日战争胜利，三座大山倾覆，新中国建立，改革开放成功，香港、澳门回归祖国，神州大地发生了翻天覆地的变化。

世纪之交，放眼祖国万里河山，一片欣欣向荣，蒸蒸日上。新中国成立以来特别是改革开放以来，我国的社会主义现代化建设取得巨大成就，政治稳定，经济发展，民族团结，社会进步，人民生活不断得到改善，中国大地沿着有中国特色社会主义的康庄大道豪情满怀、昂首阔步走进新时代。此时此刻，我们不会忘记在百年峥嵘岁月中祖国经历的三次历史性巨大变化。孙中山、毛泽东、邓小平这三位站在时代前列的伟大人物，代表着历史前进的三个时代，对中国的解放和振兴贡献巨大，影响至深。他们的伟大思想、崇高品德和不朽业绩镌刻在历史的丰碑上，激励着亿万人民奋发前进。

把伟大祖国建设得更美好

——庆祝中华人民共和国成立53周年

（人民日报社论送审稿）

在中国共产党第十六次全国代表大会召开前夕，全国各族人民满怀喜悦迎来了中华人民共和国成立53周年。我们向全国人民致以热烈的节日祝贺。

正是秋高圆月好，团结奋进铸伟业。我们伟大的祖国，经济发展，政治稳定，社会进步，民族团结，各项事业兴旺发达，蒸蒸日上。九百六十万平方公里的大地上，姹紫嫣红，气象万千；十二亿多中国人民朝气蓬勃，精神振奋，到处充满着发展的活力，洋溢着胜利的豪情。全国人民正以昂扬的斗志和辛勤的劳动，阔步前进在建设有中国特色社会主义道路上。

伟大祖国取得的辉煌业绩表明，党的十三届四中全会以来，以江泽民同志为核心的第三代中央领导集体，高举邓小平理论伟大旗帜，坚持解放思想、实事求是的思想路线，弘扬与时俱进、开拓创新的精神，坚持党的基本路线和基本纲领，团结和带领全国各族人民，在实现推进现代化建设、完成祖国统一、维护世界和平与促进共同发展的历史任务过程中，正确应对前进道路上遇到的困难和挑战，妥善处理国际国内的复杂问题，把建设有中国特色社会主义伟大事业全面推向前进。中国的社会主义现代化建设不愧是恢宏壮丽、具有远大前程的事业。

十几年前，邓小平同志预言："下个世纪的中国是很有希望的。"这一预言反映了亿万人民把祖国建设得更美好的共同心愿，表达了中华民族一定要实现伟大复兴的雄心壮志。我们已经胜利实现了现代化建设"三步走"战略的第一、第二步目标。从新世纪开始，我国已进入全面建设小康社会，加快推进社会主义现代化的新的发展阶段。

党的十六大，是我们党在新世纪召开的第一次代表大会，也是我国进入全面建设小康社会、加快推进社会主义现代化的新的发展阶段召开的一次十分重要的代表大会。大会将高举邓小平理论伟大旗帜，全面贯彻"三个代表"重要思想，认真总结改革开放以来特别是党的十三届四中全会以来党团结和带领全国各族人民在建设有中国特色社会主义的伟大实践中取得的基本经验，对新世纪新阶段全面推进我国改革开放和社会主义现代化建设、全面推进党的建设的新的伟大工程作出战略部署，进一步动员全党和全国各族人民，解放思想、实事求是，与时俱进、开拓创新，为开创建设有中国特色社会主义事业新局面而团结奋斗。党的十六大对我们实施现代化建设第三步战略部署，必将具有重大的意义，产生深远的影响。

把伟大祖国建设得更美好，使我们的国家在风云变幻的国际环境中保持团结稳定和发展活力，使我们的民族走在时代前列，实现伟大复兴，使我们的人民都尽快过上殷实的小康生活，并不断向更高水平前进，最根本的在于全面贯彻"三个代表"重要思想。我们要用"三个代表"统一思想，凝聚力量，不断增强贯彻"三个代表"重要思想的自觉性和坚定性。我们要坚持以经济建设为中心，把发展作为执政兴国的第一要务，抓住机遇，加快发展。我们要深化改革、扩大开放，集中力量解决好关系经济建设和改革全局的重大问题，使经济

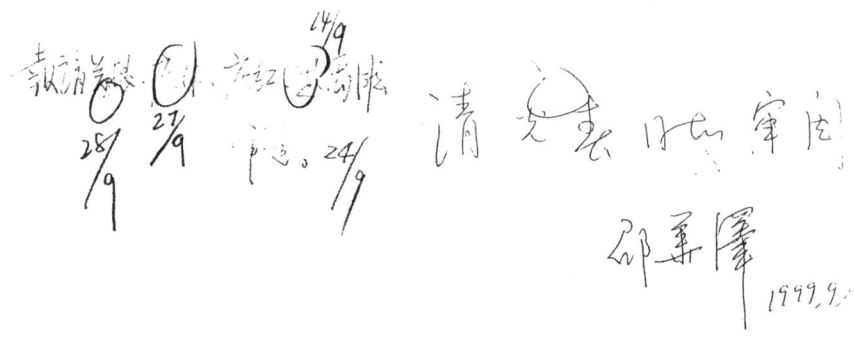

祖国万岁

——热烈庆祝中华人民共和国成立 50 周年

（人民日报社论送审稿）

在新的一千年就要到来的重要时刻，我们迎来了中华人民共和国五十华诞这一盛大节日。此时此刻，大江南北，长城内外，边疆沿海，到处歌如潮，花如海，普天同庆，举国欢腾。全国各族各界人民为祖国的强大、民族的复兴和光明的前程充满自豪和喜悦。中国人民从来没有像今天这样扬眉吐气，这样受到全世界的关注。

在这个光荣而又神圣的日子里，我们向全国各族工人、农民、知识分子、干部以及港澳台同胞、海外侨胞致以节日的祝贺！向英雄的中国人民解放军指战员、公安干警和武警官兵致以节日的祝贺！向在各个历史时期为新中国的振兴作出贡献、建立功勋的劳动群众和英雄模范人物致以崇高的敬意！此刻，我们以无比崇敬的心情缅怀近百年来为了民族解放和新中国的诞生、新中国的建设作出贡献的民族英雄和中华民族的优秀儿女。他们的名字和功绩将永远铭刻在人民的心里，与日月同辉，与伟大的祖国同辉。

1949 年中华人民共和国的诞生，是中国人民前途命运的一个根本转折，它标志着受压迫受欺侮的半封建半殖民地时代的终结，标志着中华民族历史新纪元的开始。这是 20 世纪重大的历史事件，对于当代世界的政治格局和历史进程产生了深远影响。

新中国的 50 年是发生翻天覆地变化的五十年。从贫穷落后到繁荣昌盛，从山河破碎到强大统一，从受人欺凌到备受尊重，中国人民在中国共产党的领导下，谱写了中华民族文明史上最为光彩夺目的篇章。50 年来特别是改革开放的 20 年来，我国国民经济持续快速发展；综合国力大

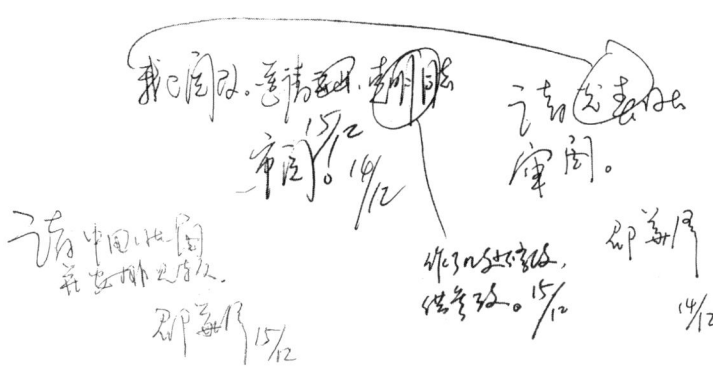

伟大的丰碑　辉煌的岁月

——纪念党的十一届三中全会二十年

（人民日报社论送审稿）

二十年前的今天，中国共产党第十一届中央委员会第三次会议在北京隆重开幕。以此为标志，我们的国家进入改革开放的新时代。经历了天翻地覆的历史变革，回顾改革开放二十年的辉煌成就，党的十一届三中全会，犹若历史风云中巍然屹立的丰碑，永远鼓舞我们不断地进行创造和开拓。

党的十一届三中全会的历史功绩在于，重新确立了解放思想、实事求是的马克思主义思想路线，毅然抛弃了"以阶级斗争为纲"的错误方针，把党和国家的工作重点转移到经济建设上来，形成了以邓小平同志为核心的第二代中央领导集体，对若干重大的文化大革命中遗留下来的政治、思想和理论是非进行了认真清理，作出了实行改革开放的重大决策。随着时间的推移，其影响历久弥大：改革开放和社会主义现代化建设从这里拉开序幕；党在社会主义初级阶段的基本路线从这里开始形成；当代中国的马克思主义——邓小平理论从这里发展和完善；社会主义在遭受严重挫折之后开始在这里重新焕发生机。中华民族从此走向全面振兴的新阶段。

二十年来，在党的十一届三中全会路线、方针、政策的指引下，

在"三个代表"指引下阔步前进

（人民日报社论送审稿）

两年多来，全党兴起了学习宣传贯彻"三个代表"重要思想的热潮。各级领导干部认真学习、深入思考、带头实践，工厂、农村、机关、学校、部队广泛开展了有声势有深度有实效的学习教育活动。各地方各部门各单位紧密联系实际，把"三个代表"重要思想贯彻到改革发展稳定的各项工作中去，贯彻到推进党的建设新的伟大工程的各项工作中去。"三个代表"重要思想日益深入人心，把人们的思想引向一个新的境界，极大地提高了全党的马克思主义水平，极大地焕发了全国人民改革和建设的积极性、创造性，极大地推动了现代化建设各项事业蓬勃发展。

中国共产党是非常重视理论指导的党，又是善于进行理论创新的党。在80多年的奋斗中，我们党把马克思列宁主义同中国实际相结合，产生了毛泽东思想和邓小平理论两大理论成果。随着新世纪的到来，我国进入全面建设小康社会，加快推进社会主义现代化的新的发展阶段。国际局势发生了深刻变化。世界多极化和经济全球化趋势在曲折中发展，科技进步日新月异，综合国力竞争日趋激烈。面对新形势新任务，江泽民同志立足于国内外形势的新变化，顺应时代发展潮流，高瞻远瞩，深谋远虑，提出了"三个代表"重要思想。